LA CONFESSION
D'UN ENFANT DU SIÈCLE

ALFRED DE MUSSET

La Confession d'un enfant du siècle

ALFRED DE MUSSET
(1810-1857)

Un Musset aurait épousé, au xvie siècle, une petite cousine du poète Joachim du Bellay... Victor de Musset-Pathay, chef de bureau au ministère de l'Intérieur, cultive lui-même la muse. Son fils Alfred naît le 11 décembre 1810. Enfant prodige, puis adolescent brillant, il hésite, après un baccalauréat obtenu à 17 ans, entre Polytechnique et la poésie... Et choisit la seconde.

Ses premiers poèmes séduisent Sainte-Beuve, et Théodore de Banville. Enivré par le succès, il vit comme un dandy, s'affichant dans les lieux à la mode dans des vêtements voyants. Ses *Contes d'Espagne et d'Italie*, en 1830, sont applaudis. Pendant les 3 Glorieuses, il court les barricades avec son frère Paul. *La Nuit vénitienne*, jouée en décembre, est un échec retentissant. Son premier échec. Il en restera meurtri.

En 1833, année d'une autre pièce, *Les Caprices de Marianne*, il rencontre George Sand chez le directeur de la *Revue des Deux Mondes*, qui publie ses œuvres (à l'époque, les pièces étaient fréquemment publiées sans être pour autant jouées).

L'idylle est de courte durée. Le Tout-Paris commence à peine à s'amuser de leur liaison que deux mois après leur première rencontre, c'est déjà le drame : Musset, alors qu'il se promenait en forêt, est pris d'une crise de folie. Il affirme avoir vu passer un spectre, son double, mais vieilli, ivre, malade... George Sand, afin de le guérir, l'emmène à Venise, où il court les cabarets, avant d'être en proie à une nouvelle crise. Et George Sand s'éprend du médecin qui le soigne...

Revenu à Paris, Musset reprend ses habitudes de débauche. Pendant deux ans, au cours desquels il achève *Lorenzaccio* et *On ne badine pas avec l'amour*, ce sera une suite de disputes, de réconciliations, de ruptures avec George Sand, qui finit par aller se réfugier à Nohant.

Instable, malade, souvent ivre, Musset écrit *La Confession d'un enfant du siècle*, *La nuit de décembre*... tout en entretenant des liaisons orageuses avec ses admiratrices, parmi lesquelles la comédienne Rachel. Nommé conservateur de la bibliothèque du ministère de l'Intérieur en 1838, il tombe gravement malade. Le Paris littéraire, qui ne lui pardonne pas ses frasques, le prétend déjà fini. À 28 ans ! Il en a conscience, et ébauche *Le poète déchu*, un roman qu'il n'achèvera jamais.

Ses pièces sont refusées par les directeurs de théâtre pour « immoralité », et « apologie de l'adultère ». En 1847, *Un Caprice* est monté à la Comédie française. Musset renoue avec le succès, confirmé l'année suivante par le bon accueil fait à *Il faut qu'une porte soit ouverte ou fermée*, et *Il ne faut jurer de rien*. L'Académie française, toutefois, repousse sa candidature, et il est révoqué de son poste de conservateur.

Il essuie encore d'autres échecs avant d'être finalement admis à l'Académie en 1852. Il n'a que 42 ans mais c'est un homme vieilli, détruit par l'alcool, rongé par le dégoût de lui-même, et qui s'exaspère de voir ses pièces encore repoussées sous le prétexte qu'elles ne sont plus « au goût du jour ». « Âme trop ardente pour se contenter du réel de la vie », selon Stendhal, il s'éteint le 2 mai 1857.

PREMIÈRE PARTIE

CHAPITRE PREMIER

Pour écrire l'histoire de sa vie, il faut d'abord avoir vécu; aussi n'est-ce pas la mienne que j'écris.

[Mais de même qu'un blessé atteint de la gangrène s'en va dans un amphithéâtre se faire couper un membre pourri; et le professeur qui l'ampute, couvrant d'un linge blanc le membre séparé du corps, le fait circuler de mains en mains par tout l'amphithéâtre, pour que les élèves l'examinent; de même, lorsqu'un certain temps de l'existence d'un homme, et, pour ainsi dire, un des membres de sa vie a été blessé et gangrené par une maladie morale, il peut couper cette portion de lui-même, la retrancher du reste de sa vie, et la faire circuler sur la place publique, afin que les gens du même âge palpent et jugent la maladie.

Ainsi,] ayant été atteint, dans la première fleur de la jeunesse, d'une maladie morale abominable, je raconte ce qui m'est arrivé pendant trois ans. Si j'étais seul malade, je n'en dirais rien; mais comme il y en a beaucoup d'autres que moi qui souffrent du même mal, j'écris pour ceux-là, sans trop savoir s'ils y feront attention; car, dans le cas où personne n'y prendrait garde, j'aurai encore retiré ce fruit de mes paroles de m'être mieux guéri moi-même, et, comme le renard pris au piège, j'aurai rongé mon pied captif.

CHAPITRE II

Pendant les guerres de l'Empire, tandis que les maris et les frères étaient en Allemagne, les mères inquiètes avaient mis au monde une génération ardente, pâle, nerveuse. Conçus entre deux batailles, élevés dans les collèges aux roulements des tambours, des milliers d'enfants se regardaient entre eux d'un œil sombre, en essayant leurs muscles chétifs. De temps en temps leurs pères ensanglantés apparaissaient, les soulevaient sur leurs poitrines chamarrées d'or, puis les posaient à terre et remontaient à cheval.

Un seul homme était en vie alors en Europe ; le reste des êtres tâchait de se remplir les poumons de l'air qu'il avait respiré. Chaque année, la France faisait présent à cet homme de trois cent mille jeunes gens ; et lui, prenant avec un sourire cette fibre nouvelle arrachée au cœur de l'humanité, il la tordait entre ses mains, et en faisait une corde neuve à son arc ; puis il posait sur cet arc une de ces flèches qui traversèrent le monde, et s'en furent tomber dans une petite vallée d'une île déserte, sous un saule pleureur.

Jamais il n'y eut tant de nuits sans sommeil que du temps de cet homme ; jamais on ne vit se pencher sur les remparts des villes un tel peuple de mères

désolées; jamais il n'y eut un tel silence autour de
ceux qui parlaient de mort. Et pourtant jamais il n'y
eut tant de joie, tant de vie, tant de fanfares guer-
rières dans tous les cœurs; jamais il n'y eut de soleils
si purs que ceux qui séchèrent tout ce sang. On
disait que Dieu les faisait pour cet homme, et on les
appelait ses soleils d'Austerlitz. Mais il les faisait
bien lui-même avec ses canons toujours tonnants, et
qui ne laissaient de nuages qu'aux lendemains de ses
batailles.

C'était l'air de ce ciel sans tache, où brillait tant de
gloire, où resplendissait tant d'acier, que les enfants
respiraient alors. Ils savaient bien qu'ils étaient des-
tinés aux hécatombes; mais ils croyaient Murat
invulnérable, et on avait vu passer l'empereur sur un
pont où sifflaient tant de balles, qu'on ne savait s'il
pouvait mourir. Et quand même on aurait dû mourir, qu'était-ce que cela? La mort elle-même était si
belle alors, si grande, si magnifique dans sa pourpre
fumante! Elle ressemblait si bien à l'espérance, elle
fauchait de si verts épis qu'elle en était comme devenue jeune, et qu'on ne croyait plus à la vieillesse.
Tous les berceaux de France étaient des boucliers;
tous les cercueils en étaient aussi; il n'y avait vraiment plus de vieillards; il n'y avait que des cadavres
ou des demi-dieux.

Cependant l'immortel empereur était un jour sur
une colline à regarder sept peuples s'égorger;
comme il ne savait pas encore s'il serait le maître du
monde ou seulement de la moitié, Azraël passa sur
la route; il l'effleura du bout de l'aile, et le poussa
dans l'Océan. Au bruit de sa chute, les vieilles
croyances moribondes se redressèrent sur leurs lits
de douleur, et, avançant leurs pattes crochues,
toutes les royales araignées découpèrent l'Europe, et
de la pourpre de César se firent un habit d'Arlequin.

De même qu'un voyageur, tant qu'il est sur le che-

min, court nuit et jour par la pluie et par le soleil,
sans s'apercevoir de ses veilles ni des dangers ; mais
dès qu'il est arrivé au milieu de sa famille et qu'il
s'assoit devant le feu, il éprouve une lassitude sans
bornes et peut à peine se traîner à son lit ; ainsi la
France, veuve de César, sentit tout à coup sa blessure. Elle tomba en défaillance, et s'endormit d'un si
profond sommeil que ses vieux rois, la croyant
morte, l'enveloppèrent d'un linceul blanc. La vieille
armée en cheveux gris rentra épuisée de fatigue, et
les foyers des châteaux déserts se rallumèrent tristement.

Alors ces hommes de l'Empire, qui avaient tant
couru et tant égorgé, embrassèrent leurs femmes
amaigries et parlèrent de leurs premières amours ;
ils se regardèrent dans les fontaines de leurs prairies
natales, et ils s'y virent si vieux, si mutilés, qu'ils se
souvinrent de leurs fils, afin qu'on leur fermât les
yeux. Ils demandèrent où ils étaient ; les enfants sortirent des collèges, et ne voyant plus ni sabres, ni
cuirasses, ni fantassins, ni cavaliers, ils demandèrent à leur tour où étaient leurs pères. Mais on
leur répondit que la guerre était finie, que César
était mort, et que les portraits de Wellington et de
Blücher étaient suspendus dans les antichambres
des consulats et des ambassades, avec ces deux mots
au bas : *Salvatoribus mundi.*

Alors il s'assit sur un monde en ruines une jeunesse soucieuse. Tous ces enfants étaient des
gouttes d'un sang brûlant qui avait inondé la terre ;
ils étaient nés au sein de la guerre, pour la guerre.
Ils avaient rêvé pendant quinze ans des neiges de
Moscou et du soleil des Pyramides [; on les avait
trempés dans le mépris de la vie comme de jeunes
épées]. Ils n'étaient pas sortis de leurs villes, mais on
leur avait dit que par chaque barrière de ces villes
on allait à une capitale d'Europe. Ils avaient dans la

tête tout un monde ; ils regardaient la terre, le ciel,
les rues et les chemins ; tout cela était vide, et les
cloches de leurs paroisses résonnaient seules dans le
lointain.

De pâles fantômes, couverts de robes noires, traversaient lentement les campagnes ; d'autres frappaient aux portes des maisons, et dès qu'on leur
avait ouvert, ils tiraient de leurs poches de grands
parchemins tout usés, avec lesquels ils chassaient
les habitants. De tous côtés arrivaient des hommes
encore tout tremblants de la peur qui leur avait pris
à leur départ, vingt ans auparavant. Tous récla-
maient, disputaient et criaient ; on s'étonnait qu'une
seule mort pût appeler tant de corbeaux.

Le roi de France était sur son trône, regardant çà
et là s'il ne voyait pas une abeille dans ses tapisseries. Les uns lui tendaient leur chapeau, et il leur
donnait de l'argent ; les autres lui montraient un
crucifix, et il le baisait ; d'autres se contentaient de
lui crier aux oreilles de grands noms retentissants,
et il répondait à ceux-là d'aller dans sa grande salle,
que les échos en étaient sonores ; d'autres encore lui
montraient leurs vieux manteaux, comme ils en
avaient bien effacé les abeilles, et à ceux-là il donnait un habit neuf.

Les enfants regardaient tout cela, pensant toujours que l'ombre de César allait débarquer à
Cannes et souffler sur ces larves ; mais le silence
continuait toujours, et l'on ne voyait flotter dans le
ciel que la pâleur des lis. Quand les enfants parlaient
de gloire, on leur disait : Faites-vous prêtres ; quand
ils parlaient d'ambition : Faites-vous prêtres ; d'espérance, d'amour, de force, de vie : Faites-vous prêtres.

Cependant, il monta à la tribune aux harangues
un homme qui tenait à la main un contrat entre le
roi et le peuple ; il commença à dire que la gloire
était une belle chose, et l'ambition et la guerre aussi ;

mais qu'il y en avait une plus belle, qui s'appelait la
liberté.

Les enfants relevèrent la tête et se souvinrent de
leurs grands-pères, qui en avaient aussi parlé. Ils se
souvinrent d'avoir rencontré, dans les coins obscurs
de la maison paternelle, des bustes mystérieux avec
de longs cheveux de marbre et une inscription
romaine ; ils se souvinrent d'avoir vu le soir, à la veillée, leurs aïeules branler la tête et parler d'un fleuve
de sang bien plus terrible encore que celui de
l'empereur. Il y avait pour eux dans ce mot de liberté
quelque chose qui leur faisait battre le cœur à la fois
comme un lointain et terrible souvenir et comme
une chère espérance, plus lointaine encore.

Ils tressaillirent en l'entendant ; mais, en rentrant
au logis, ils virent trois paniers qu'on portait à Cla-
mart : c'étaient trois jeunes gens qui avaient prononcé trop haut ce mot de liberté.

Un étrange sourire leur passa sur les lèvres à cette
triste vue ; mais d'autres harangueurs, montant à la
tribune, commencèrent à calculer publiquement ce
que coûtait l'ambition, et que la gloire était bien
chère ; ils firent voir l'horreur de la guerre et appe-
lèrent boucheries les hécatombes. Et ils parlèrent
tant et si longtemps que toutes les illusions
humaines, comme des arbres en automne, tombaient feuille à feuille autour d'eux, et que ceux qui
les écoutaient passaient leur main sur leur front,
comme des fiévreux qui s'éveillent.

Les uns disaient : Ce qui a causé la chute de
l'empereur, c'est que le peuple n'en voulait plus ; les
autres : Le peuple voulait le roi ; non, la liberté ; non,
la raison ; non, la religion ; non, la constitution
anglaise ; non, l'absolutisme ; un dernier ajouta :
Non ! rien de tout cela, mais le repos. [Et ils continuèrent ainsi, tantôt raillant, tantôt disputant, pendant nombre d'années, et, sous prétexte de bâtir,

démolissant tout pierre à pierre, si bien qu'il ne passait plus rien de vivant dans l'atmosphère de leurs
paroles, et que les hommes de la veille devenaient
tout à coup des vieillards.]

Trois éléments partageaient donc la vie qui
s'offrait alors aux jeunes gens : derrière eux un passé
à jamais détruit, s'agitant encore sur ses ruines, avec
tous les fossiles des siècles de l'absolutisme ; devant
eux l'aurore d'un immense horizon, les premières
clartés de l'avenir ; et entre ces deux mondes... quelque chose de semblable à l'Océan qui sépare le vieux
continent de la jeune Amérique, je ne sais quoi de
vague et de flottant, une mer houleuse et pleine de
naufrages, traversée de temps en temps par quelque
blanche voile lointaine ou par quelque navire soufflant une lourde vapeur ; le siècle présent, en un
mot, qui sépare le passé de l'avenir, qui n'est ni l'un
ni l'autre et qui ressemble à tous deux à la fois, et où
l'on ne sait, à chaque pas qu'on fait, si l'on marche
sur une semence ou sur un débris.

Voilà dans quel chaos il fallut choisir alors ; voilà
ce qui se présentait à des enfants pleins de force et
d'audace, fils de l'empire et petit-fils de la révolu-
tion.

Or, du passé, ils n'en voulaient plus, car la foi en
rien ne se donne ; l'avenir, ils l'aimaient, mais quoi ?
comme Pygmalion Galathée ; c'était pour eux
comme une amante de marbre, et ils attendaient
qu'elle s'animât, que le sang colorât ses veines.

Il leur restait donc le présent, l'esprit du siècle,
ange du crépuscule, qui n'est ni la nuit ni le jour ; ils
le trouvèrent assis sur un sac de chaux plein d'ossements, serré dans le manteau des égoïstes, et grelot-
tant d'un froid terrible. L'angoisse de la mort leur
entra dans l'âme à la vue de ce spectre moitié
momie et moitié fœtus ; ils s'en approchèrent
comme le voyageur à qui l'on montre à Strasbourg

la fille d'un vieux comte de Sarverden, embaumée dans sa parure de fiancée. Ce squelette enfantin fait frémir, car ses mains fluettes et livides portent l'anneau des épousées, et sa tête tombe en poussière au milieu des fleurs d'oranger.

Comme à l'approche d'une tempête il passe dans les forêts un vent terrible qui fait frissonner tous les arbres, à quoi succède un profond silence, ainsi Napoléon avait tout ébranlé en passant sur le monde; les rois avaient senti vaciller leur couronne, et, portant leur main à leur tête, ils n'y avaient trouvé que leurs cheveux hérissés de terreur. Le pape avait fait trois cents lieues pour le bénir au nom de Dieu et lui poser son diadème; mais il le lui avait pris des mains. Ainsi tout avait tremblé dans cette forêt lugubre [des puissances] de la vieille Europe; puis le silence avait succédé.

On dit que, lorsqu'on rencontre un chien furieux, si l'on a le courage de marcher gravement, sans se retourner, et d'une manière régulière, le chien se contente de vous suivre pendant un certain temps, en grommelant entre ses dents; tandis que, si on laisse échapper un geste de terreur, si on fait un pas trop vite, il se jette sur vous et vous dévore; car, une fois la première morsure faite, il n'y a plus moyen de lui échapper.

Or, dans l'histoire européenne, il était arrivé souvent qu'un souverain eût fait ce geste de terreur et que son peuple l'eût dévoré; mais si un l'avait fait, tous ne l'avaient pas fait en même temps, c'est-à-dire qu'un roi avait disparu, mais non la majesté royale. Devant Napoléon la majesté royale l'avait fait ce geste qui perd tout, et non seulement la majesté, mais la religion, mais la noblesse, mais toute puissance divine et humaine.

Napoléon mort, les puissances divines et humaines étaient bien rétablies de fait; mais la croyance en elles n'existait plus. Il y a un danger terrible à savoir ce qui est possible, car l'esprit va toujours plus loin. Autre chose est de se dire : Ceci pourrait être, ou de se dire : Ceci a été ; c'est la première morsure du chien.

Napoléon despote fut la dernière lueur de la lampe du despotisme ; il détruisit et parodia les rois, comme Voltaire les livres saints. Et après lui on entendit un grand bruit ; c'était la pierre de Sainte-Hélène qui venait de tomber sur l'ancien monde. Aussitôt parut dans le ciel l'astre glacial de la raison ; et ses rayons, pareils à ceux de la froide déesse des nuits, versant de la lumière sans chaleur, enveloppèrent le monde d'un suaire livide.

On avait bien vu jusqu'alors des gens qui haïssaient les nobles, qui déclamaient contre les prêtres, qui conspiraient contre les rois ; on avait bien crié contre les abus et les préjugés ; mais ce fut une grande nouveauté que de voir le peuple en sourire. S'il passait un noble, ou un prêtre, ou un souverain, les paysans qui avaient fait la guerre commençaient à hocher la tête et à dire : Ah ! celui-là nous l'avons vu en temps et lieu ; il avait un autre visage. Et quand on parlait du trône et de l'autel, ils répondaient : Ce sont quatre ais de bois ; nous les avons cloués et décloués. Et quand on leur disait : Peuple, tu es revenu des erreurs qui t'avaient égaré ; tu as rappelé tes rois et tes prêtres, ils répondaient : Ce n'est pas nous ; ce sont ces bavards-là. Et quand on leur disait : Peuple, oublie le passé, laboure et obéis, ils se redressaient sur leurs sièges, et on entendait un sourd retentissement. C'était un sabre rouillé et ébréché qui avait remué dans un coin de la chaumière. Alors on ajoutait aussitôt : Reste en repos du moins ; si on ne te nuit pas, ne cherche pas à nuire. Hélas ! ils se contentaient de cela.

Mais la jeunesse ne s'en contentait pas. Il est certain qu'il y a dans l'homme deux puissances occultes qui combattent jusqu'à la mort; l'une, clairvoyante et froide, s'attache à la réalité, la calcule, la pèse, et juge le passé; l'autre a soif de l'avenir et s'élance vers l'inconnu. Quand la passion emporte l'homme, la raison le suit en pleurant et en l'avertissant du danger; mais dès que l'homme s'est arrêté à la voix de la raison, dès qu'il s'est dit : C'est vrai, je suis un fou; où allais-je? la passion lui crie : Et moi, je vais donc mourir?

Un sentiment de malaise inexprimable commença donc à fermenter dans tous les cœurs jeunes. Condamnés au repos par les souverains du monde, livrés aux cuistres de toute espèce, à l'oisiveté et à l'ennui, les jeunes gens voyaient se retirer d'eux les vagues écumantes contre lesquelles ils avaient préparé leur bras. Tous ces gladiateurs frottés d'huile se sentaient au fond de l'âme une misère insupportable. Les plus riches se firent libertins; ceux d'une fortune médiocre prirent un état et se résignèrent soit à la robe, soit à l'épée; les plus pauvres se jetèrent dans l'enthousiasme à froid, dans les grands mots, dans l'affreuse mer de l'action sans but. Comme la faiblesse humaine cherche l'association et que les hommes sont troupeaux de nature, la politique s'en mêla. On s'allait battre avec les gardes du corps sur les marches de la chambre législative, on courait à une pièce de théâtre où Talma portait une perruque qui le faisait ressembler à César, on se ruait à l'enterrement d'un député libéral. Mais, des membres des deux partis opposés, il n'en était pas un qui, en rentrant chez lui, ne sentît amèrement le vide de son existence et la pauvreté de ses mains.

En même temps que la vie du dehors était si pâle et si mesquine, la vie intérieure de la société prenait un aspect sombre et silencieux; l'hypocrisie la plus sévère régnait dans les mœurs; les idées anglaises se joignant à la dévotion, la gaieté même avait disparu. Peut-être était-ce la Providence qui préparait déjà ses voies nouvelles ; peut-être était-ce l'ange avant-coureur des sociétés futures qui semait déjà dans le cœur des femmes les germes de l'indépendance humaine, que quelque jour elles réclameront. Mais il est certain que tout d'un coup, chose inouïe, dans tous les salons de Paris, les hommes passèrent d'un côté et les femmes de l'autre ; et ainsi, les unes vêtues de blanc comme des fiancées, les autres vêtus de noir comme des orphelins, ils commencèrent à se mesurer des yeux.

Qu'on ne s'y trompe pas : ce vêtement noir que portent les hommes de notre temps est un symbole terrible ; pour en venir là, il a fallu que les armures tombassent pièce à pièce et les broderies fleur à fleur. C'est la raison humaine qui a renversé toutes les illusions ; mais elle en porte elle-même le deuil, afin qu'on la console.

Les mœurs des étudiants et des artistes, ces mœurs si libres, si belles, si pleines de jeunesse, se ressentirent du changement universel. Les hommes, en se séparant des femmes, avaient chuchoté un mot qui blesse à mort : le mépris ; ils s'étaient jetés dans le vin et dans les courtisanes. Les étudiants et les artistes s'y jetèrent aussi ; l'amour était traité comme la gloire et la religion ; c'était une illusion ancienne. On allait donc aux mauvais lieux ; la *grisette*, cette classe si rêveuse, si romanesque, et d'un amour si tendre et si doux, se vit abandonnée aux comptoirs des boutiques. Elle était pauvre, et on ne l'aimait plus ; elle voulut avoir des robes et des chapeaux : elle se vendit. Ô misère ! le jeune homme qui aurait dû l'aimer, qu'elle aurait aimé elle-même, celui qui la conduisait autrefois aux bois de Ver-rières et de Romainville, aux danses sur le gazon, aux soupers sous l'ombrage ; celui qui venait causer le soir sous la lampe, au fond de la boutique, durant les longues veillées d'hiver ; celui qui partageait avec elle son morceau de pain trempé de la sueur de son front, et son amour sublime et pauvre ; celui-là, ce même homme, après l'avoir délaissée, la retrouvait quelque soir d'orgie au fond du lupanar, pâle et plombée, à jamais perdue, avec la faim sur les lèvres et la prostitution dans le cœur.

Or, vers ce temps-là, deux poètes, les deux plus beaux génies du siècle après Napoléon, venaient de consacrer leur vie à rassembler tous les éléments d'angoisse et de douleur épars dans l'univers. Goethe, le patriarche d'une littérature nouvelle, après avoir peint dans Werther la passion qui mène au suicide, avait tracé dans son Faust la plus sombre figure humaine qui eût jamais représenté le mal et le malheur. Ses écrits commencèrent alors à passer d'Allemagne en France.

Du fond de son cabinet d'étude, entouré de tableaux et de statues, riche, heureux et tranquille, il regardait venir à nous son œuvre de ténèbres avec un sourire paternel. Byron lui répondit par un cri de douleur qui fit tressaillir la Grèce, et suspendit Manfred sur les abîmes, comme si le néant eût été le mot de l'énigme hideuse dont il s'enveloppait.

Pardonnez-moi, ô grands poètes, qui êtes maintenant un peu de cendre et qui reposez sous la terre ; pardonnez-moi ! vous êtes des demi-dieux, et je ne suis qu'un enfant qui souffre. Mais en écrivant tout ceci, je ne puis m'empêcher de vous maudire. Que ne chantiez-vous le parfum des fleurs, les voix de la nature, l'espérance et l'amour, la vigne et le soleil, l'azur et la beauté ? Sans doute vous connaissiez la vie, et sans doute vous aviez souffert ; et le monde croulait autour de vous, et vous pleuriez sur ses ruines, et vous désespériez ; et vos maîtresses vous avaient trahis, et vos amis calomniés, et vos compa-

triotes méconnus ; et vous aviez le vide dans le cœur,
la mort devant les yeux, et vous étiez des colosses de
douleur. Mais dites-moi, vous, noble Goethe, n'y
avait-il plus de voix consolatrice dans le murmure
religieux de vos vieilles forêts d'Allemagne ? Vous
pour qui la belle poésie était la sœur de la science,
ne pouvaient-elles à elles deux trouver dans
l'immortelle nature une plante salutaire pour le
cœur de leur favori ? Vous qui étiez un panthéiste,
un poète antique de la Grèce, un amant des formes
sacrées, ne pouviez-vous mettre un peu de miel dans
ces beaux vases que vous saviez faire, vous qui
n'aviez qu'à sourire et à laisser les abeilles vous
venir sur les lèvres ? Et toi, et toi, Byron, n'avais-tu
pas près de Ravenne, sous tes orangers d'Italie, sous
ton beau ciel vénitien, près de ta chère Adriatique,
n'avais-tu pas ta bien-aimée ? Ô Dieu ! moi qui te
parle, et qui ne suis qu'un faible enfant, j'ai connu
peut-être des maux que tu n'as pas soufferts, et
cependant je crois encore à l'espérance, et cependant je bénis Dieu.

Quand les idées anglaises et allemandes passèrent
ainsi sur nos têtes, ce fut comme un dégoût morne
et silencieux, suivi d'une convulsion terrible. Car
formuler des idées générales, c'est changer le sal-
pêtre en poudre, et la cervelle homérique du grand
Goethe avait sucé, comme un alambic, toute la
liqueur du fruit défendu. Ceux qui ne le lurent pas
alors crurent n'en rien savoir. Pauvres créatures !
l'explosion les emporta comme des grains de poussière dans l'abîme du doute universel.

Ce fut comme une dénégation de toutes choses du
ciel et de la terre, qu'on peut nommer désenchante-
ment, ou si l'on veut, *désespérance* ; comme si
l'humanité en léthargie avait été crue morte par
ceux qui lui tâtaient le pouls. De même que ce soldat
à qui l'on demanda jadis : À quoi crois-tu ? et qui le

premier répondit : À moi ; ainsi la jeunesse de France, entendant cette question, répondit la première : À rien.

Dès lors il se forma comme deux camps : d'une part, les esprits exaltés, souffrants, toutes les âmes expansives qui ont besoin de l'infini, plièrent la tête en pleurant ; ils s'enveloppèrent de rêves maladifs, et l'on ne vit plus que de frêles roseaux sur un océan d'amertume. D'une autre part, les hommes de chair restèrent debout, inflexibles, au milieu des jouissances positives, et il ne leur prit d'autre souci que de compter l'argent qu'ils avaient. Ce ne fut qu'un sanglot et un éclat de rire, l'un venant de l'âme, et l'autre du corps.

Voici donc ce que disait l'âme :

Hélas ! hélas ! la religion s'en va ; les nuages du ciel tombent en pluie ; nous n'avons plus ni espoir ni attente, pas deux petits morceaux de bois noir en croix devant lesquels tendre les mains. [Le fleuve de la vie charrie de grands glaçons sur lesquels flottent les ours du pôle.] L'astre de l'avenir se lève à peine ; il ne peut sortir de l'horizon ; il y reste enveloppé de nuages et comme le soleil en hiver, son disque y apparaît d'un rouge de sang, qu'il a gardé de quatre-vingt-treize. Il n'y a plus d'amour, il n'y a plus de gloire. Quelle épaisse nuit sur la terre ! Et nous serons morts quand il fera jour.

Voici donc ce que disait le corps :

L'homme est ici-bas pour se servir de ses sens ; il a plus ou moins de morceaux d'un métal jaune ou blanc, avec quoi il a droit à plus ou moins d'estime. Manger, boire et dormir, c'est vivre. Quant aux liens qui existent entre les hommes, l'amitié consiste à prêter de l'argent ; mais il est rare d'avoir un ami qu'on puisse aimer assez pour cela. La parenté sert aux héritages : l'amour est un exercice du corps ; la seule jouissance intellectuelle est la vanité.

[De même que, dans la machine pneumatique une balle de plomb et un duvet tombent aussi vite l'une que l'autre dans le vide, ainsi les plus fermes esprits subirent alors le même sort que les plus faibles et tombèrent aussi avant dans les ténèbres. De quoi sert la force lorsqu'elle manque de point d'appui? Il n'y a point de ressource contre le vide. Je n'en veux d'autre preuve que Goethe lui-même, qui, lorsqu'il nous fit tant de mal, avait ressenti la souffrance de Faust avant de la répandre, et avait succombé comme tant d'autres, lui, fils de Spinosa, qui n'avait qu'à toucher la terre pour revivre, comme le fabuleux Antée.

Mais,] pareille à la peste asiatique exhalée des vapeurs du Gange, l'affreuse *désespérance* marchait à grands pas sur la terre. Déjà Chateaubriand, prince de poésie, enveloppant l'horrible idole de son manteau de pèlerin, l'avait placée sur un autel de marbre, au milieu des parfums des encensoirs sacrés. Déjà, pleins d'une force désormais inutile, les enfants du siècle raidissaient leurs mains oisives et buvaient dans leur coupe stérile le breuvage empoisonné. Déjà tout s'abîmait, quand les chacals sortirent de terre. Une littérature cadavéreuse et infecte, qui n'avait que la forme, mais une forme hideuse, commença d'arroser d'un sang fétide tous les monstres de la nature.

Qui osera jamais raconter ce qui se passait alors dans les collèges? Les hommes doutaient de tout : les jeunes gens nièrent tout. Les poètes chantaient le désespoir : les jeunes gens sortirent des écoles avec le front serein, le visage frais et vermeil, et le blasphème à la bouche. D'ailleurs le caractère français, qui de sa nature est gai et ouvert, prédominant toujours, les cerveaux se remplirent aisément des idées anglaises et allemandes, mais les cœurs, trop légers pour lutter et pour souffrir, se flétrirent comme des fleurs fanées. Ainsi le principe de mort descendit froidement et sans secousse de la tête aux entrailles. Au lieu d'avoir l'enthousiasme du mal nous n'eûmes que l'abnégation du bien; au lieu du désespoir, l'insensibilité. Des enfants de quinze ans, assis nonchalamment sous des arbrisseaux en fleur, tenaient par passe-temps des propos qui auraient fait frémir d'horreur les bosquets immobiles de Versailles. La communion du Christ, l'hostie, ce symbole éternel de l'amour céleste, servait à cacheter des lettres; les enfants crachaient le pain de Dieu.

Heureux ceux qui échappèrent à ces temps! heureux ceux qui passèrent sur les abîmes en regardant le ciel! Il y en eut sans doute, et ceux-là nous plaindront.

Il est malheureusement vrai qu'il y a dans le blasphème une grande déperdition de force qui soulage le cœur trop plein. Lorsqu'un athée, tirant sa montre, donnait un quart d'heure à Dieu pour le foudroyer, il est certain que c'était un quart d'heure de colère et de jouissance atroce qu'il se procurait. C'était le paroxysme du désespoir, un appel sans nom à toutes les puissances célestes; c'était une pauvre et misérable créature se tordant sous le pied qui l'écrase; c'était un grand cri de douleur. Et qui sait? aux yeux de celui qui voit tout, c'était peut-être une prière.

Ainsi les jeunes gens trouvaient un emploi de la force inactive dans l'affectation du désespoir. Se railler de la gloire, de la religion, de l'amour, de tout au monde, est une grande consolation, pour ceux qui ne savent que faire; ils se moquent par là d'eux-mêmes et se donnent raison tout en se faisant la leçon. Et puis, il est doux de se croire malheureux, lorsqu'on n'est que vide et ennuyé. La débauche, en outre, première conclusion des principes de mort, est une terrible meule de pressoir lorsqu'il s'agit de s'énerver.

En sorte que les riches se disaient : Il n'y a de vrai que la richesse ; tout le reste est un rêve ; jouissons et mourons. Ceux d'une fortune médiocre se disaient : Il n'y a de vrai que l'oubli ; tout le reste est un rêve ; oublions et mourons. Et les pauvres disaient : Il n'y a de vrai que le malheur ; tout le reste est un rêve ; blasphémons et mourons.

Ceci est-il trop noir ? est-ce exagéré ? Qu'en pensez-vous ? Suis-je un misanthrope ? Qu'on me permette une réflexion.

En lisant l'histoire de la chute de l'empire romain, il est impossible de ne pas s'apercevoir du mal que les chrétiens, si admirables dans le désert, firent à l'état dès qu'ils eurent la puissance. « Quand je pense, dit Montesquieu, à l'ignorance profonde dans laquelle le clergé grec plongea les laïques, je ne puis m'empêcher de le comparer à ces Scythes dont parle Hérodote, qui crevaient les yeux à leurs esclaves, afin que rien ne pût les distraire et les empêcher de battre leur lait. — Aucune affaire d'état, aucune paix, aucune guerre, aucune trêve, aucune négociation, aucun mariage, ne se traitèrent que par le ministère des moines. On ne saurait croire quel mal il en résulta. »

Montesquieu aurait pu ajouter : Le christianisme perdit les empereurs, mais il sauva les peuples. Il ouvrit aux Barbares les palais de Constantinople, mais il ouvrit les portes des chaumières aux anges consolateurs du Christ. Il s'agissait bien des grands de la terre ; et voilà qui est [plus] intéressant que les derniers râlements d'un empire corrompu jusqu'à la moelle des os, que le sombre galvanisme au moyen duquel s'agitait encore le squelette de la tyrannie sur la tombe d'Héliogabale et de Caracalla ! La belle chose à conserver que la momie de Rome embaumée des parfums de Néron, cerclée du linceul de Tibère ! Il s'agissait, messieurs les politiques, d'aller trouver les pauvres et de leur dire d'être en paix; il s'agissait de laisser les vers et les taupes ronger les monuments de honte, mais de tirer des flancs de la momie une vierge aussi belle que la mère du Rédempteur, l'espérance, amie des opprimés.

Voilà ce que fit le christianisme; et maintenant, depuis tant d'années, qu'ont fait ceux qui l'ont détruit? Ils ont vu que le pauvre se laissait opprimer par le riche, le faible par le fort, par cette raison qu'ils se disaient: Le riche et le fort m'opprimeront sur la terre; mais quand ils voudront entrer au paradis, je serai à la porte et je les accuserai au tribunal de Dieu. Ainsi, hélas! ils prenaient patience.

Les antagonistes du Christ ont donc dit au pauvre: Tu prends patience jusqu'au jour de justice, il n'y a point de justice; tu attends la vie éternelle pour y réclamer ta vengeance, il n'y a point de vie éternelle; tu amasses [dans un flacon] tes larmes et celles de ta famille, les cris de tes enfants et les sanglots de ta femme, pour les porter au pied de Dieu à l'heure de ta mort; il n'y a point de Dieu.

Alors il est certain que le pauvre a séché ses larmes, qu'il a dit à sa femme de se taire, à ses enfants de venir avec lui, et qu'il s'est redressé sur la glèbe avec la force d'un taureau. Il a dit au riche: Toi qui m'opprimes, tu n'es qu'un homme; et au prêtre: Tu en as menti, toi qui m'as consolé. C'était justement là ce que voulaient les antagonistes du Christ. Peut-être croyaient-ils faire ainsi le bonheur des hommes, en envoyant le pauvre à la conquête de la liberté.

Mais si le pauvre, ayant bien compris une fois que les prêtres le trompent, que les riches le dérobent, que tous les hommes ont les mêmes droits, que tous les biens sont de ce monde, et que sa misère est impie; si le pauvre, croyant à lui et à ses deux bras pour toute croyance, s'est dit un beau jour: Guerre

au riche! à moi aussi la jouissance ici-bas, puisqu'il
n'y en a pas d'autre! à moi la terre, puisque le ciel
est vide! à moi et à tous, puisque tous sont égaux! ô
raisonneurs sublimes qui l'avez mené là, que lui
direz-vous s'il est vaincu?

Sans doute vous êtes des philanthropes, sans
doute vous avez raison pour l'avenir, et le jour viendra où vous serez bénis; mais pas encore, en vérité,
nous ne pouvons pas vous bénir. Lorsque autrefois
l'oppresseur disait: À moi la terre! — À moi le ciel,
répondait l'opprimé. À présent que répondra-t-il?

Toute la maladie du siècle présent vient de deux
causes; le peuple qui a passé par 93 et par 1814
porte au cœur deux blessures. Tout ce qui était n'est
plus; tout ce qui sera n'est pas encore. Ne cherchez
pas ailleurs le secret de nos maux.

Voilà un homme dont la maison tombe en ruine;
il l'a démolie pour en bâtir une autre. Les
décombres gisent sur son champ, et il attend des
pierres nouvelles pour son édifice nouveau. Au
moment où le voilà prêt à tailler ses moellons et à
faire son ciment, la pioche en mains, les bras retroussés, on vient lui dire que les pierres manquent
et lui conseiller de reblanchir les vieilles pour en
tirer parti. Que voulez-vous qu'il fasse, lui qui ne
veut point de ruines pour faire un nid à sa couvée?
La carrière est pourtant profonde, les instruments
trop faibles pour en tirer les pierres. Attendez, lui
dit-on, on les tirera peu à peu; espérez, travaillez,
avancez, reculez. Que ne lui dit-on pas? Et pendant
ce temps-là cet homme, n'ayant plus sa vieille maison et pas encore sa maison nouvelle, ne sait comment se défendre de la pluie, ni comment préparer
son repas du soir, ni où travailler, ni où reposer, ni
où vivre, ni où mourir; et ses enfants sont nouveau-
nés

Ou je me trompe étrangement, ou nous ressem-

blons à cet homme. Ô peuples des siècles futurs!
lorsque, par une chaude journée d'été, vous serez
courbés sur vos charrues dans les vertes campagnes
de la patrie; lorsque vous verrez, sous un soleil pur
et sans tache, la terre, votre mère féconde, sourire
dans sa robe matinale au travailleur, son enfant
bien-aimé; lorsque, essuyant sur vos fronts tranquilles le saint baptême de la sueur, vous promène-
rez vos regards sur votre horizon immense, où il n'y
aura pas un épi plus haut que l'autre dans la moisson humaine, mais seulement des bleuets et des
marguerites au milieu des blés jaunissants; ô
hommes libres! quand alors vous remercierez Dieu
d'être nés pour cette récolte, pensez à nous qui n'y
serons plus; dites-vous que nous avons acheté bien
cher le repos dont vous jouirez; plaignez-nous plus
que tous vos pères; car nous avons beaucoup de
maux qui les rendaient dignes de plainte, et nous
avons perdu ce qui les consolait.

CHAPITRE III

J'ai à raconter à quelle occasion je fus pris d'abord de la maladie du siècle.

J'étais à table, à un grand souper, après une mascarade. Autour de moi mes amis richement costumés, de tous côtés des jeunes gens et des femmes, tous étincelants de beauté et de joie; à droite et à gauche des mets exquis, des flacons, des lustres, des fleurs; au-dessus de ma tête un orchestre bruyant, et en face de moi ma maîtresse, créature superbe que j'idolâtrais.

J'avais alors dix-neuf ans; je n'avais éprouvé aucun malheur ni aucune maladie; j'étais d'un caractère à la fois hautain et ouvert, avec toutes les espérances et un cœur débordant. Les vapeurs du vin fermentaient dans mes veines; c'était un de ces moments d'ivresse où tout ce qu'on voit, tout ce qu'on entend vous parle de la bien-aimée. La nature entière paraît alors comme une pierre précieuse à mille facettes, sur laquelle est gravé le nom mystérieux. On embrasserait volontiers tous ceux qu'on voit sourire, et on se sent le frère de tout ce qui existe. Ma maîtresse m'avait donné rendez-vous pour la nuit, et je portais lentement mon verre à mes lèvres en la regardant.

Comme je me retournais pour prendre une

assiette, ma fourchette tomba. Je me baissai pour la ramasser, et, ne la trouvant pas d'abord, je soulevai la nappe pour voir où elle avait roulé. J'aperçus alors sous la table le pied de ma maîtresse qui était posé sur celui d'un jeune homme assis à côté d'elle ; leurs jambes étaient croisées et entrelacées, et ils les resserraient doucement de temps en temps.

Je me relevai parfaitement calme, demandai une autre fourchette et continuai à souper. Ma maîtresse et son voisin étaient, de leur côté, très tranquilles aussi, se parlant à peine et ne se regardant pas. Le jeune homme avait les coudes sur la table et plaisantait avec une autre femme qui lui montrait son collier et ses bracelets. Ma maîtresse était immobile, les yeux fixes et noyés de langueur. Je les observai tous deux tant que dura le repas, et je ne vis ni dans leurs gestes, ni sur leurs visages rien qui pût les trahir. À la fin, lorsqu'on fut au dessert, je fis glisser ma serviette à terre, et, m'étant baissé de nouveau, je les retrouvai dans la même position, étroitement liés l'un à l'autre.

J'avais promis à ma maîtresse de la ramener ce soir-là chez elle. Elle était veuve, et par conséquent fort libre, au moyen d'un vieux parent qui l'accompagnait et lui servait de chaperon. Comme je traversais le péristyle, elle m'appela. — Allons, Octave, me dit-elle, partons, me voilà. Je me mis à rire et sortis sans répondre. Au bout de quelques pas, je m'assis sur une borne. Je ne sais à quoi je pensais ; j'étais comme abruti et devenu idiot par l'infidélité de cette femme dont je n'avais jamais été jaloux, et sur laquelle je n'avais jamais conçu un soupçon. Ce que je venais de voir ne me laissant aucun doute, je demeurais comme étourdi d'un coup de massue et ne me rappelle rien de ce qui s'opéra en moi durant le temps que je restai sur cette borne, sinon que, regardant machinalement le

ciel et voyant une étoile filer, je saluai cette apparence fugitive, où les poètes voient un monde
détruit, et lui ôtai gravement mon chapeau.

Je rentrai chez moi tranquillement, n'éprouvant
rien, ne sentant rien, et comme privé de réflexion. Je
commençai à me déshabiller, et me mis au lit ; mais
à peine eus-je posé la tête sur le chevet, que les
esprits de la vengeance me saisirent avec une telle
force, que je me redressai tout à coup contre la
muraille, comme si tous les muscles de mon corps
fussent devenus de bois. Je descendis de mon lit en
criant, les bras étendus, ne pouvant marcher que sur
les talons, tant les nerfs de mes orteils étaient cris-
pés. Je passai ainsi près d'une heure, complètement
fou et raide comme un squelette. Ce fut le premier
accès de colère que j'éprouvai.

L'homme que j'avais surpris auprès de ma maîtresse était un de mes amis les plus intimes. J'allai
chez lui le lendemain, accompagné d'un jeune avo-
cat nommé Desgenais ; nous prîmes des pistolets, un
autre témoin, et fûmes au bois de Vincennes. Pendant toute la route, j'évitai de parler à mon adversaire et même de l'approcher ; je résistai ainsi à
l'envie que j'avais de le frapper ou de l'insulter, ces
sortes de violence étant toujours hideuses et inu-
tiles, du moment que la loi permet le combat en
règle. Mais je ne pus me défendre d'avoir les yeux
fixés sur lui. C'était un de mes camarades d'enfance,
et il y avait eu entre nous un échange perpétuel de
services depuis nombre d'années. Il connaissait parfaitement mon amour pour ma maîtresse et m'avait
même plusieurs fois fait entendre clairement que
ces sortes de liens étaient sacrés pour un ami, et
qu'il serait incapable de chercher à me supplanter,
quand même il aimerait la même femme que moi.
Enfin, j'avais toute sorte de confiance en lui, et je
n'avais peut-être jamais serré la main d'une créature
humaine plus cordialement que la sienne.

Je regardais curieusement, avidement, cet homme
que j'avais entendu parler de l'amitié comme un
héros de l'antiquité et que je venais de voir caressant
ma maîtresse. C'était la première fois de ma vie que
je voyais un monstre; je le toisais d'un œil hagard
pour observer comment il était fait. Lui que j'avais
connu à l'âge de dix ans, avec qui j'avais vécu jour
par jour dans la plus parfaite et la plus étroite amitié, il me semblait que je ne l'avais jamais vu. Je me
servirai ici d'une comparaison.

Il y a une pièce espagnole, connue de tout le
monde, dans laquelle une statue de pierre vient souper chez un débauché, envoyée par la justice céleste.
Le débauché fait bonne contenance et s'efforce de
paraître indifférent; mais la statue lui demande [de
lui donner] la main, et dès qu'il la lui a donnée,
l'homme se sent pris d'un froid mortel et tombe en
convulsions.

Or, toutes les fois que, durant ma vie, il m'est
arrivé d'avoir cru pendant longtemps avec
confiance, soit à un ami, soit à une maîtresse, et de
découvrir tout d'un coup que j'étais trompé, je ne
puis rendre l'effet que cette découverte a produit sur
moi qu'en le comparant à la poignée de main de la
statue. C'est véritablement l'impression du marbre,
comme si la réalité, dans toute sa mortelle froideur,
me glaçait d'un baiser; c'est le toucher de l'homme
de pierre. Hélas! l'affreux convive a frappé plus
d'une fois à ma porte; plus d'une fois nous avons
soupé ensemble.

Cependant, les arrangements faits, nous nous
mîmes en ligne, mon adversaire et moi, avançant
lentement l'un sur l'autre. Il tira le premier et me
fracassa le bras droit. Je pris aussitôt mon pistolet
de l'autre main; mais je ne pus le soulever, la force
me manquant, et je tombai sur un genou.

Alors je vis mon ennemi s'avancer précipitam-

ment, d'un air inquiet et le visage très pâle. Mes
témoins accoururent en même temps, voyant que
j'étais blessé ; mais il les écarta et me prit la main de
mon bras malade. Il avait les dents serrées et ne
pouvait parler : je vis son angoisse. Il souffrait du
plus affreux mal que l'homme puisse éprouver.
— Va-t'en, lui criai-je, va-t'en t'essuyer aux draps
de*** ! Il suffoquait et moi aussi.

On me mit dans un fiacre, où je trouvai un médecin. La blessure ne se trouva pas dangereuse, la balle
n'ayant point touché les os ; mais j'étais dans un tel
état d'excitation qu'il fut impossible de me panser
sur-le-champ. Au moment où le fiacre partait, je vis
à la portière une main tremblante ; c'était mon
adversaire qui revenait encore. Je secouai la tête
pour toute réponse ; j'étais dans une telle rage, que
j'aurais vainement fait un effort pour lui pardonner,
tout en sentant bien que son repentir était sincère.

Arrivé chez moi, le sang qui coulait abondamment
de mon bras me soulagea beaucoup ; car la faiblesse
me délivra de ma colère, qui me faisait plus de mal
que ma blessure. Je me couchai avec délices, et je
crois que je n'ai jamais rien bu de plus agréable que
le premier verre d'eau qu'on me donna.

M'étant mis au lit, la fièvre me prit. Ce fut alors
que, [le fantôme de ma belle et adorée maîtresse
étant venu se pencher sur moi], je commençai à verser des larmes. Ce que je ne pouvais concevoir, ce
n'était pas qu'elle eût cessé de m'aimer, mais c'était
qu'elle m'eût trompé. Je ne comprenais pas par
quelle raison une femme qui n'est forcée ni par le
devoir, ni par l'intérêt, peut mentir à un homme
lorsqu'elle en aime un autre. Je demandais vingt fois
par jour à Desgenais comment cela était possible. —
Si j'étais son mari, disais-je ou si je la payais, je
concevrais qu'elle me trompât ; mais pourquoi, si
elle ne m'aimait plus, ne pas me le dire ? pourquoi

me tromper? Je ne concevais pas qu'on pût mentir
en amour; j'étais un enfant alors, et j'avoue qu'à
présent je ne le comprends pas encore. Toutes les
fois que je suis devenu amoureux d'une femme, je le
lui ai dit, et toutes les fois que j'ai cessé d'aimer une
femme, je le lui ai dit de même, avec la même sincérité, ayant toujours pensé que sur ces sortes de
choses, nous ne pouvons rien par notre volonté et
qu'il n'y a de crime qu'au mensonge.

Desgenais, à tout ce que je disais, me répondait :
C'est une misérable; promettez-moi de ne plus la
voir. Je le lui jurai solennellement. Il me conseilla en
outre de ne lui point écrire, même pour lui faire des
reproches, et, si elle m'écrivait, de ne pas [lui]
répondre. Je lui promis tout cela, presque étonné
qu'il me le demandât, et indigné de ce qu'il pouvait
supposer le contraire.

Cependant la première chose que je fis, dès que je
pus me lever et sortir de la chambre, fut de courir
chez ma maîtresse. Je la trouvai seule, assise sur une
chaise dans un coin de sa chambre, le visage abattu
et dans le plus grand désordre. Je l'accablai des plus
violents reproches; j'étais ivre de désespoir. Je criais
à faire retentir toute la maison, et en même temps
les larmes me coupaient parfois la parole si violemment, que je tombais sur le lit pour leur donner un
libre cours.

— Ah! infidèle, ah! malheureuse, lui disais-je en
pleurant, tu sais que j'en mourrai; cela te fait-il plaisir? que t'ai-je fait?

Elle se jeta à mon cou, me dit qu'elle avait été
séduite, entraînée; que mon rival l'avait enivrée
dans ce fatal souper, mais qu'elle n'avait jamais été à
lui; qu'elle s'était abandonnée à un moment d'oubli,
qu'elle avait commis une faute, mais non pas un
crime; enfin, qu'elle voyait bien tout le mal qu'elle
m'avait fait, mais que si je ne la reprenais, elle en

mourrait aussi. Tout ce que le repentir sincère a de
larmes, tout ce que la douleur a d'éloquence, elle
l'épuisa pour me consoler; pâle et égarée, sa robe
entr'ouverte, ses cheveux épars sur ses épaules, à
genoux au milieu de la chambre, jamais je ne l'avais
vue si belle, et je frémissais d'horreur pendant que
tous mes sens se soulevaient à ce spectacle.

Je sortis brisé, n'y voyant plus et pouvant à peine
me soutenir. Je ne voulais jamais la revoir; mais au
bout d'un quart d'heure j'y retournai. Je ne sais
quelle force désespérée m'y poussait; j'avais comme
une sourde envie de la posséder encore une fois, de
boire sur son corps magnifique toutes ces larmes
amères et de nous tuer après tous les deux. Enfin, je
l'abhorrais et je l'idolâtrais; je sentais que son
amour était ma perte, mais que vivre sans elle était
impossible. Je montai chez elle comme un éclair; je
ne parlai à aucun domestique, j'entrai tout droit,
connaissant la maison, et je poussai la porte de sa
chambre.

Je la trouvai assise devant sa toilette, immobile et
couverte de pierreries. Sa femme de chambre la
coiffait; elle tenait à la main un morceau de crêpe
rouge qu'elle passait légèrement sur ses joues. Je
crus faire un rêve; il me paraissait impossible que ce
fût là cette femme que je venais de voir, il y avait un
quart d'heure, noyée de douleur et étendue sur le
carreau. Je restai comme une statue. Elle, entendant
sa porte s'ouvrir, tourna la tête en souriant. —
Est-ce vous? dit-elle. Elle allait au bal et attendait
mon rival qui devait l'y conduire. Elle me reconnut,
serra ses lèvres et fronça le sourcil.

Je fis un pas pour sortir; je regardais sa nuque,
lisse et parfumée, où ses cheveux étaient noués et
sur laquelle étincelait un peigne de diamant. Cette
nuque, siège de la force vitale, était plus noire que
l'enfer; deux tresses luisantes y étaient tordues, et de

légers épis d'argent se balançaient au-dessus. Ses épaules et son cou, plus blancs que le lait, en faisaient ressortir le duvet rude et abondant. Il y avait dans cette crinière retroussée je ne sais quoi d'impudemment beau qui semblait me railler du désordre où je l'avais vue un instant auparavant. J'avançai tout d'un coup et frappai cette nuque d'un revers de mon poing fermé. Ma maîtresse ne poussa pas un cri; elle tomba sur ses mains. Après quoi je sortis précipitamment.

Rentré chez moi, la fièvre me reprit avec une telle violence que je fus obligé de me remettre au lit. Ma blessure s'était rouverte et j'en souffrais beaucoup. Desgenais vint me voir; je lui racontai tout ce qui s'était passé. Il m'écouta dans un grand silence, puis se promena quelque temps par la chambre comme un homme irrésolu. Enfin il s'arrêta devant moi, et partit d'un éclat de rire.

— Est-ce que c'est votre première maîtresse ? me dit-il.

— Non! lui dis-je, c'est la dernière.

Vers le milieu de la nuit, comme je dormais d'un sommeil agité, il me sembla dans un rêve entendre un profond soupir. J'ouvris les yeux et vis ma maîtresse debout près de mon lit, les bras croisés, pareille à un spectre. Je ne pus retenir un cri d'épouvante, croyant à une apparition sortie de mon cerveau malade. Je me lançai hors du lit et m'enfuis à l'autre bout de la chambre; mais elle vint à moi. — C'est moi, dit-elle; et, me prenant à bras-le-corps, elle m'entraîna. — Que me veux-tu ? criai-je; lâche-moi ! je suis capable de te tuer tout à l'heure.

— Eh bien! tue-moi, dit-elle. Je t'ai trahi, je t'ai menti, je suis infâme et misérable; mais je t'aime, et ne puis me passer de toi.

Je la regardai; qu'elle était belle! Tout son corps frémissait; ses yeux, perdus d'amour, répandaient des torrents de volupté ; sa gorge était nue, ses lèvres brûlaient. Je la soulevai dans mes bras. — Soit, lui dis-je ; mais, devant Dieu qui nous voit, par l'âme de mon père, je te jure que je te tue tout à l'heure et moi aussi. — Je pris un couteau de table qui était sur ma cheminée et le posai sous l'oreiller.

— Allons, Octave, me dit-elle en souriant et en m'embrassant, ne fais pas de folie. Viens, mon enfant ; toutes ces horreurs te font mal ; tu as la fièvre. Donne-moi ce couteau.

Je vis qu'elle voulait le prendre. — Écoutez-moi, lui dis-je alors ; je ne sais qui vous êtes et quelle comédie vous jouez, mais, quant à moi, je ne la joue pas. Je vous ai aimée autant qu'un homme peut aimer sur terre, et, pour mon malheur et ma mort, sachez que je vous aime encore éperdument. Vous venez me dire que vous m'aimez aussi, je le veux bien ; mais par tout ce qu'il y a de sacré au monde, si je suis votre amant ce soir, un autre ne le sera pas demain. Devant Dieu, devant Dieu, répétai-je, je ne vous reprendrai pas pour maîtresse, car je vous hais autant que je vous aime. Devant Dieu, si vous voulez de moi, je vous tue demain matin. En parlant ainsi, je me renversai dans un complet délire.

Elle jeta son manteau sur ses épaules et sortit en courant.

Lorsque Desgenais sut cette histoire, il me dit : — Pourquoi n'avez-vous pas voulu d'elle ? vous êtes bien dégoûté ; c'est une jolie femme.

— Plaisantez-vous ? lui dis-je. Croyez-vous qu'une pareille femme puisse être ma maîtresse ? croyez-vous que je consente jamais à partager avec un autre ? songez-vous qu'elle-même avoue qu'un autre la possède, et voulez-vous que j'oublie que je l'aime, afin de la posséder aussi ? Si ce sont là vos amours, vous me faites pitié.

Desgenais me répondit qu'il n'aimait que les filles,

et qu'il n'y regardait pas de si près. — Mon cher Octave, ajouta-t-il, vous êtes bien jeune; vous voudriez avoir bien des choses, et de belles choses, mais qui n'existent pas. Vous croyez à une singulière sorte d'amour; peut-être en êtes-vous capable; je le crois, mais ne le souhaite pas pour vous. Vous aurez d'autres maîtresses, mon ami, et vous regretterez un jour à venir ce qui vous est arrivé cette nuit. Quand cette femme est venue vous trouver, il est certain qu'elle vous aimait; elle ne vous aime peut-être pas à l'heure qu'il est, elle est peut-être dans les bras d'un autre; mais elle vous aimait cette nuit-là, dans cette chambre; et que vous importe le reste? Vous aviez là une belle nuit; et vous la regretterez, soyez-en sûr, car elle ne reviendra plus. Une femme pardonne tout, excepté qu'on ne veuille pas d'elle. Il fallait que son amour pour vous fût terrible, pour qu'elle vînt vous trouver, se sachant et s'avouant coupable, se doutant peut-être qu'elle serait refusée. Croyez-moi, vous regretterez une nuit pareille, car c'est moi qui vous dis que vous n'en aurez guère.

Il y avait dans tout ce que disait Desgenais un air de conviction si simple et si profond, une si désespérante tranquillité d'expérience, que je frissonnais en l'écoutant. Pendant qu'il parlait, j'éprouvai une tentation violente d'aller encore chez ma maîtresse, ou de lui écrire pour la faire venir. J'étais incapable de me lever; cela me sauva de la honte de m'exposer de nouveau à la trouver ou attendant mon rival, ou enfermée avec lui. Mais j'avais toujours la facilité de lui écrire; je me demandais malgré moi, dans le cas où je lui écrirais, si elle viendrait.

Lorsque Desgenais fut parti, je sentis une agitation si affreuse, que je résolus d'y mettre un terme, de quelque manière que ce fût. Après une lutte terrible, l'horreur surmonta enfin l'amour. J'écrivis à ma maîtresse que je ne la reverrais jamais, et que je la priais de ne plus revenir, si elle ne voulait s'exposer à être refusée à ma porte. Je sonnai violemment, et ordonnai qu'on portât ma lettre le plus vite possible. À peine mon domestique eut-il fermé la porte, que je le rappelai. Il ne m'entendit pas; je n'osai le rappeler une seconde fois; et, mettant mes deux mains sur mon visage, je demeurai enseveli dans le plus profond désespoir.

CHAPITRE IV

Le lendemain, au lever du soleil, la première pensée qui me vint fut de me demander : Que ferai-je à présent ?

Je n'avais point d'état, aucune occupation. J'avais étudié la médecine, le droit, sans pouvoir me décider à prendre l'une ou l'autre de ces deux carrières ; j'avais travaillé six mois chez un banquier, avec une telle inexactitude, que j'avais été obligé de donner ma démission à temps pour n'être pas renvoyé. J'avais fait de bonnes études, mais superficielles, ayant une mémoire qui veut de l'exercice, et qui oublie aussi facilement qu'elle apprend.

Mon seul trésor, après l'amour, était l'indépendance. Dès ma puberté, je lui avais voué un culte farouche, et je l'avais pour ainsi dire consacrée dans mon cœur. C'était un certain jour que mon père, pensant déjà à mon avenir, m'avait parlé de plusieurs carrières, entre lesquelles il me laissait le choix. J'étais accoudé à ma fenêtre, et je regardais un peuplier maigre et solitaire qui se balançait dans le jardin. Je réfléchissais à tous ces états divers et délibérais d'en prendre un. Je les remuai tous dans ma tête l'un après l'autre jusqu'au dernier, après quoi, ne me sentant de goût pour aucun, je laissai flotter mes pensées. Il me sembla tout à coup que je

sentais la terre se mouvoir, et que la force sourde et
invisible qui l'entraîne dans l'espace se rendait sai-
sissable à mes sens ; je la voyais monter dans le ciel ;
il me semblait que j'étais comme sur un navire ; le
peuplier que j'avais devant les yeux me paraissait
comme un mât de vaisseau ; je me levai en étendant
les bras, et m'écriai : — C'est bien assez peu de
chose d'être un passager d'un jour sur ce navire flottant dans l'éther ; c'est bien assez peu d'être un
homme, un point noir sur ce navire ; je serai un
homme, mais non une espèce d'homme particulière.
[Je jetai mes vêtements comme par un mouvement
involontaire, et ainsi nu je me prosternai, en répétant : Je serai un homme !]

Tel était le premier vœu qu'à l'âge de quatorze ans
j'avais prononcé en face de la nature ; et depuis ce
temps je n'avais rien essayé que par obéissance pour
mon père, mais sans pouvoir jamais vaincre ma
répugnance.

J'étais donc libre, non par paresse, mais par
volonté ; aimant d'ailleurs tout ce qu'a fait Dieu, et
bien peu de ce qu'a fait l'homme. Je n'avais connu
de la vie que l'amour, du monde que ma maîtresse,
et n'en voulais savoir utre chose. Aussi, étant devenu
amoureux en sortant du collège, j'avais cru sincèrement que c'était pour ma vie entière, et toute autre
pensée avait disparu.

Mon existence était sédentaire. Je passais la journée chez ma maîtresse ; mon grand plaisir était de
l'emmener à la campagne durant les beaux jours de
l'été, et de me coucher avec elle dans les bois, sur
l'herbe ou sur la mousse, le spectacle de la nature
dans sa splendeur ayant toujours été pour moi le
plus puissant des aphrodisiaques. En hiver, comme
elle aimait le monde, nous courions les bals et les
masques, en sorte que cette vie oisive ne cessait
jamais ; et par la raison que je n'avais pensé qu'à elle

tant qu'elle m'avait été fidèle, je me trouvai sans une pensée lorsqu'elle m'eut trahi.

Pour donner une idée de l'état où se trouvait alors mon esprit, je ne puis mieux le comparer qu'à un de ces appartements comme on en voit aujourd'hui, où se trouvent rassemblés et confondus des meubles de tous les temps et de tous les pays. Notre siècle n'a point de formes. Nous n'avons donné le cachet de notre temps ni à nos maisons, ni à nos jardins, ni à quoi que ce soit. On rencontre dans les rues des gens qui ont la barbe coupée comme du temps d'Henri III, d'autres qui sont rasés, d'autres qui ont les cheveux arrangés comme ceux du portrait de Raphaël, d'autres comme du temps de Jésus-Christ. Aussi les appartements des riches sont des cabinets de curiosités; l'antique, le gothique, le goût de la Renaissance, celui de Louis XIII, tout est pêle-mêle. Enfin nous avons de tous les siècles, hors du nôtre, chose qui n'a jamais été vue à une autre époque; l'éclectisme est notre goût; nous prenons tout ce que nous trouvons, ceci pour sa beauté, ceci pour sa commodité, telle autre chose pour son antiquité, telle autre pour sa laideur même; en sorte que nous ne vivons que de débris, comme si la fin du monde était proche.

Tel était mon esprit; j'avais beaucoup lu; en outre, j'avais appris à peindre. Je savais par cœur une grande quantité de choses, mais rien par ordre, de façon que j'avais la tête à la fois vide et gonflée, comme une éponge. Je devenais amoureux de tous les poètes l'un après l'autre; mais, étant d'une nature très impressionnable, le dernier venu avait toujours le don de me dégoûter du reste. Je m'étais fait un grand magasin de ruines, jusqu'à ce qu'enfin, n'ayant plus soif à force de boire la nouveauté et l'inconnu, je m'étais trouvé une ruine moi-même.

Cependant sur cette ruine il y avait quelque chose

de bien jeune encore; c'était l'espérance de mon cœur, qui n'était qu'un enfant.

Cette espérance, que rien n'avait flétrie ni corrompue, et que l'amour avait exaltée jusqu'à l'excès, venait tout à coup de recevoir une blessure mortelle. La perfidie de ma maîtresse l'avait frappée au plus haut de son vol, et lorsque j'y pensais, je me sentais dans l'âme quelque chose qui défaillait convulsivement, comme un oiseau blessé qui agonise.

La société, qui fait tant de mal, ressemble à ce serpent des Indes dont la maison est la feuille d'une plante qui guérit sa morsure. Elle présente presque toujours le remède à côté de la souffrance qu'elle a causée. Par exemple, un homme qui a son existence réglée, les affaires au lever, les visites à telle heure, le travail à telle autre, l'amour à telle autre, peut perdre sans danger sa maîtresse. Ses occupations et ses pensées sont comme ces soldats impassibles, rangés à la bataille sur une même ligne; un coup de feu en emporte un, les voisins se resserrent, et il n'y paraît pas.

Je n'avais pas cette ressource; la nature, ma mère chérie, depuis que j'étais seul, me semblait au contraire plus vaste et plus vide que jamais. Si j'avais pu oublier entièrement ma maîtresse, j'aurais été sauvé. Que de gens à qui il n'en faut pas tant pour les guérir! Ceux-là sont incapables d'aimer une femme infidèle, et leur conduite, en pareil cas, est admirable de fermeté. Mais est-ce ainsi qu'on aime à dix-neuf ans, alors que, ne connaissant rien du monde, désirant tout, le jeune homme sent à la fois le germe de toutes les passions? De quoi doute cet âge? À droite, à gauche, là-bas, à l'horizon, partout quelque voix qui l'appelle. Tout est désir, tout est rêverie. Il n'y a réalité qui tienne lorsque le cœur est jeune; il n'y a chêne si noueux et si dur dont il ne sorte une dryade; et si on avait cent bras, on ne

craindrait pas de les ouvrir dans le vide : on n'a qu'à
y serrer sa maîtresse, et le vide est rempli.

Quant à moi, je ne concevais pas qu'on fît autre
chose que d'aimer ; et lorsqu'on me parlait d'une
autre occupation, je ne répondais pas. Ma passion
pour ma maîtresse avait été comme sauvage, et
toute ma vie en ressentait je ne sais quoi de monacal
et de farouche. Je n'en veux citer qu'un exemple.
Elle m'avait donné son portrait en miniature dans
un médaillon ; je le portais sur le cœur, chose que
font bien des hommes ; mais, ayant trouvé un jour
chez un marchand de curiosités une discipline de
fer, au bout de laquelle était une plaque hérissée de
pointes, j'avais fait attacher le médaillon sur la
plaque et le portais ainsi. Ces clous, qui m'entraient
dans la poitrine à chaque mouvement, me causaient
une volupté si étrange, que j'y appuyais quelquefois
ma main pour les sentir plus profondément. Je sais
bien que c'est de la folie ; l'amour en fait bien
d'autres.

Depuis que cette femme m'avait trahi, j'avais ôté
le cruel médaillon. Je ne puis dire avec quelle tristesse j'en détachai la ceinture de fer, et quel soupir
poussa mon cœur lorsqu'il s'en trouva délivré ! —
Ah ! pauvres cicatrices, me dis-je, vous allez donc
vous effacer ? Ah ! ma blessure, ma chère blessure,
quel baume vais-je poser sur toi ?

J'avais beau haïr cette femme, elle était, pour ainsi
dire, dans le sang de mes veines ; je la maudissais,
mais j'en rêvais. Que faire à cela ? que faire à un
rêve ? quelle raison donner à des souvenirs de chair
et de sang ? Macbeth, ayant tué Duncan, dit que
l'Océan ne laverait pas ses mains ; il n'aurait pas lavé
mes cicatrices. Je le disais à Desgenais : — Que voulez-vous ! dès que je m'endors, sa tête est là sur
l'oreiller.

Je n'avais vécu que par cette femme ; douter d'elle,

c'était douter de tout ; la maudire, tout renier ; la
perdre, tout détruire. Je ne sortais plus ; le monde
m'apparaissait comme peuplé de monstres, de bêtes
fauves et de crocodiles. À tout ce qu'on me disait
pour me distraire, je répondais : Oui, c'est bien dit,
et soyez certain que je n'en ferai rien.

Je me mettais à la fenêtre et je me disais : — Elle
va venir, j'en suis sûr ; elle vient ; elle tourne la rue ;
je la sens qui approche. Elle ne peut vivre sans moi,
pas plus que moi sans elle. Que lui dirai-je ? quel
visage ferai-je ? Là-dessus, ses perfidies me reve-
naient. Ah ! qu'elle ne vienne pas ! m'écriais-je ;
qu'elle n'approche pas ! Je suis capable de la tuer.

Depuis ma dernière lettre, je n'en entendais plus
parler. — Enfin, que fait-elle ? me disais-je. Elle en
aime un autre ? Aimons-en donc une autre aussi.
Qui aimer ? Et, tout en cherchant, j'entendais
comme une voix lointaine qui me criait : Toi, une
autre que moi ! Deux êtres qui s'aiment, qui
s'embrassent, et qui ne sont pas toi et moi ! Est-ce
que c'est possible ? Est-ce que tu es fou ?

— Lâche ! me disait Desgenais, quand oublierez-
vous cette femme ? Est-ce donc une si grande perte ?
Le beau plaisir d'être aimé d'elle ! Prenez la première venue.

— Non, lui répondais-je ; ce n'est pas une si
grande perte. N'ai-je pas fait ce que je devais ? Ne
l'ai-je pas chassée d'ici ? Qu'avez-vous donc à dire ?
Le reste me regarde ; les taureaux blessés dans le
cirque ont la permission d'aller se coucher dans un
coin avec l'épée du matador dans l'épaule, et de finir
en paix. Qu'est-ce que j'irai faire, dites-moi, là ou là ?
Qu'est-ce que c'est que vos premières venues ? Vous
me montrerez un ciel pur, des arbres et des maisons, des hommes qui parlent, boivent, chantent,
des femmes qui dansent et des chevaux qui
galopent. Ce n'est pas la vie tout cela : c'est le bruit
de la vie. Allez, allez ; laissez-moi le repos.

CHAPITRE V

Quand Desgenais vit que mon désespoir était sans remède, que je ne voulais écouter personne ni sortir de ma chambre, il prit la chose au sérieux. Je le vis arriver un soir avec un air de gravité ; il me parla de ma maîtresse, et continua sur un ton de persiflage, disant des femmes tout le mal qu'il pensait. Tandis qu'il parlait, je m'étais appuyé sur mon coude, et, me soulevant sur mon lit, je l'écoutais attentivement.

C'était par une de ces sombres soirées où le vent qui siffle ressemble aux plaintes d'un mourant ; une pluie aiguë fouettait les vitres, laissant par intervalles un silence de mort. Toute la nature souffre par ces temps : les arbres s'agitent avec douleur ou courbent tristement la tête ; les oiseaux des champs se serrent dans les buissons ; les rues des cités sont vides. Ma blessure me faisait souffrir. La veille encore, j'avais une maîtresse et un ami : ma maîtresse m'avait trahi, mon ami m'avait étendu dans un lit de douleur. Je ne démêlais pas encore clairement ce qui se passait dans ma tête ; il me semblait tantôt que j'avais fait un rêve plein d'horreur, et que je n'avais qu'à fermer les yeux pour me réveiller heureux le lendemain ; tantôt, c'était ma vie entière qui me paraissait un songe ridicule et puéril, dont la

fausseté venait de se dévoiler. Desgenais était assis
devant moi, près de la lampe; il était ferme et
sérieux, avec un sourire perpétuel. C'était un
homme plein de cœur, mais sec comme la pierre
ponce. Une précoce expérience l'avait rendu chauve
avant l'âge; il connaissait la vie et avait pleuré dans
son temps, mais sa douleur portait cuirasse; il était
matérialiste et attendait la mort.

— Octave, me dit-il, d'après ce qui se passe en
vous, je vois que vous croyez à l'amour tel que les
romanciers et les poètes le représentent; vous
croyez, en un mot, à ce qui se dit ici-bas et non à ce
qui s'y fait. Cela vient de ce que vous ne raisonnez
pas sainement, et peut vous mener à de très grands
malheurs.

Les poètes représentent l'amour comme les
sculpteurs nous peignent la beauté, comme les
musiciens créent la mélodie; c'est-à-dire que, doués
d'une organisation nerveuse et exquise, ils ras-
semblent avec discernement et avec ardeur les éléments les plus purs de la vie, les lignes les plus belles
de la matière et les voix les plus harmonieuses de la
nature. Il y avait, dit-on, à Athènes, une grande
quantité de belles filles; Praxitèle les dessina toutes
l'une après l'autre; après quoi, de toutes ces beautés
diverses qui, chacune, avaient leur défaut, il fit une
beauté unique, sans défaut, et créa la Vénus. Le premier homme qui fit un instrument de musique et
qui donna à cet art ses règles et ses lois, avait écouté,
longtemps auparavant, murmurer les roseaux et
chanter les fauvettes. Ainsi les poètes, qui connaissaient la vie, après avoir vu beaucoup d'amours plus
ou moins passagers, après avoir senti profondément
jusqu'à quel degré d'exaltation sublime la passion
peut s'élever par moments, retranchant de la nature
humaine tous les éléments qui la dégradent,
créèrent ces noms mystérieux qui passèrent d'âge en

âge sur les lèvres des hommes : Daphnis et Chloé, Héro et Léandre, Pyrame et Thisbé.

Vouloir chercher dans la vie réelle des amours pareils à ceux-là, éternels et absolus, c'est la même chose que de chercher sur la place publique des femmes aussi belles que la Vénus, ou de vouloir que les rossignols chantent les symphonies de Beethoven.

La perfection n'existe pas ; la comprendre est le triomphe de l'intelligence humaine ; la désirer pour la posséder est la plus dangereuse des folies. Ouvrez votre fenêtre, Octave ; ne voyez-vous pas l'infini ? ne sentez-vous pas que le ciel est sans bornes ? votre raison ne vous le dit-elle pas ? Cependant concevez-vous l'infini ? vous faites-vous quelque idée d'une chose sans fin, vous qui êtes né d'hier et qui mourrez demain ? Ce spectacle de l'immensité a, dans tous les pays du monde, produit les plus grandes démences. Les religions viennent de là ; c'est pour posséder l'infini que Caton s'est coupé la gorge, que les chrétiens se jetaient aux lions, que les huguenots se jetaient aux catholiques ; tous les peuples de la terre ont étendu les bras vers cet espace immense, et ont voulu le presser sur leur poitrine. L'insensé veut posséder le ciel ; le sage l'admire, s'agenouille, et ne désire pas.

La perfection, ami, n'est pas plus faite pour nous que l'immensité. Il faut ne la chercher en rien, ne la demander à rien, ni à l'amour, ni à la beauté, ni au bonheur, ni à la vertu ; mais il faut l'aimer, pour être vertueux, beau et heureux, autant que l'homme peut l'être.

Supposons que vous avez dans votre cabinet d'étude un tableau de Raphaël que vous regardiez comme parfait ; supposons qu'hier soir, en le considérant de près, vous avez découvert dans un des personnages de ce tableau une faute grossière de des-

sin, un membre cassé ou un muscle hors nature,
comme il y en a un, dit-on, dans l'un des bras du gla-
diateur antique. Vous éprouverez certainement un
grand déplaisir, mais vous ne jetterez cependant pas
au feu votre tableau ; vous [vous] direz seulement
qu'il n'est pas parfait, mais qu'il y a des morceaux
qui sont dignes d'admiration.

Il y a des femmes que leur bon naturel et la sincérité de leur cœur empêchent d'avoir deux amants à
la fois. Vous avez cru que votre maîtresse était ainsi ;
cela vaudrait mieux en effet. Vous avez découvert
qu'elle vous trompait ; cela vous oblige-t-il à la
mépriser, à la maltraiter, à croire enfin qu'elle est
digne de votre haine ?

Quand bien même votre maîtresse ne vous aurait
jamais trompé, et quand elle n'aimerait que vous à
présent, songez, Octave, combien son amour serait
encore loin de la perfection, combien il serait
humain, petit, restreint aux lois de l'hypocrisie du
monde ; songez qu'un autre homme l'a possédée
avant vous, et même plus d'un autre homme ; que
d'autres encore la posséderont après vous.

Faites cette réflexion : ce qui vous pousse en ce
moment au désespoir, c'est cette idée de perfection
que vous vous étiez faite sur votre maîtresse, et dont
vous voyez qu'elle est déchue. Mais dès que vous
comprendrez bien que cette idée première elle-
même était humaine, petite et restreinte, vous verrez que c'est bien peu de chose qu'un degré de plus
ou de moins sur cette grande échelle pourrie de
l'imperfection humaine.

Vous conviendrez volontiers, n'est-ce pas ? que
votre maîtresse a eu d'autres hommes et qu'elle en
aura d'autres ; vous me direz sans doute que peu
vous importe de le savoir, pourvu qu'elle vous aime,
et qu'elle n'ait que vous tant qu'elle vous aimera.
Mais, moi, je vous dis : Puisqu'elle a eu d'autres

hommes que vous, qu'importe donc que ce soit hier
ou il y a deux ans? Puisqu'elle aura d'autres
hommes, qu'importe que ce soit demain ou dans
deux autres années? Puisqu'elle ne doit vous aimer
qu'un temps, et puisqu'elle vous aime, qu'importe
donc que ce soit pendant deux ans ou pendant une
nuit? Êtes-vous homme, Octave? Voyez-vous les
feuilles tomber des arbres, le soleil se lever et se coucher? Entendez-vous vibrer l'horloge de la vie à
chaque battement de votre cœur? Y a-t-il donc une
si grande différence pour vous entre un amour d'un
an et un amour d'une heure, insensé, qui, par cette
fenêtre grande comme la main, pouvez voir l'infini?

Vous appelez honnête la femme qui vous aime
deux ans fidèlement; vous avez apparemment un
almanach fait exprès pour savoir combien de temps
les baisers des hommes mettent à sécher sur les
lèvres des femmes. Vous faites une grande différence entre la femme qui se donne pour de l'argent
et celle qui se donne pour du plaisir, entre celle qui
se donne pour de l'orgueil et celle qui se donne pour
du dévouement. Parmi les femmes que vous ache-
tez, vous payez les unes plus cher que les autres;
parmi celles que vous recherchez pour le plaisir des
sens, vous vous abandonnez aux unes avec plus de
confiance qu'aux autres; parmi celles que vous avez
par vanité, vous vous montrez plus glorieux de
celle-ci que de celle-là; et de celles à qui vous vous
dévouez, il y en a à qui vous donnez le tiers de votre
cœur, à une autre le quart, à une autre la moitié,
selon son éducation, ses mœurs, son nom, sa naissance, sa beauté, son tempérament, selon l'occasion,
selon ce qu'on en dit, selon l'heure qu'il est, selon ce
que vous avez bu à dîner.

Vous avez des femmes, Octave, par la raison que
vous êtes jeune, ardent, que votre visage est ovale et
régulier, que vos cheveux sont peignés avec soin;

mais par cette raison même, mon ami, vous ne savez
pas ce que c'est qu'une femme.

La nature, avant tout, veut la reproduction des
êtres; partout, depuis le sommet des montagnes
jusqu'au fond de l'Océan, la vie a peur de mourir.
Dieu, pour conserver son ouvrage, a donc établi
cette loi, que la plus grande jouissance de tous les
êtres vivants fût l'acte de la génération. Le palmier,
envoyant à sa femelle sa poussière féconde, frémit
d'amour dans les vents embrasés; le cerf en rut
éventre sa biche qui lui résiste; la colombe palpite
sous les ailes du mâle comme une sensitive amou-
reuse; et l'homme, tenant dans ses bras sa compagne, au sein de la toute-puissante nature, sent bondir dans son cœur l'étincelle divine qui l'a créé.

Ô mon ami! lorsque vous serrez dans vos bras nus
une belle et robuste femme, si la volupté vous
arrache des larmes, si vous sentez sangloter sur vos
lèvres des serments d'amour éternel, si l'infini vous
descend dans le cœur, ne craignez pas de vous
livrer, fussiez-vous avec une courtisane [; vous êtes
toujours devant Dieu. Vous accomplissez son grand
œuvre; il crée en vous, vous êtes sa main droite. Ne
retenez pas les prières qui vous viennent à la bouche
pendant le sacrifice; ce sont là les autels où il veut
être compris et adoré].

Mais ne confondez pas le vin avec l'ivresse; ne
croyez pas la coupe divine où vous buvez le breuvage divin; ne vous étonnez pas le soir de la trouver
vide et brisée. C'est une femme, c'est un vase fragile,
fait de terre, par un potier.

Remerciez Dieu de vous montrer le ciel, et parce
que vous battez de l'aile, ne vous croyez pas un
oiseau. Les oiseaux eux-mêmes ne peuvent franchir
les nuages; il y a une sphère où ils manquent d'air,
et l'alouette qui s'élève en chantant dans les brouil-
lards du matin, retombe quelquefois morte sur le
sillon.

Prenez de l'amour ce qu'un homme sobre prend de vin ; ne devenez pas un ivrogne. Si votre maîtresse est sincère et fidèle, aimez-la pour cela ; mais si elle ne l'est pas, et qu'elle soit jeune et belle, aimez-la parce qu'elle est jeune et belle ; et si elle est agréable et spirituelle, aimez-la encore ; et si elle n'est rien de tout cela, mais qu'elle vous aime seulement, aimez-la encore. On n'est pas aimé tous les soirs.

Ne vous arrachez pas les cheveux et ne parlez pas de vous poignarder parce que vous avez un rival. Vous dites que votre maîtresse vous trompe pour un autre ; c'est votre orgueil qui en souffre ; mais changez seulement les mots : dites-vous que c'est lui qu'elle trompe pour vous, et vous voilà glorieux.

Ne vous faites pas de règle de conduite et ne dites pas que vous voulez être aimé exclusivement ; car, en disant cela, comme vous êtes homme et inconstant vous-même, vous êtes forcé d'ajouter tacitement : Autant que cela est possible.

Prenez le temps comme il vient, le vent comme il souffle, la femme comme elle est. Les Espagnoles, les premières des femmes, aiment fidèlement ; leur cœur est sincère et violent, mais elles portent un stylet sur le cœur. Les Italiennes sont lascives ; mais elles cherchent de larges épaules et prennent mesure de leur amant avec des aunes de tailleurs. Les Anglaises sont exaltées et mélancoliques, mais elles sont froides et guindées. Les Allemandes sont tendres et douces, mais fades et monotones. Les Françaises sont spirituelles, élégantes et voluptueuses, mais elles mentent comme des démons.

Avant tout, n'accusez pas les femmes d'être ce qu'elles sont ; c'est nous qui les avons faites ainsi, défaisant l'ouvrage de la nature en toute occasion.

La nature, qui pense à tout, a fait la vierge pour être amante ; mais, à son premier enfant, ses che-

veux tombent, son sein se déforme, son corps porte
une cicatrice ; la femme est faite pour être mère.
L'homme s'en éloignerait peut-être alors, dégoûté
par la beauté perdue ; mais son enfant s'attache à lui
en pleurant. Voilà la famille, la loi humaine ; tout ce
qui s'en écarte est monstrueux. Ce qui fait la vertu
des campagnards, c'est que leurs femmes sont des
machines à enfantement et à allaitement, comme ils
sont, eux, des machines à labourage. Ils n'ont ni
faux cheveux, ni lait virginal ; mais leurs amours
n'ont pas la lèpre ; ils ne s'aperçoivent pas, dans
leurs accouplements naïfs, qu'on a découvert l'Amérique. À défaut de sensualité, leurs femmes sont
saines ; elles ont les mains calleuses, aussi leur cœur
ne l'est-il pas.

La civilisation fait le contraire de la nature. Dans
nos villes et selon nos mœurs, la vierge faite pour
courir au soleil, pour admirer les lutteurs nus,
comme à Lacédémone, pour choisir, pour aimer, on
l'enferme, on la verrouille ; cependant elle cache un
roman sous son crucifix. Pâle et oisive, elle se corrompt devant son miroir, elle flétrit dans le silence
des nuits cette beauté [verte et luxuriante] qui
l'étouffe et qui a besoin du grand air. Puis tout d'un
coup on la tire de là, ne sachant rien, n'aimant rien,
désirant tout ; une vieille l'endoctrine, on lui chuchote un mot obscène à l'oreille, et on la jette dans le
lit d'un inconnu qui la viole. Voilà le mariage, c'est-
à-dire la famille civilisée. Et maintenant voilà cette
pauvre fille qui fait un enfant ; voilà ses cheveux, son
beau sein, son corps, qui se flétrissent ; voilà qu'elle
a perdu la beauté des amantes, et elle n'a point
aimé ! Voilà qu'elle a conçu, voilà qu'elle a enfanté,
et elle se demande pourquoi ; on lui apporte un
enfant et on lui dit : Vous êtes mère. Elle répond : Je
ne suis pas mère ; qu'on donne cet enfant à une
femme qui ait du lait ; il n'y en a pas dans mes

mamelles. Ce n'est pas ainsi que le lait vient aux
femmes. Son mari lui répond qu'elle a raison, que
son enfant le dégoûterait d'elle. On vient, on la pare,
on met une dentelle de Malines sur son lit ensan-
glanté ; on la soigne, on la guérit du mal de la mater-
nité. Un mois après, la voilà aux Tuileries, au bal, à
l'Opéra ; son enfant est à Chaillot, à Auxerre ; son
mari, au mauvais lieu. Dix jeunes gens lui parlent
d'amour, de dévouement, de sympathie, d'éternel
embrassement, de tout ce qu'elle a dans le cœur.
Elle en prend un, l'attire sur sa poitrine ; il la désho-
nore, se retourne, et s'en va à la Bourse. Maintenant
la voilà lancée ; elle pleure une nuit et trouve que les
larmes lui rougissent les yeux. Elle prend un consolateur, de la perte duquel un autre la console ; ainsi
jusqu'à trente ans et plus. C'est alors que, blasée et
gangrenée, n'ayant plus rien d'humain, pas même le
dégoût, elle rencontre un soir un bel adolescent aux
cheveux noirs, à l'œil ardent, au cœur palpitant
d'espérance ; elle reconnaît sa jeunesse, elle se souvient de ce qu'elle a souffert, et, lui rendant les
leçons de sa vie, elle lui apprend à ne jamais aimer.

Voilà la femme telle que nous l'avons faite ; voilà
nos maîtresses. Mais quoi ! ce sont des femmes, et il
y a avec elles de bons moments !

Si vous êtes d'une trempe ferme, sûr de vous-
même et vraiment homme, voilà donc ce que je vous
conseille : lancez-vous sans crainte dans le torrent
du monde ; ayez des courtisanes, des danseuses, des
bourgeoises et des marquises. Soyez constant et
infidèle, triste et joyeux, trompé ou respecté ; mais
sachez si vous êtes aimé, car, du moment que vous
le serez, que vous importe le reste ?

Si vous êtes un homme médiocre et ordinaire, je
suis d'avis que vous cherchiez quelque temps avant
de vous décider, mais que vous ne comptiez sur rien
de ce que vous aurez cru trouver dans votre maîtresse.

Si vous êtes un homme faible, enclin à vous laisser dominer et à prendre racine là où vous voyez un peu de terre, faites-vous une cuirasse qui résiste à tout ; car, si vous cédez à votre nature débile, là où vous aurez pris racine, vous ne pousserez pas ; vous sécherez comme une plante oisive, et vous n'aurez ni fleurs, ni fruits. La sève de votre vie passera dans une écorce étrangère ; toutes vos actions seront pâles comme la feuille du saule ; vous n'aurez pour vous arroser que vos propres larmes, et pour vous nourrir que votre propre cœur.

Mais si vous êtes une nature exaltée, croyant à des rêves et voulant les réaliser, je vous réponds alors tout net : L'amour n'existe pas.

Car j'abonde dans votre sens, et je vous dis : Aimer, c'est se donner corps et âme, ou, pour mieux dire, c'est faire un seul être de deux. C'est se promener au soleil, en plein vent, au milieu des blés et des prairies, avec un corps à quatre bras, à deux têtes et à deux cœurs. L'amour, c'est la foi, c'est la religion du bonheur terrestre ; c'est un triangle lumineux placé à la voûte de ce temple qu'on appelle le monde. Aimer, c'est marcher librement dans ce temple, et avoir à son côté un être capable de comprendre pourquoi une pensée, un mot, une fleur, font que vous vous arrêtez et que vous relevez la tête vers le triangle céleste. Exercer les nobles facultés de l'homme est un grand bien, voilà pourquoi le génie est une belle chose ; mais doubler ses facultés, presser un cœur et une intelligence sur son intelligence et sur son cœur, c'est le bonheur suprême. Dieu n'en a pas fait plus pour l'homme ; voilà pourquoi l'amour vaut mieux que le génie. Or, dites-moi, est-ce là l'amour de nos femmes ? Non, non, il faut en convenir. Aimer, pour elles, c'est autre chose : c'est sortir voilées, écrire avec mystère, marcher en tremblant sur la pointe du pied, comploter et railler, faire des yeux languissants, pousser de chastes soupirs dans une robe empesée et guindée, puis tirer les verrous pour la jeter par-dessus sa tête, humilier une rivale, tromper un mari, désoler ses amants; aimer, pour nos femmes, c'est jouer à mentir, comme les enfants jouent à se cacher; hideuse débauche du cœur, pire que toute la lubricité romaine aux saturnales de Priape; parodie bâtarde du vice lui-même aussi bien que de la vertu; comédie sourde et basse, où tout se chuchote et se travaille avec des regards obliques, où tout est petit, élégant et difforme, comme dans ces monstres de porcelaine qu'on apporte de Chine; dérision lamentable de ce qu'il y a de beau et de laid, de divin et d'infernal au monde; ombre sans corps, squelette de tout ce que Dieu a fait.

Ainsi parlait Desgenais, d'une voix mordante, au milieu du silence de la nuit.

CHAPITRE VI

Je fus le lendemain au bois de Boulogne, avant dîner; le temps était sombre. Arrivé à la porte Maillot, je laissai mon cheval aller où bon lui sembla, et m'abandonnant à une rêverie profonde, je repassai peu à peu dans ma tête tout ce que m'avait dit Desgenais.

[L'amour que j'avais pour ma maîtresse, m'ayant, presque au sortir du collège, absorbé tout entier, avait été pour moi une sauvegarde contre la corruption prématurée à laquelle la jeunesse s'abandonne souvent dans la première joie de la liberté; car, le plus grand défaut des écoles étant de défendre sans cesse ce que la nature ordonne, il est tout simple que les écoliers commencent, en entrant dans le monde, par se livrer à tout ce qu'on leur défendait, outre mesure et sans discernement.

Si l'on m'avait proposé de devenir un libertin tant que ma maîtresse m'était fidèle, les séductions les plus fortes et les raisonnements les plus pervers auraient été sans effet sur moi. Une courtisane me paraissait un être difforme. Tout d'un coup ma maîtresse, que j'adorais religieusement, était devenue pour moi comme une courtisane; et tandis que je croyais fuir la débauche dans un sanctuaire impénétrable, je venais de m'apercevoir que c'était la débauche elle-même que j'avais dans les bras.

Je le demande à quiconque a aimé : parmi toutes les horreurs de l'enfer, en a-t-on jamais inventé une qui puisse entrer en comparaison avec ce qui se passe dans l'âme humaine lorsqu'une pareille chose arrive ? Il me semble voir un enfant innocent que des brigands veulent égorger dans une forêt ; il se sauve, en criant, dans les bras de son père ; il s'attache à son cou, il se cache sous son manteau, il le supplie de le sauver ; et son père tire une épée flamboyante ; lui-même est un bandit, et égorge l'enfant.

Les peintres qui ont représenté la tentation de saint Antoine ont oublié de lui faire subir une épreuve à laquelle il n'eût pas résisté. Ils nous le montrent entouré de démons, de femmes nues, qui s'efforcent en vain de le faire succomber par tous les moyens possibles ; cependant le saint en prière se courbe sur son crucifix. Il ne voit rien, n'entend rien ; il n'est pas là, il prie. Mais je voudrais qu'un démon plus rusé que les autres, un démon féminin, eût la pensée de se changer en Christ et de s'insinuer dans la statue du Rédempteur. Alors, au moment où le saint, pour échapper à la tentation, se précipiterait sur l'image de Dieu et la serrerait sur son cœur, je voudrais voir que le Christ lui-même, ouvrant ses bras de marbre, lui plantât sur les lèvres un baiser lascif et brûlant.

Certes, une femme ne sait ce qu'elle fait lorsqu'elle trompe un jeune homme qui n'a jamais été trompé ; elle ne sait pas où elle l'envoie, au sortir de ce lit qu'elle souille, et où, la veille encore, il a baisé sur l'oreiller cette petite place plus chère qu'un empire, où repose la tête de la bien-aimée. Elle ne réfléchit pas à son action ; elle cède à un caprice, elle suit sa fugitive étoile ; il est impossible qu'elle raisonne ; car, si elle raisonnait, si elle voyait la plaie affreuse qu'elle ouvre, et le flot de sang qui va en sortir, plutôt que d'entr'ouvrir sa porte, elle la ferait murer. Que dis-je ? si elle savait que son amour pour un enfant peut faire éclore de pareils fruits, non seulement elle n'oserait le tromper, elle n'oserait pas même l'aimer; elle aurait pitié par avance des maux qu'elle pourrait lui faire; elle lui dirait comme Rosalinde : Je vous en prie, ne prenez pas d'amour pour moi; je suis plus fausse que les serments faits dans l'ivresse.]

Comme je traversais une allée, [plongé dans toutes ces pensées], je m'entendis appeler par mon nom. Je me retournai, et vis, dans une voiture découverte, une des amies intimes de ma maîtresse. Elle cria d'arrêter, et, me tendant la main d'un air amical, me demanda, si je n'avais rien à faire, de venir dîner avec elle.

Cette femme, qui s'appelait madame Levasseur, était petite, grasse et très blonde; elle m'avait toujours déplu, je ne sais pourquoi, nos relations n'ayant jamais rien eu que d'agréable. Cependant je ne pus résister à l'envie d'accepter son invitation; je serrai sa main en la remerciant; je sentais que nous allions parler de ma maîtresse.

Elle me donna quelqu'un pour ramener mon cheval; je montai dans sa voiture; elle y était seule, et nous reprîmes aussitôt le chemin de Paris. La pluie commençait à tomber, on ferma la voiture; ainsi enfermés en tête à tête, nous demeurâmes d'abord silencieux. Je la regardais avec une tristesse inexprimable; non seulement elle était l'amie de mon infidèle, mais elle était sa confidente. Souvent, durant les jours heureux, elle avait été en tiers dans nos soirées. Avec quelle impatience je l'avais supportée alors! combien de fois j'avais compté les instants qu'elle passait avec nous! De là sans doute mon aversion pour elle. J'avais beau savoir qu'elle approuvait nos amours, qu'elle me défendait même parfois auprès de ma maîtresse dans les jours de brouille, je ne pouvais, en faveur de toute son amitié, lui pardonner ses importunités. Malgré sa bonté et les services qu'elle nous rendait, elle me semblait laide,

fatigante. Hélas! maintenant que je la trouvais
belle! Je regardais ses mains, ses vêtements; chacun de ses gestes m'allait au cœur; tout le passé y
était écrit. Elle me voyait, elle sentait ce que
j'éprouvais auprès d'elle et que de souvenirs
m'oppressaient. Le chemin s'écoula ainsi, moi la
regardant, elle me souriant. Enfin, quand nous
entrâmes à Paris, elle me prit la main. — Eh bien?
dit-elle. — Eh bien! répondis-je en sanglotant,
dites-le-lui, madame, si vous voulez. Et je versai un
torrent de larmes.

Mais lorsqu'après dîner nous fûmes au coin du
feu : — Mais enfin, dit-elle, toute cette affaire est-
elle irrévocable? n'y a-t-il plus aucun moyen?

— Hélas! madame, lui répondis-je, il n'y a rien
d'irrévocable que la douleur qui me tuera. Mon histoire n'est pas longue à dire : je ne puis ni l'aimer, ni
en aimer une autre, ni me passer d'aimer.

Elle se renversa sur sa chaise, à ces paroles, et je
vis sur son visage les marques de sa compassion.
Longtemps elle parut réfléchir et se reporter sur
elle-même, comme sentant dans son cœur un écho.
Ses yeux se voilèrent, et elle restait enfermée comme
dans un souvenir. Elle me tendit la main, je
m'approchai d'elle. — Et moi, murmura-t-elle, et
moi aussi! voilà ce que j'ai connu en temps et lieu.
Une vive émotion l'arrêta.

De toutes les sœurs de l'amour, l'une des plus
belles est la pitié. Je tenais la main de madame
Levasseur; elle était presque dans mes bras; elle
commença à me dire tout ce qu'elle put imaginer en
faveur de ma maîtresse, pour me plaindre autant
que pour l'excuser. Ma tristesse s'en accrut; que
répondre? Elle en vint à parler d'elle-même.

Il n'y avait pas longtemps, me dit-elle, qu'un
homme qu'elle aimait l'avait quittée. Elle avait fait
de grands sacrifices; sa fortune était compromise,

aussi bien que l'honneur de son nom. De la part de
son mari, qu'elle connaissait pour vindicatif, il y
avait eu des menaces. Ce fut un récit mêlé de
larmes, et qui m'intéressa au point que j'oubliai mes
douleurs en écoutant les siennes. On l'avait mariée à
contrecœur, elle avait lutté pendant longtemps ;
mais elle ne regrettait rien, sinon de n'être plus
aimée. Je crus même qu'elle s'accusait en quelque
sorte, comme n'ayant pas su conserver le cœur de
son amant, et ayant agi avec légèreté à son égard.

Lorsqu'après avoir soulagé son cœur, elle
demeura peu à peu comme muette et incertaine : —
Non, madame, lui dis-je, ce n'est point le hasard qui
m'a conduit aujourd'hui au bois de Boulogne. Laissez-moi croire que les douleurs humaines sont des
sœurs égarées, mais qu'un bon ange est quelque part
qui unit parfois à dessein ces faibles mains tremblantes, tendues vers Dieu. Puisque je vous ai revue,
et que vous m'avez appelé, ne vous repentez donc
point d'avoir parlé ; et, qui que ce soit qui vous
écoute, ne vous repentez jamais des larmes. Le
secret que vous me confiez n'est qu'une larme tombée de vos yeux, mais elle est restée sur mon cœur.
Permettez-moi de revenir, et souffrons quelquefois
ensemble.

Une sympathie si vive s'empara de moi en parlant
ainsi, que, sans y réfléchir, je l'embrassai ; il ne me
vint pas à l'esprit qu'elle s'en pût trouver offensée, et
elle ne parut même pas s'en apercevoir.

Un silence profond régnait dans l'hôtel qu'habitait
madame Levasseur. Quelque locataire y étant
malade, on avait répandu de la paille dans la rue, en
sorte que les voitures n'y faisaient aucun bruit.
J'étais près d'elle, la tenant dans mes bras, et
m'abandonnant à l'une des plus douces émotions du
cœur, le sentiment d'une douleur partagée.

Notre entretien continua sur le ton de la plus

expansive amitié. Elle me disait ses souffrances, je
lui contais les miennes, et, entre ces deux douleurs
qui se touchaient, je sentais s'élever je ne sais quelle
douceur, je ne sais quelle voix consolante, comme
un accord pur et céleste né du concert de deux voix
gémissantes. Cependant, durant toutes ces larmes,
comme je m'étais penché sur madame Levasseur, je
ne voyais que son visage. Dans un moment de
silence, m'étant relevé et éloigné quelque peu, je
m'aperçus que, pendant que nous parlions, elle avait
appuyé son pied assez haut sur le chambranle de la
cheminée, en sorte que, sa robe ayant glissé, sa
jambe se trouvait entièrement découverte. Il me
parut singulier que, voyant ma confusion, elle ne se
dérangeât point, et je fis quelques pas en tournant la
tête pour lui donner le temps de s'ajuster; elle n'en
fit rien. Revenant à la cheminée, j'y restai appuyé en
silence, regardant ce désordre, dont l'apparence
était trop révoltante pour se supporter. Enfin, fixant
ses yeux, et voyant clairement qu'elle s'apercevait
fort bien elle-même de ce qui en était, je me sentis
frappé de la foudre; car je compris net que j'étais le
jouet d'une effronterie tellement monstrueuse, que
la douleur elle-même n'était pour elle qu'une séduc-
tion des sens. Je pris mon chapeau sans dire un
mot; elle rabaissa lentement sa robe, et je sortis de
la salle en lui faisant un grand salut.

CHAPITRE VII

En rentrant chez moi, je trouvai au milieu de ma chambre une grande caisse de bois. Une de mes tantes était morte, et j'avais une part dans son héritage, qui n'était pas considérable. Cette caisse renfermait, entre autres objets indifférents, une quantité de vieux livres poudreux. Ne sachant que faire et rongé d'ennui, je pris le parti d'en lire quelques-uns. C'étaient pour la plupart des romans du siècle de Louis XV; ma tante, fort dévote, en avait probablement hérité elle-même, et les avait conservés sans les lire; car ils étaient de la plus grande licence, et, pour ainsi dire, comme autant de catéchismes de libertinage.

J'ai dans l'esprit une singulière propension à réfléchir à tout ce qui m'arrive, même aux moindres incidents, et à leur donner une sorte de raison conséquente et morale; j'en fais en quelque sorte comme des grains de chapelet, et je tâche malgré moi de les rattacher à un même fil.

Dussé-je paraître puéril en ceci, l'arrivée de ces livres me frappa dans la circonstance où je me trouvais. Je les dévorai avec une amertume et une tristesse sans bornes, le cœur brisé et le sourire sur les lèvres. — Oui, vous avez raison, leur disais-je, vous seuls savez les secrets de la vie; vous seuls osez dire que rien n'est vrai que la débauche, l'hypocrisie et la corruption. Soyez mes amis ; posez sur la plaie de mon âme vos poisons corrosifs ; apprenez-moi à croire en vous.

Pendant que je m'enfonçais ainsi dans les ténèbres, mes poètes favoris et mes livres d'étude restaient épars dans la poussière. Je les foulais aux pieds dans mes accès de colère. — Et vous, leur disais-je, rêveurs insensés qui n'apprenez qu'à souf-frir, misérables arrangeurs de paroles, charlatans si vous saviez la vérité, niais si vous étiez de bonne foi, menteurs dans les deux cas, qui faites des contes de fée avec le cœur humain, je vous brûlerai tous jusqu'au dernier.

Au milieu de tout cela, les larmes venaient à mon aide, et je m'apercevais qu'il n'y avait de vrai que ma douleur. — Eh bien ! criai-je alors dans mon délire, dites-moi, [vous tous,] bons et mauvais génies, [esprits de vie et de mort assis à mon chevet, poètes et ruffians,] conseillers du bien et du mal, dites-moi donc ce qu'il faut faire. Choisissez donc un arbitre entre vous.

Je saisis une vieille Bible qui était sur ma table, et l'ouvris au hasard. — Réponds-moi, toi, livre de Dieu, lui dis-je, sachons un peu quel est ton avis. Je tombai sur ces paroles de l'Ecclésiaste, chapitre IX :

« J'ai agité toutes ces choses dans mon cœur, et je me suis mis en peine d'en trouver l'intelligence. Il y a des justes et des sages, et leurs œuvres sont dans la main de Dieu ; néanmoins l'homme ne sait s'il est digne d'amour ou de haine.

« Mais tout est réservé pour l'avenir, et demeure incertain, parce que tout arrive également au juste et à l'injuste, au bon et au méchant, au pur et à l'impur, à celui qui immole des victimes et à celui qui méprise les sacrifices. L'innocent est traité comme le pécheur, et le parjure comme celui qui jure la vérité.

« C'est là ce qu'il y a de plus fâcheux dans tout ce qui se passe sous le soleil, que tout arrive de même à tous. De là vient que les cœurs des enfants des hommes sont remplis de malice et de mépris pendant leur vie, et après cela ils seront mis entre les morts. »

Je demeurai stupéfait après avoir lu ces paroles ; je ne croyais pas qu'un sentiment pareil existât dans la Bible. — Ainsi donc, lui dis-je, et toi aussi, tu doutes, livre de l'espérance !

Que pensent donc les astronomes lorsqu'ils prédisent à point nommé, à l'heure dite, le passage d'une comète, le plus irrégulier des promeneurs célestes ? que pensent donc les naturalistes lorsqu'ils vous montrent à travers un microscope des animaux dans une goutte d'eau ? croient-ils donc qu'ils inventent ce qu'ils aperçoivent, et que leurs microscopes et leurs lunettes fassent la loi à la nature ? Que pensa donc le premier législateur des hommes, lorsque, cherchant quelle devait être la première pierre de l'édifice social, irrité sans doute par quelque parleur importun, il frappa sur ses tables de marbre, et sentit crier dans ses entrailles la loi du talion ? avait-il donc inventé la justice ? Et celui qui le premier arracha de la terre le fruit planté par son voisin, et qui le mit sous son manteau, et qui s'enfuit en regardant çà et là, avait-il inventé la honte ? Et celui qui, ayant trouvé ce même voleur qui l'avait dépouillé du produit de son travail, lui pardonna le premier sa faute, et, au lieu de lever la main sur lui, lui dit : Assieds-toi là et prends encore ceci ; lorsqu'après avoir ainsi rendu le bien pour le mal, il releva la tête vers le ciel, et sentit son cœur tressaillir, et ses yeux se mouiller de larmes, et ses genoux fléchir jusqu'à terre, avait-il donc inventé la vertu ? Ô Dieu ! ô Dieu ! voilà une femme qui parle d'amour, et qui me trompe ; voilà un homme qui parle d'amitié, et qui me conseille de me distraire dans la débauche; voilà une autre femme qui pleure, et qui veut me consoler avec les muscles de son jarret; voilà une Bible qui parle de Dieu, et qui répond : Peut-être; tout cela est indifférent.

Je me précipitai vers ma fenêtre ouverte. — Est-ce donc vrai que tu es vide? criai-je en regardant un grand ciel pâle qui se déployait sur ma tête. Réponds, réponds! Avant que je meure, me mettras-tu autre chose qu'un rêve entre ces deux bras que voici?

Un profond silence régnait sur la place que dominaient mes croisées. Comme je restais les bras étendus et les yeux perdus dans l'espace, une hirondelle poussa un cri plaintif; je la suivis du regard malgré moi; tandis qu'elle disparaissait comme une flèche à perte de vue, une fillette passa en chantant.

CHAPITRE VIII

Je ne voulais pourtant pas céder. Avant d'en venir à prendre réellement la vie par son côté plaisant, qui m'en paraissait le côté sinistre, j'étais résolu à tout essayer. Je restai ainsi fort longtemps en proie à des chagrins sans nombre et tourmenté de rêves terribles.

La grande raison qui m'empêchait de guérir, c'était ma jeunesse. Dans quelque lieu que je fusse, quelque occupation que je m'imposasse, je ne pouvais penser qu'aux femmes; la vue d'une femme me faisait trembler. Que de fois je me suis relevé, la nuit, baigné de sueur, pour coller ma bouche sur mes murailles, me sentant prêt à suffoquer!

Il m'était arrivé un des plus grands bonheurs, et peut-être des plus rares, celui de donner à l'amour ma virginité. Mais il en résultait que toute idée de plaisir des sens s'unissait en moi à une idée d'amour; c'était là ce qui me perdait. Car, ne pouvant m'empêcher de penser continuellement aux femmes, je ne pouvais faire autre chose en même temps que repasser jour et nuit dans ma tête toutes ces idées de débauche, de faux amour et de trahisons féminines, dont j'étais plein. Posséder une femme, pour moi, c'était aimer; or, je ne songeais qu'aux femmes, et je ne croyais plus à la possibilité d'un véritable amour.

Toutes ces souffrances m'inspiraient comme une sorte de rage; tantôt j'avais envie de faire comme les moines, et de me meurtrir pour vaincre mes sens; tantôt j'avais envie d'aller dans la rue, dans la campagne, je ne sais où, de me jeter aux pieds de la première femme que je rencontrerais, et de lui jurer un amour éternel.

Dieu m'est témoin que je fis tout au monde pour me distraire et pour me guérir. D'abord, toujours préoccupé de cette idée involontaire que la société des hommes était un repaire de vices et d'hypocrisie, où tout ressemblait à ma maîtresse, je résolus de m'en séparer et de m'isoler tout à fait. Je repris d'anciennes études; je me jetai dans l'histoire, dans les poètes antiques, dans l'anatomie. Il y avait dans la maison, au quatrième étage, un vieil Allemand fort instruit, qui vivait seul et retiré. Je le persuadai, non sans peine, de m'apprendre sa langue; une fois à la besogne, ce pauvre homme la prit à cœur. Mes perpétuelles distractions le désolaient. Que de fois, assis en tête à tête avec moi, sous sa lampe enfumée, il est resté avec un étonnement patient, me regardant les mains croisées sur son livre, tandis que, perdu dans mes rêves, je ne m'apercevais ni de sa présence ni de sa pitié! — Mon bon monsieur, lui dis-je enfin, voilà qui est inutile; mais vous êtes le meilleur des hommes. Quelle tâche vous entreprenez! Il faut me laisser à ma destinée; nous n'y pouvons rien, ni vous ni moi. Je ne sais s'il comprit ce langage; il me serra les mains sans mot dire, et il ne fut plus question de l'allemand.

Je sentis aussitôt que la solitude, loin de me guérir, me perdait, et changeai complètement de système. J'allai à la campagne, je me lançai au galop dans les bois, à la chasse; je faisais des armes jusqu'à perdre haleine; je me brisais de fatigue, et lorsque après une journée de sueur et de courses

j'arrivais le soir à mon lit, sentant l'écurie et la
poudre, j'enfonçais ma tête dans l'oreiller, je me rou-
lais dans mes couvertures, et je criais : Fantôme,
fantôme, es-tu las aussi ? me quitteras-tu quelque
nuit ?

Mais à quoi bon ces vains efforts ? La solitude me
renvoyait à la nature, et la nature à l'amour.
Lorsqu'à la rue de l'Observance, je me voyais
entouré de cadavres, essuyant mes mains sur mon
tablier sanglant, pâle au milieu des morts, suffoqué
par l'odeur de la putréfaction, je me détournais malgré moi ; je sentais flotter dans mon cœur des moissons verdoyantes, des prairies embaumées, et la
pensive harmonie du soir. — Non, me disais-je, ce
n'est pas la science qui me consolera ; j'aurai beau
me plonger dans cette nature morte, j'y mourrai
moi-même, comme un noyé livide dans la peau d'un
agneau écorché. Je ne me guérirai pas de ma jeunesse ; allons vivre là où est la vie, ou mourons du
moins au soleil. Je partais, je prenais un cheval, je
m'enfonçais dans les promenades de Sèvres et de
Chaville ; j'allais m'étendre sur un pré en fleurs, dans
quelque vallée écartée. Hélas ! et toutes ces forêts,
toutes ces prairies me criaient : Que viens-tu chercher ? Nous sommes vertes, pauvre enfant, nous
portons la couleur de l'espérance.

Alors je rentrais dans la ville ; je me perdais dans
les rues obscures ; je regardais les lumières de toutes
ces croisées, tous ces nids mystérieux des familles,
les voitures passant, les hommes se heurtant. Oh !
quelle solitude ! quelle triste fumée sur ces toits !
quelle douleur dans ces rues tortueuses où tout pié-
tine, travaille et sue, où des milliers d'inconnus vont
se touchant le coude ; cloaque où les corps seuls sont
en société, laissant les âmes solitaires, et où il n'y a
que les prostituées qui vous tendent la main au passage ! — Corromps-toi, corromps-toi, tu ne souffri-

ras plus! Voilà ce que les villes crient à l'homme, ce
qui est écrit sur les murs avec du charbon, sur les
pavés avec de la boue, sur les visages avec du sang
extravasé.

Et parfois, lorsqu'assis à l'écart dans un salon,
j'assistais à une fête brillante, voyant sauter toutes
ces femmes roses, bleues, blanches, avec leurs
bras nus et leurs grappes de cheveux, comme des
chérubins ivres de lumière dans leurs sphères
d'harmonie et de beauté : — Ah! quel jardin! me
disais-je, quelles fleurs à cueillir, à respirer! Ah!
marguerites, marguerites, que dira votre dernier
pétale à celui qui vous effeuillera? Un peu, un peu,
et pas du tout. Voilà la morale du monde, voilà la
fin de vos sourires. C'est sur ce triste abîme [du
néant] de nos rêves que vous promenez si légèrement toutes ces gazes parsemées de fleurs;
c'est sur cette vérité hideuse que vous courez
comme des biches, sur la pointe de vos petits
pieds!

— Eh, mon Dieu! disait Desgenais, pourquoi tout
prendre au sérieux? C'est ce qui ne s'est jamais vu.
Vous plaignez-vous que les bouteilles se vident? Il y
a des tonneaux dans les caves, et des caves sur les
coteaux. Faites-moi un bon hameçon, doré de
douces paroles, avec une mouche à miel pour appât;
et alerte! pêchez-moi dans le fleuve d'oubli une jolie
consolatrice, fraîche et glissante comme une
anguille; il nous en restera encore, quand elle vous
aura passé entre les doigts. Aimez, aimez; vous en
mourez d'envie. Il faut que jeunesse se passe, et si
j'étais de vous, j'enlèverais plutôt la reine de Portu-
gal que de faire de l'anatomie.

Tels étaient les conseils qu'il me fallait entendre à
tout propos; et quand l'heure arrivait, je prenais le
chemin du logis, le cœur gonflé, le manteau sur le
visage; je m'agenouillais sur le bord de mon lit, et le

pauvre cœur se soulageait. Quelles larmes! quels
vœux! quelles prières! Galilée frappait la terre en
s'écriant : « Elle se meut, pourtant! » Ainsi je me
frappais le cœur.

CHAPITRE IX

Tout à coup, au milieu du plus noir chagrin, le désespoir, la jeunesse et le hasard me firent commettre une action qui décida de mon sort.

J'avais écrit à ma maîtresse que je ne voulais plus la revoir; je tenais en effet ma parole, mais je passais les nuits sous ses croisées, assis sur un banc à sa porte; je voyais ses fenêtres éclairées, j'entendais le bruit de son piano; parfois je l'apercevais comme une ombre derrière ses rideaux entr'ouverts.

Une certaine nuit que j'étais sur ce banc, plongé dans une affreuse tristesse, je vis passer un ouvrier attardé qui chancelait. Il balbutiait des mots sans suite, mêlés d'exclamations de joie; puis il s'interrompait pour chanter. Il était pris de vin, et ses jambes affaiblies le conduisaient tantôt d'un côté du ruisseau, tantôt de l'autre. Il vint tomber sur le banc d'une autre maison en face de moi. Là il se berça quelque temps sur ses coudes, puis s'endormit profondément.

La rue était déserte; un vent sec balayait la poussière; la lune, au milieu d'un ciel sans nuages, éclairait la place où dormait l'homme. Je me trouvais donc tête à tête avec ce rustre qui ne se doutait pas de ma présence, et qui reposait sur cette pierre plus délicieusement peut-être que dans son lit.

Malgré moi, cet homme fit diversion à ma douleur; je me levai pour lui céder la place, puis je
revins et me rassis. Je ne pouvais quitter cette porte,
où je n'aurais pas frappé pour un empire; enfin,
après m'être promené dans tous les sens, je m'arrêtai machinalement devant le dormeur.

— Quel sommeil! me disais-je, cet homme ne fait
aucun rêve assurément; sa femme, à l'heure qu'il
est, ouvre peut-être à son voisin la porte du grenier
où il couche. Ses habits sont en haillons; ses joues
sont creuses, ses mains ridées; c'est quelque malheureux qui n'a pas de pain tous les jours. Mille soucis dévorants, mille angoisses mortelles l'attendent à
son réveil; cependant il avait ce soir un écu dans sa
poche; il est entré dans un cabaret où on lui a vendu
l'oubli de ses maux; il a gagné dans sa semaine de
quoi avoir une nuit de sommeil; il l'a prise peut-être
sur le souper de ses enfants. Maintenant sa maîtresse peut le trahir, son ami peut se glisser comme
un voleur dans son taudis; moi-même, je peux lui
frapper sur l'épaule et lui crier qu'on l'assassine, que
sa maison est en feu; il se retournera sur l'autre
flanc et se rendormira.

Et moi, et moi, continuai-je en traversant à grands
pas la rue, je ne dors pas, moi qui ai dans ma poche
ce soir de quoi le faire dormir un an; je suis si fier et
si insensé que je n'ose entrer dans un cabaret, et je
ne m'aperçois pas que, si tous les malheureux y
entrent, c'est parce qu'il en sort des heureux. Ô
Dieu! une grappe de raisin écrasée sous la plante
des pieds suffit pour disperser les soucis les plus
noirs, et pour briser tous les fils invisibles que les
génies du mal tendent sur notre chemin. Nous pleu-
rons comme des femmes, nous souffrons comme
des martyrs; il nous semble, dans notre désespoir,
qu'un monde s'est écroulé sur notre tête, et nous
nous asseyons dans nos larmes comme Adam aux

portes d'Éden. Et pour guérir une blessure plus
large que le monde, il suffit de faire un petit mouvement de la main et d'humecter notre poitrine.
Quelles misères sont donc nos chagrins, puisqu'on
les console ainsi ? Nous nous étonnons que la Providence, qui les voit, n'envoie pas ses anges nous
exaucer dans nos prières ; elle n'a pas besoin de se
tant mettre en peine, elle a vu toutes nos souffrances, tous nos désirs, tout notre orgueil d'esprits
déchus, et l'océan de maux qui nous environne ; et
elle s'est contentée de suspendre un petit fruit noir
au bord de nos routes. Puisque cet homme dort si
bien sur ce banc, pourquoi ne dormirais-je pas de
même sur le mien ? Mon rival passe peut-être la nuit
chez ma maîtresse ; il en sortira au point du jour ;
elle l'accompagnera demi-nue jusqu'à la porte, et ils
me verront endormi. Leurs baisers ne m'éveilleront
pas ; ils me frapperont sur l'épaule : je me retourne-
rai sur l'autre flanc et me rendormirai.

Ainsi, plein d'une joie farouche, je me mis en
quête d'un cabaret. Comme il était minuit passé,
presque tous se trouvaient fermés ; cela me mettait
en fureur. — Eh quoi ! pensais-je, cette consolation
même me sera refusée ? Je courais de tous côtés,
frappant aux boutiques et criant : Du vin ! du vin !

Enfin je trouvai un cabaret ouvert ; je demandai
une bouteille, et, sans regarder si elle était bonne ou
mauvaise, je l'avalai coup sur coup ; une seconde
suivit, puis une troisième. Je me traitais comme un
malade et je buvais par force, comme s'il se fût agi
d'un remède ordonné par un médecin, sous peine de
la vie.

Bientôt les vapeurs de la liqueur épaisse, qui sans
doute était frelatée, m'environnèrent d'un nuage.
Comme j'avais bu précipitamment, l'ivresse me prit
tout à coup ; je sentis mes idées se troubler, puis se
calmer, puis se troubler encore. Enfin la réflexion

m'abandonnant, je levai les yeux au ciel, comme pour me dire adieu à moi-même, et m'étendis les coudes sur la table.

Alors seulement je m'aperçus que je n'étais pas seul dans la salle. À l'autre extrémité du cabaret était un groupe d'hommes hideux, avec des figures hâves et des voix rauques. Leur costume annonçait qu'ils n'étaient pas du peuple, sans être des bourgeois ; en un mot, ils appartenaient à cette classe ambiguë, la plus vile de toutes, qui n'a ni état, ni fortune, ni même une industrie, sinon une industrie ignoble, qui n'est ni le pauvre, ni le riche, et qui a les vices de l'un et la misère de l'autre.

Ils disputaient sourdement sur des cartes dégoûtantes ; au milieu d'eux était une fille très jeune et très jolie, proprement mise, et qui ne paraissait leur ressembler en rien, si ce n'est par la voix, qu'elle avait aussi enrouée et aussi cassée, avec un visage de rose, que si elle avait été crieuse publique pendant soixante ans. Elle me regardait attentivement, étonnée sans doute de me voir dans un cabaret ; car j'étais élégamment vêtu et presque recherché dans ma toilette. Peu à peu elle s'approcha ; en passant devant ma table, elle souleva les bouteilles qui s'y trouvaient, et, les voyant toutes trois vides, elle sourit. Je vis qu'elle avait des dents superbes et d'une blancheur éclatante ; je lui pris la main et la priai de s'asseoir près de moi ; elle le fit de bonne grâce, et demanda, pour son compte, qu'on lui apportât à souper.

Je la regardais sans dire un mot et j'avais les yeux pleins de larmes ; elle s'en aperçut et me demanda pourquoi. Mais je ne pouvais lui répondre ; je secouais la tête, comme pour faire couler mes pleurs plus abondamment, car je les sentais ruisseler sur mes joues. Elle comprit que j'avais quelque chagrin secret, et ne chercha pas à en deviner la cause ; elle

tira son mouchoir, et, tout en soupant fort gaiement, elle m'essuyait de temps en temps le visage.

Il y avait dans [toute] cette fille je ne sais quoi de
si horrible et de si doux, et une impudence si singu-
lièrement mêlée de pitié, que je ne savais qu'en penser. [Je voyais bien que c'était une fille, et c'était la
première que j'approchais.] Si elle m'eût pris la
main dans la rue, elle m'eût fait horreur; mais il me
paraissait si bizarre qu'une créature que je n'avais
jamais vue, quelle qu'elle fût, vînt, sans me dire un
mot, souper en face de moi et m'essuyer mes larmes
avec son mouchoir, que je restais interdit, à la fois
révolté et charmé. J'entendis que le cabaretier lui
demandait si elle me connaissait; elle répondit
qu'oui, et qu'on me laissât tranquille. Bientôt les
joueurs s'en allèrent; et le cabaretier ayant passé
dans son arrière-boutique après avoir fermé sa porte
et ses volets au-dehors, je restai seul avec cette fille.

Tout ce que je venais de faire était venu si vite, et
j'avais obéi à un mouvement de désespoir si étrange,
que je croyais rêver et que mes pensées se débat-
taient dans un labyrinthe. Il me semblait, ou que
j'étais fou, ou que j'avais obéi à une puissance surna-
turelle.

— Qui es-tu? m'écriai-je tout d'un coup, que me
veux-tu? d'où me connais-tu? qui t'a dit d'essuyer
mes larmes? Est-ce ton métier que tu fais et crois-tu
que je veuille de toi? Je ne te toucherais pas seulement du bout du doigt. Que fais-tu là? réponds.
Est-ce de l'argent qu'il te faut? Combien vends-tu
cette pitié que tu as?

Je me levai et voulus sortir; mais je sentis que je
chancelais. En même temps, mes yeux se troublèrent, une faiblesse mortelle s'empara de moi, et je
tombai sur un escabeau.

— Vous souffrez, me dit cette fille en me prenant
le bras; vous avez bu comme un enfant que vous

êtes, sans savoir ce que vous faisiez. Restez sur cette
chaise et attendez qu'il passe un fiacre dans la rue;
vous me direz où demeure votre mère, et il vous
mènera chez vous; puisque vraiment, ajouta-t-elle
en riant, puisque vraiment vous me trouvez laide.

Comme elle parlait, je levai les yeux. Peut-être
fut-ce l'ivresse qui me trompa; je ne sais si j'avais
mal vu jusqu'alors ou si je vis mal en ce moment;
mais je m'aperçus tout à coup que cette malheureuse portait sur son visage la ressemblance fatale
de ma maîtresse. Je me sentis glacé à cette vue. Il y a
un certain frisson qui prend l'homme aux cheveux;
les gens du peuple disent que c'est la mort qui vous
passe sur la tête, mais ce n'était pas la mort qui passait sur la mienne.

C'était la maladie du siècle, ou plutôt cette fille
l'était elle-même, et ce fut elle qui, sous ces traits
pâles et moqueurs, avec cette voix enrouée, vint
s'asseoir devant moi au fond du cabaret.

CHAPITRE X

Au moment où je m'étais aperçu que cette fille ressemblait à ma maîtresse, une idée affreuse, irrésistible, s'était emparée de mon cerveau malade et je l'exécutai tout à coup.

Durant les premiers temps de nos amours, ma maîtresse était venue quelquefois me visiter à la dérobée. C'étaient alors des jours de fête pour ma petite chambre ; les fleurs y arrivaient, le feu s'allumait gaiement, les rayons poudreux voyaient se préparer un bon souper ; le lit avait aussi sa parure de noces pour recevoir la bien-aimée. Souvent, assise sur mon canapé, sous la glace, je l'avais contemplée durant les heures silencieuses où nos cœurs se parlaient. Je la regardais, pareille à la fée Mab, changer en paradis ce petit espace solitaire où tant de fois j'avais pleuré. Elle était là, au milieu de tous ces livres, de tous ces vêtements épars, de tous ces meubles délabrés, entre ces quatre murs si tristes ; elle brillait comme une pièce d'or dans toute cette pauvreté.

Ces souvenirs [si doux], depuis que je l'avais perdue me poursuivaient sans relâche ; ils m'ôtaient le sommeil. Mes livres, mes murs me parlaient d'elle ; je ne pouvais les supporter. Mon lit me chassait dans la rue ; je l'avais en horreur quand je n'y pleurais pas.

J'amenai donc là cette fille; je lui dis de s'asseoir en me tournant le dos; je la fis mettre demi-nue; puis j'arrangeai ma chambre autour d'elle comme autrefois pour ma maîtresse. Je plaçai les fauteuils là où ils étaient un certain soir que je me rappelais. En général, dans toutes nos idées de bonheur il y a un certain souvenir qui domine; un jour, une heure qui a surpassé tous les autres, ou, sinon, qui en a été comme le type, comme le modèle ineffaçable; un moment est venu, au milieu de tout cela, où l'homme s'est écrié comme Théodore, dans Lope de Véga : « Fortune ! mets un clou d'or à ta roue. »

Ayant ainsi tout disposé, j'allumai un grand feu, et, m'asseyant sur mes talons, je commençai à m'enivrer d'un désespoir sans bornes. Je descendais jusqu'au fond de mon cœur, pour le sentir se tordre et se serrer. Cependant je murmurais dans ma tête une romance tyrolienne que ma maîtresse chantait sans cesse :

> *Altra volta gieri biele,*
> *Blanch'e rossa com' un' fiore;*
> *Ma ora no. Non son più biele*
> *Consumatis dal' amore.*

J'écoutais l'écho de cette pauvre romance résonner dans le désert de mon cœur. Je [me] disais : Voilà le bonheur de l'homme; voilà mon petit paradis; voilà ma fée Mab ; c'est une fille des rues. Ma maîtresse ne vaut pas mieux. Voilà ce qu'on trouve au fond du verre où on a bu le nectar des dieux; voilà le cadavre de l'amour.

[J'étais comme un homme assis sur les ruines d'une maison où il a passé son enfance; il regarde pousser l'herbe sur les souvenirs de sa vie, et les corbeaux battent de l'aile autour de lui.]

La malheureuse, m'entendant chanter, se mit à

chanter aussi. J'en devins pâle comme la mort; car cette voix rauque et ignoble, sortant de cet être qui ressemblait à ma maîtresse, me paraissait comme un symbole de ce que j'éprouvais. C'était la débauche en personne qui lui grasseyait dans la gorge, au milieu d'une jeunesse en fleurs. Il me semblait que ma maîtresse, depuis ses perfidies, devait avoir cette voix-là. Je me souvins de Faust qui, dansant au Broken avec une jeune sorcière nue, lui voit sortir une souris rouge de la bouche.

— Tais-toi, lui criai-je; viens là et gagne ta pitance. Je la jetai sur mon lit et m'y étendis à côté d'elle, comme ma propre statue sur mon tombeau. [À ce moment je sentis dans ma tête comme une roue de moulin qui s'ébranlait. — Tourne donc, dis-je à mon ivresse, tourne sur moi, meule hideuse, et broie cette cervelle souffrante.

La créature me regarda en souriant; elle se pencha sur moi. Que Dieu me pardonne cette nuit! j'y bus un plus amer calice que celui que les anges apportèrent au Christ, en détournant la tête, dans le jardin des Oliviers.]

Je vous le demande, à vous, hommes du siècle, qui, à l'heure qu'il est, courez à vos plaisirs, au bal ou à l'Opéra, et qui ce soir, en vous couchant, lirez pour vous endormir quelque blasphème usé du vieux Voltaire, quelque badinage raisonnable de Paul-Louis Courier, quelque discours économique d'une commission de nos Chambres, qui respirerez, en un mot, par quelqu'un de vos pores, les froides substances de ce nénuphar monstrueux que la Raison plante au cœur de nos villes; je vous le demande, si par hasard ce livre obscur vient à tomber entre vos mains, ne souriez pas d'un noble dédain, ne haussez pas trop les épaules; ne vous dites pas avec trop de sécurité que je me plains d'un mal imaginaire, qu'après tout la raison humaine est

la plus belle de nos facultés, et qu'il n'y a de vrai ici-
bas que les agiotages de la Bourse, les brelans au
jeu, le vin de Bordeaux à table, une bonne santé au
corps, l'indifférence pour autrui, et le soir, au lit, des
muscles lascifs recouverts d'une peau parfumée.

Car quelque jour, au milieu de votre vie stagnante
et immobile, il peut passer un coup de vent. Ces
beaux arbres que vous arrosez des eaux tranquilles
de vos fleuves d'oubli, la Providence peut souffler
dessus ; vous pouvez être au désespoir, messieurs les
impassibles ; il y a des larmes dans vos yeux. Je ne
vous dirai pas que vos maîtresses peuvent vous trahir ; ce n'est pas pour vous peine si grande que
lorsqu'il vous meurt un cheval ; mais je vous dirai
qu'on perd à la Bourse, que, quand on joue avec un
brelan, on peut en rencontrer un autre ; et si vous ne
jouez pas, pensez que vos écus, votre tranquillité
monnayée, votre bonheur d'or et d'argent, sont chez
un banquier qui peut faillir, ou dans des fonds
publics qui peuvent ne pas payer ; je vous dirai
qu'enfin, tout glacés que vous êtes, vous pouvez
aimer quelque chose ; il peut se détendre une fibre
au fond de vos entrailles, et vous pouvez pousser un
cri qui ressemble à de la douleur. Quelque jour,
errant dans les rues boueuses, quand les jouissances
matérielles ne seront plus là pour user votre force
oisive, quand le réel et le quotidien vous manque-
ront, vous pouvez d'aventure en venir à regarder
autour de vous avec des joues creuses et à vous
asseoir sur un banc désert à minuit.

Ô hommes de marbre ! sublimes égoïstes, inimi-
tables raisonneurs, qui n'avez jamais fait ni un acte
de désespoir ni une faute d'arithmétique, si jamais
cela vous arrive, à l'heure de votre ruine ressouve-
nez-vous d'Abélard quand il eut perdu Héloïse. Car
il l'aimait plus que vous vos chevaux, vos écus d'or et
vos maîtresses ; car il avait perdu, en se séparant

d'elle, plus que vous ne perdrez jamais, plus que
votre prince Satan ne perdrait lui-même en retom-
bant une seconde fois des cieux; car il l'aimait d'un
certain amour dont les gazettes ne parlent pas, et
dont vos femmes et vos filles n'aperçoivent pas
l'ombre sur nos théâtres et dans nos livres; car il
avait passé la moitié de sa vie à la baiser sur son
front candide en lui apprenant à chanter les
psaumes de David et les cantiques de Saül; car il
n'avait qu'elle sur terre; et cependant Dieu l'a
consolé.

Croyez-moi, lorsque, dans vos détresses, vous
penserez à Abélard, vous ne verrez pas du même œil
les doux blasphèmes du vieux Voltaire et les badi-
nages de Courier; vous sentiez que la raison
humaine peut guérir les illusions, mais non pas guérir les souffrances; que Dieu l'a faite bonne ménagère, mais non pas sœur de charité. Vous trouverez
que le cœur de l'homme, quand il a dit : Je ne crois à
rien, car je ne vois rien, n'avait pas dit son dernier
mot. Vous chercherez autour de vous quelque chose
comme une espérance; vous irez secouer les portes
des églises pour voir si elles branlent encore; mais
vous les trouverez murées; vous penserez à vous
faire trappistes, et la destinée qui vous raille vous
répondra par une bouteille de vin du peuple et une
courtisane.

Et si vous buvez la bouteille, si vous prenez la
courtisane et l'emmenez dans votre lit, sachez
comme il en peut advenir.

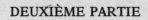

DEUXIÈME PARTIE

CHAPITRE PREMIER

Je sentis, en m'éveillant le lendemain, un si profond dégoût de moi-même, je me trouvai si avili, si dégradé à mes propres yeux, qu'une tentation horrible s'empara de moi au premier mouvement. Je m'élançai hors du lit, j'ordonnai à la créature de s'habiller et de partir le plus vite possible; puis je m'assis, et comme je promenais des regards désolés sur les murs de la chambre, je les arrêtai machinalement vers l'angle où étaient suspendus mes pistolets.

Lors même que la pensée souffrante s'avance pour ainsi dire les bras tendus vers l'anéantissement, lorsque notre âme prend un parti violent, il semble que, dans l'action physique de décrocher une arme, de l'apprêter, dans le froid même du fer, il semble qu'il y ait une horreur matérielle, indépendante de la volonté; les doigts se préparent avec angoisse, le bras se raidit. Quiconque marche à la mort, la nature entière recule en lui. Ainsi je ne puis exprimer ce que j'éprouvai tandis que cette fille s'habillait, si ce n'est que ce fut comme si mon pistolet m'eût dit : Pense à ce que tu vas faire.

J'ai, en effet, pensé souvent depuis à ce qui me serait arrivé si, comme je le voulais, la créature se fût habillée à la hâte et aussitôt retirée. Sans doute

le premier effet de la honte se serait calmé; la tristesse n'est pas le désespoir, et Dieu les a unis comme
des frères, afin que l'un ne nous laissât jamais seul
avec l'autre. Une fois l'air de ma chambre vide de
cette femme, mon cœur eût été soulagé. Il ne serait
resté auprès de moi que le repentir, à qui l'ange du
pardon céleste a défendu de tuer personne. Mais
sans doute, du moins, j'étais guéri pour la vie; la
débauche était pour toujours chassée du seuil de ma
porte, et je ne serais jamais revenu sur le sentiment
d'horreur que sa première visite m'avait inspiré.

Mais il en arriva tout autrement. La lutte qui se
faisait en moi, les réflexions poignantes qui m'acca-
blaient, le dégoût, la crainte, la colère même (car je
ressentais mille choses à la fois), toutes ces puissances fatales me clouaient sur mon fauteuil; et tandis que j'étais ainsi en proie au plus dangereux
délire, la créature, penchée devant le miroir, ne pensait qu'à ajuster de son mieux sa robe, et se coiffait
en souriant le plus tranquillement du monde. Tout
ce manège de coquetterie dura plus d'un quart
d'heure, durant lequel j'avais presque fini par
l'oublier. Enfin, à quelque bruit qu'elle fit, m'étant
retourné avec impatience, je la priai de me laisser
seul avec un accent de colère si marqué qu'elle fut
prête en un moment, et tourna le bouton de la porte
en m'envoyant un baiser.

Au même instant, on sonna à la porte extérieure.
Je me levai précipitamment, et n'eus que le temps
d'ouvrir à la créature un cabinet où elle se jeta. Desgenais entra presque aussitôt avec deux jeunes gens
du voisinage.

Ces grands courants d'eau que l'on rencontre au
milieu des mers ressemblent à certains événements
de la vie. Fatalité, hasard, providence, qu'importe le
nom? Ceux qui croient nier l'un en lui opposant
l'autre, ne font qu'abuser de la parole. Il n'en est

pourtant pas un de ceux-là mêmes qui, en parlant de César ou de Napoléon, ne dise naturellement : « C'était l'homme de la providence. » Ils croient apparemment que les héros méritent seuls que le ciel s'en occupe, et que la couleur de la pourpre attire les dieux comme les taureaux.

Ce que décident ici-bas les plus petites choses, ce que les objets et les circonstances en apparence les moins importants amènent de changements dans notre fortune, il n'y a pas, à mon sens, de plus profond abîme pour la pensée. Il en est de nos actions ordinaires comme de petites flèches émoussées que nous nous habituons à envoyer au but, ou à peu près, en sorte que nous en venons à faire de tous ces petits résultats un être abstrait et régulier que nous appelons notre prudence ou notre volonté. Puis passe un coup de vent ; et voilà la moindre de ces flèches, la plus légère, la plus futile, qui s'enlève à perte de vue, par-delà l'horizon, dans le sein immense de Dieu.

Avec quelle violence nous sommes saisis alors ! Que deviennent ces fantômes de l'orgueil tranquille, la volonté et la prudence ? La force elle-même, cette maîtresse du monde, cette épée de l'homme dans le combat de la vie, c'est en vain que nous la brandissons avec colère, que nous tentons de nous en couvrir pour échapper au coup qui nous menace ; une main invisible en écarte la pointe, et tout l'élan de notre effort, détourné dans le vide, ne sert qu'à nous faire tomber plus loin.

Ainsi, au moment où je n'aspirais qu'à me laver de la faute que j'avais commise, peut-être même à m'en punir, à l'instant même où une horreur profonde s'emparait de moi, j'appris que j'avais à soutenir une dangereuse épreuve, à laquelle je succombai.

Desgenais était radieux ; il commença, en s'étendant sur le sofa, par quelques railleries sur mon visage, qui, disait-il, n'avait pas bien dormi. Comme j'étais [assez] peu disposé à soutenir ses plaisanteries, je le priai sèchement de me les épargner.

Il n'eut pas l'air d'y prendre garde; mais, sur le même ton, il aborda le sujet qui l'amenait. Il venait m'apprendre que ma maîtresse avait eu non seulement deux amants à la fois, mais trois, c'est-à-dire qu'elle avait traité mon rival aussi mal que moi; ce que le pauvre garçon ayant appris, il en avait fait un bruit effroyable, et tout Paris le savait. Je compris d'abord assez mal qu'il me disait, n'écoutant pas attentivement; mais lorsque, après le lui avoir fait répéter jusqu'à trois fois dans le plus grand détail, je me fus mis exactement au fait de cette horrible histoire, je demeurai décontenancé et si stupéfait que je ne pouvais répondre. Mon premier mouvement fut d'en rire, car je voyais clairement que je n'avais aimé que la dernière des femmes; mais il n'en était pas moins vrai que je l'avais aimée, et, pour mieux dire, que je l'aimais encore. — Est-ce possible? Voilà tout ce que je pus trouver.

Les amis de Desgenais confirmèrent alors tout ce qu'il avait dit. C'était dans sa propre maison que ma maîtresse, surprise entre ses deux amants, avait essuyé, de leur part, une scène que tout le monde savait par cœur. Elle était déshonorée, obligée de quitter Paris, si elle ne voulait s'exposer au plus cruel scandale.

Il m'était aisé de voir que, dans toutes ces plaisanteries, il y avait une bonne part de ridicule répandu [à pleines mains] sur mon duel au sujet de cette même femme, sur mon invincible passion pour elle, enfin sur toute ma conduite à son égard. Dire qu'elle méritait les noms les plus odieux, que ce n'était, après tout, qu'une misérable qui en avait fait peut-être cent fois pis que ce qu'on en savait, c'était me faire sentir amèrement que je n'étais qu'une dupe comme tant d'autres.

Tout cela ne me plaisait pas ; les jeunes gens, qui
s'en aperçurent, y mirent de la discrétion ; mais Desgenais avait ses projets ; il avait pris à tâche de me
guérir de mon amour, et il le traitait impitoyable-
ment comme une maladie. Une longue amitié, fon-
dée sur des services mutuels, lui donnait des droits,
et, comme son motif lui paraissait louable, il n'hési-
tait pas à les faire valoir.

Non seulement donc il ne m'épargnait pas, mais,
du moment qu'il vit mon trouble et ma honte, il fit
tout au monde pour me pousser sur cette route
aussi loin qu'il le put. Mon impatience devint bientôt trop visible pour lui permettre de continuer ; il
s'arrêta alors et prit le parti du silence, qui m'irrita
encore plus.

À mon tour, je fis des questions ; j'allais et venais
par la chambre. Il m'avait été insupportable
d'entendre raconter cette histoire ; j'aurais voulu
qu'on me la recommençât. Je m'efforçais de prendre
tantôt un air riant, tantôt un visage tranquille ; mais
ce fut en vain. Desgenais était devenu tout à coup
muet, après s'être montré le plus détestable bavard.
Tandis que je marchais à grands pas, il me regardait
avec indifférence, et me laissait me démener dans la
chambre comme un renard dans une ménagerie.

Je ne puis dire ce que j'éprouvais ; une femme qui
pendant si longtemps avait été l'idole de mon cœur,
et qui, depuis que je l'avais perdue, me causait de si
vives souffrances, la seule que j'eusse aimée, celle
que je voulais pleurer jusqu'à la mort, devenue tout
à coup une éhontée sans vergogne, le sujet des quolibets des jeunes gens, d'un blâme et d'un scandale
universels ! Il me semblait que je sentais sur mon
épaule l'impression d'un fer rouge, et que j'étais
marqué d'un stigmate brûlant.

Plus je réfléchissais, plus je sentais la nuit s'épaissir autour de moi. De temps en temps je détournais

100 LA CONFESSION D'UN ENFANT DU SIÈCLE

la tête, et j'entrevoyais un sourire glacial, ou un regard curieux qui m'observait. Desgenais ne me quittait pas ; il comprenait bien ce qu'il faisait ; nous nous connaissions de longue main ; il savait bien que j'étais capable de toutes les folies, et que l'exaltation de mon caractère pouvait m'entraîner au-delà de toutes les bornes sur quelque route que ce fût, excepté sur une seule. Voilà pourquoi il déshonorait ma souffrance, et en appelait de ma tête à mon cœur.

Lorsqu'il me vit enfin au point où il désirait [m'amener], il ne tarda pas davantage à me porter le dernier coup. — Est-ce que l'histoire vous déplaît ? me dit-il. Voilà le meilleur, qui en est la fin. C'est, mon cher Octave, que la scène chez *** s'est passée une certaine nuit qu'il faisait un beau clair de lune ; or, pendant que les deux amants se querellaient de leur mieux chez la dame, et parlaient de se couper la gorge à côté d'un bon feu, il paraît qu'on a vu dans la rue une ombre qui se promenait fort tranquillement, laquelle vous ressemblait si fort qu'on en a conclu que c'était vous.

— Qui a dit cela ? répondis-je ; qui m'a vu dans la rue ?

— Votre maîtresse elle-même ; elle le raconte à qui veut l'entendre, tout aussi gaiement que nous vous racontons sa propre histoire. Elle soutient que vous l'aimez encore, que vous montez la garde à sa porte, enfin... tout ce que vous pensez ; qu'il vous suffise de savoir qu'elle en parle publiquement.

Je n'ai jamais pu mentir, et toutes les fois qu'il m'est arrivé de vouloir déguiser la vérité, mon visage m'a toujours trahi. L'amour-propre, la honte d'avouer ma faiblesse devant témoins, me firent cependant faire un effort. — Il est bien certain, me disais-je d'ailleurs, que j'étais dans la rue. Mais si j'avais su que ma maîtresse était pire encore que je ne la croyais, je n'y eusse sans doute pas été. Enfin je me persuadais qu'on ne pouvait m'avoir vu distinctement ; je tentai de nier. Le rouge me monta à la figure avec une telle force que je sentis moi-même l'inutilité de ma feinte ; Desgenais en sourit. — Prenez garde, lui dis-je, prenez garde ! n'allons pas trop loin !

Je continuais à marcher comme un fou ; je ne savais à qui m'en prendre : il aurait fallu rire, et c'était encore plus impossible. En même temps, des signes évidents m'apprenaient ma faute ; j'étais convaincu. — Est-ce que je le savais ? m'écriai-je ; est-ce que je savais que cette misérable ?...

Desgenais pinça les lèvres comme pour signifier : Vous en saviez assez.

Je demeurais court, balbutiant à tout moment une phrase ridicule. Mon sang, excité depuis un quart d'heure, commençait à battre dans mes tempes avec une force dont je ne répondais plus.

— Moi dans la rue ! baigné de larmes ! au désespoir ! et pendant ce temps-là cette rencontre chez elle ! Quoi ! cette nuit même ! Raillé par elle ! elle railler ! Vraiment, Desgenais, vous ne rêvez pas ? Est-ce vrai ? est-ce possible ? Qu'en savez-vous ?

Ainsi, parlant au hasard, je perdais la tête ; et pendant ce temps-là une colère insurmontable me dominait de plus en plus. Enfin je m'assis épuisé, les mains tremblantes.

— Mon ami, me dit Desgenais, ne prenez pas la chose au sérieux. Cette vie solitaire que vous menez depuis deux mois vous a fait beaucoup de mal ; je le vois, vous avez besoin de distractions. Venez ce soir souper avec nous et demain déjeuner à la campagne.

Le ton dont il prononça ces paroles me fit plus de mal que tout le reste. Je sentis que je lui faisais pitié, et qu'il me traitait comme un enfant.

Immobile, assis à l'écart, je faisais de vains efforts pour prendre quelque empire sur moi-même. — Eh quoi! pensais-je, trahi par cette femme, empoisonné de conseils horribles, n'ayant trouvé nulle part de refuge, ni dans le travail, ni dans la fatigue; quand j'ai pour unique sauvegarde, à vingt ans, contre le désespoir et la corruption, une sainte et affreuse douleur, ô Dieu! c'est cette douleur même, cette relique sacrée de ma souffrance qu'on vient me briser dans les mains! Ce n'est plus à mon amour, c'est à mon désespoir qu'on insulte! Railler! elle railler quand je pleure! Cela me paraissait incroyable. Tous les souvenirs du passé me refluaient au cœur quand j'y pensais. Il me semblait voir se lever l'un après l'autre les spectres de nos nuits d'amour; ils se penchaient sur un abîme sans fond, éternel, noir comme le néant; et sur les profondeurs de l'abîme voltigeait un éclat de rire doux et moqueur: Voilà ta récompense!

Si on m'avait appris seulement que le monde se moquait de moi, j'aurais répondu: Tant pis pour lui, et ne m'en serais pas autrement fâché; mais on m'apprenait en même temps que ma maîtresse n'était qu'une infâme. Ainsi, d'une part, le ridicule était public, avéré, constaté par deux témoins, qui, avant de raconter qu'ils m'avaient vu, ne pouvaient manquer de dire en quelle occasion. Le monde avait raison contre moi; et d'une autre part, que pouvais-je lui répondre? à quoi me rattacher? en quoi me renfermer? que faire, lorsque le centre de ma vie, mon cœur lui-même, était ruiné, tué, anéanti? Que dis-je? lorsque cette femme, pour laquelle j'aurais tout bravé, le ridicule comme le blâme, pour laquelle j'aurais laissé une montagne de misères s'amonceler sur moi; lorsque cette femme, que j'aimais, et qui en aimait un autre, et à qui je ne demandais pas de m'aimer, de qui je ne voulais rien

que la permission de pleurer à sa porte, rien que de
me laisser vouer loin d'elle sa jeunesse à son souvenir, et écrire son nom, son nom seul, sur le tombeau
de mes espérances!... Ah! lorsque j'y songeais, je me
sentais mourir; c'était cette femme qui me raillait.
C'était elle qui, la première, me montrait au doigt,
me signalait à cette foule oisive, à ce peuple vide et
ennuyé qui s'en va ricanant autour de tout ce qui le
méprise et l'oublie; c'était elle, c'étaient ces
lèvres[-là], tant de fois collées sur les miennes;
c'était ce corps, cet être-là, cette âme de ma vie, ma
chair et mon sang, c'était de là que sortait l'injure;
oui, la dernière de toutes, la plus lâche et la plus
amère, le rire sans pitié qui crache au visage de la
douleur!

Plus je m'enfonçais dans mes pensées, et plus ma
colère augmentait. Est-ce de la colère qu'il faut
dire? car je ne sais quel nom porte le sentiment qui
m'agitait. Ce qu'il y a de certain, c'est qu'un besoin
désordonné de vengeance finit par prendre le dessus. Et comment me venger d'une femme? J'aurais
payé ce qu'on aurait voulu pour avoir à ma disposition une arme qui pût l'atteindre; mais quelle arme?
Je n'en avais aucune, pas même celle qu'elle avait
employée; je ne pouvais lui répondre en sa langue.

Tout à coup j'aperçus une ombre derrière le
rideau de la porte vitrée; c'était la créature qui
attendait dans le cabinet.

Je l'avais oubliée. — Écoutez, m'écriai-je en me
levant dans un transport; j'ai aimé, j'ai aimé comme
un fou, comme un sot. J'ai mérité tout le ridicule
que vous voudrez. Mais, par le ciel! il faut que je
vous montre quelque chose qui vous prouvera que je
ne suis pas encore si sot que vous croyez.

En disant cela, je frappai du pied la porte vitrée
qui céda, et je leur montrai cette fille qui s'était blot-
tie dans un coin.

— Entrez donc là-dedans, dis-je à Desgenais;
vous qui me trouvez fou d'aimer une femme et qui
n'aimez que les filles, ne voyez-vous pas votre
suprême sagesse qui traîne par là sur ce fauteuil?
Demandez-lui si ma nuit tout entière s'est passée
sous les fenêtres de ***; elle vous en dira quelque
chose. Mais ce n'est pas tout, ajoutai-je, ce n'est pas
tout ce que j'ai à vous dire. Vous avez ce soir un souper, demain une partie de campagne; j'y vais, et
croyez-moi, car je ne vous quitte pas d'ici là. Nous
ne nous séparerons pas; nous allons passer la journée ensemble; vous aurez des fleurets, des cartes,
des dés, du punch, ce que vous voudrez; mais vous
ne vous en irez pas. Êtes-vous à moi? moi à vous;
tope! J'ai voulu faire de mon cœur le mausolée de
mon amour; mais je jetterai mon amour dans une
autre tombe, ô Dieu de justice! quand je devrais la
creuser dans mon cœur.

À ces mots, je me rassis, tandis qu'ils entraient
dans le cabinet, et je sentis combien l'indignation
qui se soulage peut nous donner de joie. Quant à
celui qui s'étonnera qu'à partir de ce jour j'aie
changé complètement ma vie, il ne connaît pas le
cœur de l'homme, et il ne sait pas qu'on peut hésiter
vingt ans à faire un pas, mais non reculer quand on
l'a fait.

CHAPITRE II

L'apprentissage de la débauche ressemble à un vertige ; on y ressent d'abord je ne sais quelle terreur mêlée de volupté, comme sur une tour élevée. Tandis que le libertinage honteux et secret avilit l'homme le plus noble, dans le désordre franc et hardi, dans ce qu'on peut nommer la débauche en plein air, il y a quelque grandeur, même pour le plus dépravé. Celui qui, à la nuit tombée, s'en va, le manteau sur le nez, salir incognito sa vie et secouer clandestinement l'hypocrisie de la journée, ressemble à un Italien qui frappe son ennemi par-derrière, n'osant le provoquer en duel. Il y a de l'assassinat dans le coin des bornes et dans l'attente de la nuit, au lieu que dans le coureur des orgies bruyantes, on croirait presque à un guerrier ; c'est quelque chose qui sent le combat, une apparence de lutte superbe. « Tout le monde le fait, et s'en cache ; fais-le, et ne t'en cache pas. » Ainsi par l'orgueil, et une fois cette cuirasse endossée, voilà le soleil qui y reluit.

On raconte que Damoclès voyait une épée sur sa tête ; c'est ainsi que les libertins semblent avoir au-dessus d'eux je ne sais quoi qui leur crie sans cesse : « Va, va toujours ; je tiens à un fil. » Ces voitures de masques qu'on voit au temps du carnaval sont la fidèle image de leur vie. Un carrosse délabré ouvert à tout vent, des torches flamboyantes éclairant des têtes plâtrées; ceux-ci rient, ceux-là chantent, au milieu s'agitent comme des femmes; ce sont en effet des restes de femmes, avec des semblants presque humains. On les caresse, on les insulte; on ne sait ni leur nom, ni qui elles sont. Tout cela flotte et se balance sous la résine brûlante, dans une ivresse qui ne pense à rien, et sur laquelle, dit-on, veille un dieu. On a l'air par moments de se pencher et de s'embrasser; il y en a un de tombé dans un cahot; qu'importe? on vient de là, on va là, et les chevaux galopent.

Mais si le premier mouvement est l'étonnement, le second est l'horreur, et le troisième la pitié. Il y a là en effet tant de force, ou plutôt un si étrange abus de la force, qu'il arrive souvent que les caractères les plus nobles et les organisations les plus belles s'y laissent prendre. Cela leur paraît hardi et dange-reux; ils se font ainsi prodigues d'eux-mêmes; ils s'attachent sur la débauche comme Mazeppa sur sa bête sauvage; ils s'y garrottent, ils se font Centaures; et ils ne voient ni la route de sang que les lambeaux de leur chair tracent sur les arbres, ni les yeux des loups qui se teignent de pourpre à leur suite, ni le désert, ni les corbeaux.

Lancé dans cette vie par les circonstances que j'ai dites, j'ai à dire maintenant ce que j'y ai vu.

La première fois que j'ai vu de près ces assemblées fameuses qu'on appelle les bals masqués des théâtres, j'avais entendu parler des débauches de la Régence, et d'une reine de France déguisée en mar-chande de violettes. Je trouvai là des marchandes de violettes déguisées en vivandières. Je m'attendais à du libertinage; mais en vérité il n'y en a point là. Ce n'est pas du libertinage que de la suie, des coups, et des filles ivres-mortes sur des bouteilles cassées.

La première fois que j'ai vu des débauches de

table, j'avais entendu parler des soupers d'Héliogabale, et d'un philosophe de la Grèce qui avait fait des plaisirs des sens une espèce de religion de la nature. Je m'attendais à quelque chose comme de l'oubli, sinon comme de la joie ; je trouvai là ce qu'il y a de pire au monde, l'ennui tâchant de vivre, et des Anglais qui se disaient : Je fais ceci ou cela, donc je m'amuse. J'ai payé tant de pièces d'or, donc je ressens tant de plaisir. Et ils usent leur vie sur cette meule.

La première fois que j'ai vu des courtisanes, j'avais entendu parler d'Aspasie qui s'asseyait sur Alcibiade en discutant avec Socrate. Je m'attendais à quelque chose de dégourdi, d'insolent, mais de gai, de brave et de vivace, quelque chose comme le pétillement du vin de Champagne ; je trouvai une bouche béante, un œil fixe, et des mains crochues.

La première fois que j'ai vu des courtisanes titrées, j'avais lu Boccace et Bandello ; avant tout j'avais lu Shakespeare. J'avais rêvé à ces belles fringantes, à ces chérubins de l'enfer, à ces viveuses pleines de désinvolture, à qui les cavaliers du *Décaméron* présentent l'eau bénite au sortir de la messe. J'avais crayonné mille fois de ces têtes si poétiquement foles, si inventrices dans leur audace, de ces maîtresses têtes fêlées qui vous décochent tout un roman dans une œillade, et qui ne marchent dans la vie que par flots et par secousses, comme des sirènes ondoyantes. Je me souvenais de ces fées des *Nouvelles Nouvelles*, qui sont toujours grises d'amour, si elles n'en sont pas ivres. Je trouvai des écriveuses de lettres, des arrangeuses d'heures précises, qui ne savent que mentir à des inconnus, et enfouir leurs bassesses dans leur hypocrisie, et qui ne voient dans tout cela qu'à se donner et à oublier.

La première fois que je suis entré au jeu, j'avais entendu parler de flots d'or, de fortunes faites en un

quart d'heure, et d'un seigneur de la cour de
Henri IV qui gagna sur une carte cent mille écus que
lui coûtait son habit. Je trouvai un vestiaire où les
ouvriers qui n'ont qu'une chemise louent un habit à
vingt sous la soirée, des gendarmes assis à la porte,
et des affamés jouant un morceau de pain contre un
coup de pistolet.

La première fois que j'ai vu une assemblée quel-
conque, publique ou non, ouverte à quelqu'une des
trente mille femmes qui ont, à Paris, permission de
se vendre, j'avais entendu parler des saturnales de
tout temps, de toutes les orgies possibles, depuis
Babylone jusqu'à Rome, depuis le temple de Priape
jusqu'au Parc-aux-Cerfs, et j'avais toujours vu écrit
au seuil de la porte un seul mot : Plaisir. Je n'ai
trouvé non plus de ce temps-ci qu'un seul mot :
Prostitution ; mais je l'y ai toujours vu ineffaçable,
non pas gravé dans ce fier métal qui porte la couleur
du soleil, mais dans le plus pâle de tous, celui que la
froide lumière de la nuit semble avoir teint de ses
rayons blafards, l'argent.

La première fois que j'ai vu le peuple... c'était par
une affreuse matinée, le mercredi des Cendres, à la
descente de la Courtille. Il tombait depuis la veille
au soir une pluie fine et glaciale ; les rues étaient des
mares de boue. Les voitures de masques défilaient
pêle-mêle, en se heurtant, en se froissant, entre deux
longues haies d'hommes et de femmes hideux,
debout sur les trottoirs. Cette muraille de spectateurs sinistres avait, dans ses yeux rouges de vin,
une haine de tigre. Sur une lieue de long tout cela
grommelait, tandis que les roues des carrosses leur
effleuraient la poitrine, sans qu'ils fissent un pas en
arrière. J'étais debout sur la banquette, la voiture
découverte ; de temps en temps un homme en haillons sortait de la haie, nous vomissait un torrent
d'injures au visage, puis nous jetait un nuage de

farine. Bientôt nous reçûmes de la boue; cependant nous montions toujours, gagnant l'Ile-d'Amour et le joli bois de Romainville, où tant de doux baisers sur l'herbe se donnaient autrefois. Un de nos amis, assis sur le siège, tomba, au risque de se tuer, sur le pavé. Le peuple se précipita sur lui pour l'assommer; il fallut y courir et l'entourer. Un des sonneurs de trompe qui nous précédaient à cheval reçut un pavé sur l'épaule : la farine manquait. Je n'avais jamais entendu parler de rien de semblable à cela.

Je commençai à comprendre le siècle, et à savoir en quel temps nous vivons.

[Le type de ce temps consiste avant tout en un contraste marqué : chez les femmes qui se vendent, ineptie, misère, bassesse et convoitise; chez les hommes qui les payent, dédain et ennui.

C'est la civilisation qui a creusé entre eux cet abîme. Quels sont ces hommes? de grands seigneurs, c'est-à-dire des hommes instruits, intelligents, nobles et braves, car aujourd'hui c'est là ce que signifie ce mot; des artistes, des étudiants, des jeunes gens de familles riches, qui tous ont reçu une éducation excellente, qui tous ont le cœur haut placé; voilà les débauchés du siècle. Et à quelles femmes ont-ils affaire, le jour où il leur prend envie de l'être? au rebut d'une société plus vieille que Saturne, à des larves sans tête, sans cœur, sans âme, à des esclaves en un mot.

La prostitution n'est pas autre chose que l'esclavage. Que voulez-vous donc qu'il y ait de commun entre ces jeunes et leurs maîtresses? le corps, et rien de plus. Et que fait la pensée pendant ce temps-là? Durant les temps de dépravation universelle, la Régence, par exemple, les femmes étaient aussi débauchées que les hommes; maintenant seulement les hommes seuls le sont, mais une petite partie des hommes. Et lesquels? précisément peut-être les plus distingués, la meilleure partie de la jeunesse. Ce sont eux qu'un besoin d'action insurmontable, et les facultés souvent les plus nobles, poussent dans cette voie.

Qu'est-ce que cela prouve? trois choses claires : que la prostitution n'est plus de ce monde, que la débauche meurt, et que la jeunesse de France, quand elle s'enivre, lève son verre avec des mains qui ont soif d'une épée.]

CHAPITRE III

Desgenais avait organisé à sa maison de campagne une réunion de jeunes gens. Les meilleurs vins, une table splendide, le jeu, la danse, les courses à cheval, rien n'y manquait. Desgenais était riche et d'une grande magnificence. Il avait une hospitalité antique avec des mœurs de ce temps-ci. D'ailleurs on trouvait chez lui les meilleurs livres; sa conversation était celle d'un homme instruit et élevé. C'était un problème que cet homme.

J'avais apporté chez lui une humeur taciturne que rien ne pouvait surmonter; il la respecta scrupuleusement. Je ne répondais pas à ses questions, il ne m'en fit plus; l'important pour lui était que j'eusse oublié ma maîtresse. Cependant j'allais à la chasse; je me montrais à table aussi bon convive que les autres; il ne m'en demandait pas davantage.

Il ne manque pas dans le monde de gens pareils, qui prennent à cœur de vous rendre service et qui vous jetteraient sans remords le plus lourd pavé pour écraser la mouche qui vous pique. Ils ne s'inquiètent que de vous empêcher de mal faire, c'est-à-dire qu'ils n'ont point de repos qu'ils ne vous aient rendu semblable à eux. Arrivés à ce but, n'importe par quel moyen, ils se frottent les mains,

et l'idée ne leur viendrait pas que vous puissiez être
tombé de mal en pis; tout cela de bonne amitié.

C'est un des grands malheurs de la jeunesse sans
expérience que de se figurer le monde d'après les
premiers objets qui la frappent; mais il y a aussi, il
faut l'avouer, une race d'hommes bien malheureux :
ce sont ceux qui, en pareil cas, sont toujours là pour
dire à la jeunesse : Tu as raison de croire au mal, et
nous savons ce qui en est. J'ai entendu parler, par
exemple, de quelque chose de singulier : c'était
comme un milieu entre le bien et le mal, [entre la foi
et l'impiété,] un certain arrangement entre les
femmes sans cœur et les hommes dignes d'elles; ils
appelaient cela le sentiment passager. Ils en parlaient comme d'une machine à vapeur inventée par
un carrossier ou un entrepreneur de bâtiments. Ils
me disaient : On convient de ceci ou de cela, on prononce telles phrases qui en font répondre telles
autres, on écrit des lettres de telle façon, on se met à
genoux de telle autre. Tout cela était réglé comme
une parade; ces braves gens avaient des cheveux
gris.

Cela me fit rire. Malheureusement pour moi, je ne
puis dire à une femme que je méprise que j'ai de
l'amour pour elle, même en sachant que c'est une
convention et qu'elle ne s'y trompera pas. Je n'ai
jamais mis le genou en terre sans y mettre le cœur.
Ainsi cette classe de femmes qu'on appelle faciles
m'est inconnue, ou si je m'y suis laissé prendre, c'est
sans le savoir et par simplicité.

Je comprends qu'on mette son âme de côté, mais
non qu'on y touche. Qu'il y ait de l'orgueil à le dire,
cela est possible; je n'entends ni me vanter, ni me
rabaisser. Je hais par-dessus tout les femmes qui
rient de l'amour, et leur permets de me le rendre; il
n'y aura jamais de dispute entre nous.

Ces femmes-là sont bien au-dessous des courti-

sanes; les courtisanes peuvent mentir et ces
femmes-là aussi; mais les courtisanes peuvent
aimer, et ces femmes-là ne le peuvent pas. Je me
souviens d'une qui m'aimait, et qui disait à un
homme trois fois plus riche que moi, avec lequel elle
vivait : Vous m'ennuyez, je vais trouver mon amant.
Cette fille-là valait mieux que bien d'autres qu'on ne
paye pas.

Je passai la saison entière chez Desgenais, où
j'appris que ma maîtresse était partie, et qu'elle était
sortie de France; cette nouvelle me laissa dans le
cœur une langueur qui ne me quitta plus.

À l'aspect de ce monde si nouveau pour moi qui
m'entourait à cette campagne, je me sentis pris
d'abord d'une curiosité bizarre, triste et profonde,
qui me faisait regarder de travers comme un cheval
ombrageux. Voici la première chose qui y donna
lieu.

Desgenais avait alors une très belle maîtresse, qui
l'aimait beaucoup; un soir que je me promenais
avec lui, je lui dis que je la trouvais telle qu'elle était,
c'est-à-dire admirable, tant par sa beauté que par
son attachement pour lui. Bref, je fis son éloge avec
chaleur, et lui donnai à entendre qu'il devait s'en
trouver heureux.

Il ne me répondit rien. C'était sa manière, et je le
connaissais pour le plus sec des hommes. La nuit
venue et chacun retiré, il y avait un quart d'heure
que j'étais couché lorsque j'entendis frapper à ma
porte. Je criai qu'on entrât, croyant à quelque visi-
teur pris d'insomnie.

Je vis entrer une femme plus pâle que la mort, à
demi nue, et un bouquet à la main. Elle vint à moi et
me présenta son bouquet; un morceau de papier y
était attaché, sur lequel je trouvai ce peu de mots :
« À Octave, son ami Desgenais, à charge de
revanche. »

Je n'eus pas plutôt lu qu'un éclair me frappa
l'esprit. Je compris tout ce qu'il y avait dans cette
action de Desgenais m'envoyant ainsi sa maîtresse,
et m'en faisant une sorte de cadeau à la turque, sur
quelques paroles que je lui avais dites. Du caractère
que je lui savais, il n'y avait là ni ostentation de
générosité, ni trait de rouerie; il n'y avait qu'une
leçon. Cette femme l'aimait; je lui en avais fait
l'éloge, et il voulait m'apprendre à ne pas l'aimer,
soit que je la prisse ou que je la refusasse.

Cela me donna à penser; cette pauvre fille pleurait, et n'osait essuyer ses larmes, de peur de m'en
faire apercevoir. De quoi l'avait-il menacée pour la
déterminer à venir? Je l'ignorais. — Mademoiselle,
lui dis-je, il ne faut pas vous chagriner. Allez chez
vous et ne craignez rien. Elle me répondit que, si elle
sortait de ma chambre avant le lendemain matin,
Desgenais la renverrait à Paris; que sa mère était
pauvre et qu'elle ne pouvait s'y résoudre. — Très
bien, lui dis-je; votre mère est pauvre, vous aussi
probablement, en sorte que vous obéiriez à Desgenais si je voulais. Vous êtes belle, et cela pourrait
me tenter. Mais vous pleurez, et vos larmes n'étant
pas pour moi, je n'ai que faire du reste. Allez-
vous-en, et je me charge d'empêcher qu'on ne vous
renvoie à Paris.

C'est une chose qui m'est particulière, que la
méditation, qui, chez le plus grand nombre, est une
qualité ferme et constante de l'esprit, n'est en moi
qu'un instinct indépendant de ma volonté, et qui me
saisit par accès comme une passion violente. Elle
me vient par intervalles, à son heure, malgré moi, et
n'importe où. Mais là où elle vient, je ne puis rien
contre elle. Elle m'entraîne là où bon lui semble, et
par le chemin qu'elle veut.

Cette femme partie, je me mis sur mon séant.

Mon ami, me dis-je, voilà ce que Dieu t'envoie. Si

Desgenais ne t'avait pas voulu donner sa maîtresse, il ne se trompait peut-être pas en croyant que tu en serais devenu amoureux.

L'as-tu bien regardée ? Un sublime et divin mystère s'est accompli dans les entrailles qui l'ont conçue. Un pareil être coûte à la nature ses plus vigilants regards maternels ; cependant l'homme qui veut te guérir n'a rien trouvé de mieux que de te pousser sur ses lèvres, pour y désapprendre à aimer.

Comment cela se fait-il ? D'autres que toi l'ont admirée sans doute ; mais ils ne couraient aucun risque ; elle pouvait essayer sur eux toutes les séductions qu'elle voulait ; toi seul étais en danger.

Il faut pourtant, quelle que soit sa vie, que ce Desgenais ait un cœur puisqu'il vit. En quoi diffère-t-il de toi ? C'est un homme qui ne croit à rien, ne craint rien, qui n'a ni un souci, ni un ennui peut-être, et il est clair qu'une légère piqûre au talon le remplirait de terreur ; car si son corps l'abandonnait, que deviendrait-il ? Il n'y a en lui de vivant que le corps. Quelle est donc cette créature qui traite son âme comme les flagellants leur chair ? Est-ce qu'on peut vivre sans tête ? Pense à cela. Voilà un homme qui a dans les bras la plus belle femme du monde ; il est jeune et ardent, il la trouve belle, il le lui dit ; elle lui répond qu'elle l'aime. Là-dessus, quelqu'un lui frappe sur l'épaule, et lui dit : C'est une fille. Rien de plus ; il est sûr de lui. Si on lui avait dit : C'est une empoisonneuse, il l'eût peut-être aimée ; il ne lui en donnera pas un baiser de moins ; mais c'est une fille, et il ne sera pas plus question d'amour que de l'étoile de Saturne.

Qu'est-ce que c'est donc que ce mot-là ? Un mot juste, mérité, positif, flétrissant, d'accord. Mais enfin, quoi ? Un mot, pourtant. Tue-t-on un corps avec un mot ?

Et si tu l'aimes, toi, ce corps ? On te verse un verre

de vin, et on te dit : N'aime pas cela ; on en a quatre
pour six francs. Et si tu te grises ?

Mais ce Desgenais aime sa maîtresse, puisqu'il la
paye ; il a donc une façon d'aimer particulière ? Non,
il n'en a pas ; sa façon d'aimer n'est pas de l'amour,
et il n'en ressent pas plus pour la femme qui le
mérite que pour celle qui en est indigne. Il n'aime
personne, tout simplement.

Qui l'a donc amené là ? est-il né ainsi ou l'est-il
devenu ? Aimer est aussi naturel que de boire et de
manger. Ce n'est pas un homme. Est-ce un avorton
ou un géant ? Quoi ! toujours sûr de ce corps impas-
sible ? Vraiment, jusqu'à se jeter sans danger dans
les bras d'une femme qui l'aime ? Quoi ! sans pâlir !
Jamais d'autre échange que l'or contre de la chair ?
Quel festin est-ce donc que sa vie, et quels breuvages
y boit-on dans ses coupes ? Le voilà, à trente ans,
comme le vieux Mithridate ; les poisons des vipères
lui sont amis et familiers.

Il y a là un grand secret, mon enfant, une clef à
saisir. De quelques raisonnements qu'on puisse
étayer la débauche, on prouvera qu'elle est naturelle
un jour, une heure, ce soir, mais non demain, ni
tous les jours. Il n'y a pas un peuple sur la terre qui
n'ait considéré la femme, ou comme la compagne et
la consolation de l'homme, ou comme l'instrument
sacré de sa vie, et, sous ces deux formes, qui ne l'ait
honorée. Cependant voilà un guerrier armé qui
saute dans l'abîme que Dieu a creusé de ses mains
entre l'homme et l'animal ; autant vaudrait renier la
parole. Quel Titan muet est-ce donc, pour oser
refouler sous les baisers du corps l'amour de la pensée, et pour se planter sur les lèvres le stigmate qui
fait la brute, le sceau du silence éternel ?

Il y a là un mot à savoir. Il souffle là-dessous le
vent de ces forêts lugubres qu'on appelle corpora-
tions secrètes, un de ces mystères que les anges de

destruction se chuchotent à l'oreille lorsque la nuit descend sur la terre. Cet homme est pire ou meilleur que Dieu ne l'a fait. Ses entrailles sont comme celles des femmes stériles : ou la nature ne les a qu'ébauchées, ou il s'y est distillé dans l'ombre quelque herbe vénéneuse.

Eh bien ! ni le travail ni l'étude n'ont pu te guérir, mon ami. Oublie et apprends, voilà ta devise. Tu feuilletais des livres morts ; tu es trop jeune pour les ruines. Regarde autour de toi ; le pâle troupeau des hommes t'environne. Les yeux des sphinx étincellent au milieu des divins hiéroglyphes ; déchiffre le livre de vie ! Courage, écolier, lance-toi dans le Styx, le fleuve invulnérable, et que ses flots en deuil te mènent à la mort ou à Dieu.

CHAPITRE IV

« Tout ce qu'il y avait de bien en cela, supposé qu'il pût y en avoir quelqu'un, c'est que ces faux plaisirs étaient des semences de douleurs et d'amertumes, qui me fatiguaient à n'en pouvoir plus. » Telles sont les simples paroles que dit, à propos de sa jeunesse, l'homme le plus homme qui ait jamais été, saint Augustin. De ceux qui ont fait comme lui, peu diraient ces paroles, tous les ont dans le cœur; je n'en trouve pas d'autres dans le mien.

Revenu à Paris au mois de décembre, après la saison, je passai l'hiver en parties de plaisir, en mascarades, en soupers, quittant rarement Desgenais, qui était enchanté de moi; je ne l'étais guère. Plus j'allais, plus je me sentais de souci. Il me sembla, au bout de bien peu de temps, que ce monde si étrange, qui au premier aspect m'avait paru un abîme, se resserrait, pour ainsi dire, à chaque pas; là où j'avais cru voir un spectre, à mesure que j'avançais, je ne voyais qu'une ombre.

Desgenais me demandait ce que j'avais. — Et vous, lui disais-je, qu'avez-vous? Vous souvient-il de quelque parent mort? n'auriez-vous pas quelque blessure que l'humidité fait rouvrir?

Alors il me semblait parfois qu'il m'entendait sans me répondre. Nous nous jetions sur une table, buvant à en perdre la tête ; au milieu de la nuit, nous prenions des chevaux de poste, et nous allions déjeuner à dix ou douze lieues dans la campagne ; en revenant, au bain, de là à table, de là au jeu, de là au lit ; et quand j'étais au bord du mien,... alors je poussais le verrou de la porte, je tombais à genoux et je pleurais. C'était ma prière du soir.

Chose étrange ! je mettais de l'orgueil à passer pour ce qu'au fond je n'étais pas du tout ; je me vantais de faire pis que je ne faisais, et je trouvais à cette for-fanterie un plaisir bizarre, mêlé de tristesse. Lorsque j'avais réellement fait ce que je racontais, je ne sentais que de l'ennui ; mais lorsque j'inventais quelque folie, comme une histoire de débauche ou le récit d'une orgie à laquelle je n'avais pas assisté, il me semblait que j'avais le cœur plus satisfait, je ne sais pourquoi.

Ce qui me faisait le plus de mal, c'était lorsque, dans une partie de plaisir, nous allions dans quelque lieu aux environs de Paris où j'avais été autrefois avec ma maîtresse. Je devenais stupide ; je m'en allais seul, à l'écart, regardant les buissons et les troncs d'arbres avec une amertume sans bornes, jusqu'à les frapper du pied comme pour les mettre en poussière. Puis je revenais, répétant cent fois de suite entre mes dents : Dieu ne m'aime guère, Dieu ne m'aime guère. Je demeurais alors des heures sans parler. [— Toutes les femmes sont des libertins au fond du cœur, pensais-je, et je regardais autour de moi mes compagnons assis sur l'herbe. — Voilà donc ce que ma maîtresse avait dans le cœur en venant ici avec moi ?]

Cette idée funeste, que la vérité, c'est la nudité, me revenait [ainsi] à propos de tout. — Le monde me disais-je, appelle son fard vertu, son chapelet religion, son manteau traînant convenance. L'honneur et la morale sont ses femmes de chambre ; il boit dans son vin les larmes des pauvres d'esprit qui croient en lui ; il se promène les yeux baissés tant que le soleil est au ciel; il va à l'église, au bal, aux assemblées; et le soir arrive, il dénoue sa robe, et on aperçoit une bacchante nue avec deux pieds de bouc.

Mais, en parlant ainsi, je me faisais horreur à moi-même; car je sentais que, si le corps était sous l'habit, le squelette était sous le corps. — Est-ce possible que ce soit là tout? me demandais-je malgré moi. Puis je rentrais à la ville; je rencontrais sur mon chemin une jolie fillette donnant le bras à sa mère; je la suivais des yeux en soupirant, et je redevenais comme un enfant.

Quoique j'eusse pris avec mes amis des habitudes de tous les jours, et que nous eussions réglé notre désordre, je ne laissais pas d'aller dans le monde. La vue des femmes m'y causait un trouble insupportable; je ne leur touchais la main qu'en tremblant. Mon parti était pris de n'aimer plus jamais.

Cependant je revins un certain soir d'un bal avec le cœur si malade, que je sentis que c'était de l'amour. Je m'étais trouvé à souper auprès d'une femme, la plus charmante et la plus distinguée dont le souvenir me soit resté. Lorsque je fermai les yeux pour m'endormir, je la vis devant moi. Je me crus perdu; je résolus aussitôt de ne plus la rencontrer, d'éviter tous les endroits où je savais qu'elle allait. Cette sorte de fièvre dura quinze jours, pendant lesquels je restai presque constamment étendu sur mon canapé, et me rappelant sans fin, malgré moi, jusqu'aux moindres mots que j'avais échangés avec elle.

Comme il n'y a pas d'endroit sous le ciel où on s'occupe de son voisin autant qu'à Paris, il ne se passa pas longtemps avant que les gens de ma connaissance, qui me rencontraient avec Desgenais, n'eussent déclaré que j'étais le plus grand libertin. J'admirai en cela l'esprit du monde; autant j'avais passé pour niais et pour novice lors de ma rupture avec ma maîtresse, autant je passais maintenant pour insensible et endurci. On en venait à me dire qu'il était bien clair que je n'avais jamais aimé cette femme, que je me faisais sans doute un jeu de l'amour, ce qui était un grand éloge que l'on croyait m'adresser; et le pire de l'affaire, c'est que j'étais gonflé d'une vanité si misérable que cela me charmait.

Ma prétention était de passer pour blasé, en même temps que j'étais plein de désirs et que mon imagination exaltée m'emportait hors de toutes limites. Je commençai à dire que je ne pouvais faire aucun cas des femmes; ma tête s'épuisait en chimères que je disais préférer à la réalité. Enfin mon unique plaisir était de me dénaturer. Il suffisait qu'une pensée fût extraordinaire, qu'elle choquât le sens commun, pour que je m'en fisse aussitôt le champion, au risque d'avancer les sentiments les plus blâmables.

Mon plus grand défaut était l'imitation de tout ce qui me frappait, non pas par sa beauté, mais par son étrangeté; et ne voulant pas m'avouer imitateur, je me perdais dans l'exagération, afin de paraître original. À mon gré, rien n'était bon, ni même passable; rien ne valait la peine de tourner la tête; cependant, dès que je m'échauffais dans une discussion, il semblait qu'il n'y eût pas dans la langue française d'expression assez ampoulée pour louer ce que je soutenais; mais il suffisait de se ranger à mon avis pour faire tomber toute ma chaleur.

C'était une suite naturelle de ma conduite. Dégoûté de la vie que je menais, je ne voulais pourtant pas en changer.

> *Simigliante a quella 'nferma*
> *Che non può trovar posa in su le piume,*
> *Ma con dar volta suo dolore scherma.*

Dante.

Ainsi je tourmentais mon esprit pour lui donner le

change, et je tombais dans tous les travers pour sortir de moi-même.

Mais tandis que ma vanité s'occupait ainsi, mon cœur souffrait, en sorte qu'il y avait presque constamment en moi un homme qui riait et un autre qui pleurait. C'était comme un contre-coup perpétuel de ma tête à mon cœur. Mes propres railleries me faisaient quelquefois une peine extrême, et mes chagrins les plus profonds me donnaient envie d'éclater de rire.

Un homme se vantait un jour d'être inaccessible aux craintes superstitieuses et de n'avoir peur de rien ; ses amis mirent dans son lit un squelette humain, puis se postèrent dans une chambre voisine pour guetter lorsqu'il rentrerait. Ils n'entendirent aucun bruit ; mais lorsqu'ils entrèrent dans sa chambre le lendemain matin, ils le trouvèrent dressé sur son séant et jouant avec les ossements : il avait perdu la raison.

Il y avait en moi quelque chose de semblable à cet homme, si ce n'est que mes osselets favoris étaient ceux d'un squelette bien-aimé : c'étaient les débris de mon amour, tout ce qui restait du passé.

Il ne faut pourtant pas dire que dans tout ce désordre il n'y eût pas de bons moments. Les compagnons de Desgenais étaient des jeunes gens de [la première] distinction ; bon nombre étaient artistes. Nous passions quelquefois ensemble des soirées délicieuses, sous prétexte de faire les libertins. L'un d'eux était alors épris d'une belle cantatrice qui nous charmait par sa voix fraîche et mélancolique. Que de fois nous sommes restés, assis en cercle, à l'écouter, tandis que la table était dressée ! Que de fois l'un de nous, au moment où les flacons se débouchaient, tenait à la main un volume de Lamartine et lisait d'une voix émue ! Il fallait voir alors comme toute autre pensée disparaissait ! Les heures s'envolaient pendant ce temps-là ; et quand nous nous mettions à table, les singuliers libertins que nous faisions ! Nous ne disions mot, et nous avions des larmes dans les yeux.

Desgenais surtout, le plus froid et le plus sec des hommes à l'habitude, était incroyable ces jours-là. Il se livrait à des sentiments si extraordinaires, qu'on eût dit un poète en délire. Mais, après ces expansions, il arrivait qu'il se sentait pris d'une joie furieuse. Il brisait tout dès que le vin l'avait échauffé ; le génie de la destruction lui sortait tout armé de la tête, et je l'ai vu quelquefois, au milieu de ses folies, lancer une chaise dans une fenêtre fermée avec un vacarme à faire sauver.

Je ne pouvais m'empêcher de faire de cet homme bizarre un sujet d'étude. Il me paraissait comme le type marqué d'une classe de gens qui devaient exister quelque part, mais qui m'étaient inconnus. On ne savait, lorsqu'il agissait, si c'était le désespoir d'un malade ou la lubie d'un enfant gâté.

Il se montrait particulièrement les jours de fête dans un état d'excitation nerveuse qui le poussait à se conduire comme un véritable écolier. Son sang-froid était alors à mourir de rire. Il me persuada un jour de sortir à pied tous deux, seuls, à la brune, affublés de costumes grotesques, avec des masques et des instruments de musique. Nous nous promenâmes ainsi toute la nuit, gravement, au milieu du plus affreux charivari. Nous trouvâmes un cocher d'une voiture de place endormi sur son siège ; nous dételâmes les chevaux ; après quoi, feignant de sortir d'un bal, nous l'appelâmes à grands cris. Le cocher s'éveilla, et, au premier coup de fouet qu'il donna, ses chevaux partirent au trot, le laissant ainsi perché sur son siège. Nous fûmes le même soir aux Champs-Élysées. Desgenais, voyant passer une autre voiture, l'arrêta, ni plus ni moins qu'un voleur ;

il intimida le cocher par ses menaces, et le força de descendre et de se mettre à plat ventre. C'était un jeu à se faire tuer. Cependant il ouvrit la voiture, et nous trouvâmes dedans un jeune homme et une dame immobiles de frayeur. Il me dit alors de l'imiter, et, ayant ouvert les deux portières, nous commençâmes à entrer par l'une et à sortir par l'autre, en sorte que dans l'obscurité les pauvres gens du carrosse croyaient à une procession de bandits.

Je me figure que les gens qui disent que le monde donne de l'expérience doivent être bien étonnés qu'on les croie. Le monde n'est que tourbillons, et il n'y a aucun rapport entre ces tourbillons. Tout s'en va par bandes comme des volées d'oiseaux. Les différents quartiers d'une ville ne se ressemblent même pas entre eux, et il y a autant à apprendre, pour quelqu'un de la Chaussée-d'Antin, au Marais qu'à Lisbonne. Il est seulement vrai que ces tourbillons divers sont traversés, depuis que le monde existe, par sept personnages toujours les mêmes : le premier s'appelle l'espérance, le second la conscience, le troisième l'opinion, le quatrième l'envie, le cinquième la tristesse, le sixième l'orgueil, et le septième s'appelle l'homme.

Nous étions donc, moi et mes compagnons, une volée d'oiseaux, et nous restâmes ensemble jusqu'au printemps, tantôt jouant, tantôt courant...

Mais, dira le lecteur, au milieu de tout cela, quelles femmes aviez-vous ? Je ne vois pas là la débauche en personne.

Ô créatures qui portiez le nom de femmes, et qui avez passé comme des rêves dans une vie qui n'était elle-même qu'un rêve ! que dirai-je de vous ? Là où il n'y a jamais eu l'ombre d'une espérance, est-ce qu'il y aurait quelque souvenir ? Où vous trouverai-je pour cela ? Qu'y a-t-il de plus muet dans la mémoire humaine ? qu'y a-t-il de plus oublié que vous ?

[Comment ressaisirais-je vos fantômes épars, et comment pourrais-je donner quelque suite à ce que je raconte? Maintenant que je pense à ce temps de ma jeunesse, je crois voir un champ plat et stérile sous un ciel orageux. Des formes flottantes se soulèvent çà et là, puis s'effacent; un soupir plaintif déchire les airs; des monstres grimaçants volent en rond; ils pouffent de rire et s'engouffrent. Un cheval emporté passe comme un éclair; le vent siffle, une flèche le suit. La nuit arrive; les pierres tremblent de froid; un voyageur perdu se couche dans la neige en pleurant. Une ombre paraît à l'horizon sur le sommet d'une montagne; elle se penche sur une cascade et glisse dans la nappe immense comme une plume légère. Le cor retentit, des chiens aboient; des chasseurs, les bras retroussés jusqu'au coude, dépècent une biche; ils s'essuient le front; un soleil de plomb les étouffe; ils s'approchent d'une citerne pour y boire, et ils aperçoivent au fond un crocodile mort. Silence! une rivière limpide coule là auprès entre des saules; Ophélia, couverte de fleurs, y flotte doucement. Longues, maigres, fluettes, des mains s'agitent sur une table; elles coupent et donnent; elles agitent des cartes. Des poupées mécaniques dansent autour; elles sont transparentes et vides; le vin qu'elles boivent colore leurs veines un instant, elles mangent de l'or. Une douce musique tremble dans les feuilles; le tonnerre qui gronde la saisit et l'emporte comme un épervier affamé. Silence, silence! le jour se lève, la rosée tombe; une alouette sort d'un sillon et s'en va mourir dans les cieux.

Lecteur,] s'il faut parler des femmes, j'en citerai deux; en voici une.

Je vous le demande; que voulez-vous que fasse une pauvre lingère, jeune et jolie, ayant dix-huit ans, et par conséquent des désirs; ayant un roman sur son comptoir, où il n'est question que d'amour; ne sachant rien, n'ayant aucune idée de morale; cousant éternellement à une fenêtre devant laquelle les processions ne passent plus, par ordre de police, mais devant laquelle rôdent tous les soirs une douzaine de filles patentées, reconnues par la même police; que voulez-vous qu'elle fasse, lorsqu'après avoir fatigué ses mains et ses yeux pendant toute une journée sur une robe ou sur un chapeau, elle s'accoude un moment à cette fenêtre, à la nuit tombante? Cette robe qu'elle a cousue, ce chapeau qu'elle a coupé, [elle que voilà,] de ses pauvres et honnêtes mains, pour rapporter de quoi souper à la maison, elle les voit passer sur la tête et sur le corps d'une fille publique. Trente fois par jour il s'arrête une voiture de louage à sa porte, et il en descend une prostituée numérotée comme le fiacre qui la roule, laquelle vient d'un air dédaigneux minauder devant une glace, essayer, ôter et remettre dix fois ce triste et patient ouvrage de ses veilles. Elle voit cette fille tirer de sa poche six pièces d'or, elle qui en a une par semaine; elle la regarde des pieds à la tête, elle examine sa parure; elle la suit jusqu'à son carrosse; et puis, que voulez-vous! quand la nuit est bien noire, un soir que l'ouvrage manque, que sa mère est malade, elle entr'ouvre sa porte, étend la main, et arrête un passant.

Telle était l'histoire d'une fille que j'ai eue. Elle savait un peu toucher du piano, un peu compter, un peu dessiner, même un peu d'histoire et de grammaire, et ainsi de tout un peu. Que de fois j'ai regardé avec une compassion poignante cette triste ébauche de la nature, mutilée encore par la société! que de fois j'ai suivi dans cette nuit profonde les pâles et vacillantes lueurs d'une étincelle souffrante et avortée! que de fois j'ai tenté de rallumer quelques charbons éteints sous cette pauvre cendre! Hélas! ses longs cheveux avaient réellement la couleur de la cendre, et nous l'appelions Cendrillon.

Je n'étais pas assez riche pour lui donner des maîtres ; Desgenais, d'après mon conseil, s'intéressa à cette créature ; il lui fit apprendre de nouveau tout ce dont elle avait les éléments. Mais elle ne put jamais faire en rien un progrès sensible ; dès que son maître était parti, elle se croisait les bras et restait ainsi des heures entières, regardant à travers les carreaux. Quelles journées ! quelle misère ! Je la menaçai, un jour, si elle ne travaillait pas, de la laisser sans argent ; elle se mit silencieusement à l'ouvrage, et j'appris, peu de temps après, qu'elle sortait à la dérobée. Où allait-elle ? Dieu le sait. Je la priai, avant qu'elle partît, de me broder une bourse ; j'ai conservé longtemps cette triste relique ; elle était accrochée dans ma chambre comme un des monuments les plus sombres de tout ce qui est ruine ici-bas.

Maintenant, en voici une autre.

Il était environ dix heures du soir, lorsqu'après une journée entière de bruit de fatigues, nous nous rendîmes chez Desgenais, qui nous avait devancés de quelques heures pour faire ses préparatifs. L'orchestre était déjà en train, et le salon rempli à notre arrivée.

La plupart des danseuses étaient des filles de théâtre ; on m'expliqua pourquoi celles-là valent mieux que les autres ; c'est que tout le monde se les arrache.

À peine entré, je me lançai dans le tourbillon de la valse. Cet exercice vraiment délicieux m'a toujours été cher ; je n'en connais pas de plus noble, ni qui soit plus digne en tout d'une belle femme et d'un jeune garçon ; toutes les danses, au prix de celle-là, ne sont que des conventions insipides ou des prétextes pour les entretiens les plus insignifiants. C'est véritablement posséder en quelque sorte une femme, que de la tenir une demi-heure dans ses bras et de l'entraîner ainsi, palpitante malgré elle, et non sans quelque risque, de telle sorte qu'on ne pourrait dire si on la protège ou si on la force. Quelques-unes se livrent alors avec une si voluptueuse pudeur, avec un si doux et si pur abandon, qu'on ne sait si ce qu'on ressent près d'elles est du désir ou de la crainte, et si, en les serrant sur son cœur, on se pâmerait ou on les briserait comme des roseaux. L'Allemagne, où l'on a inventé cette danse, est à coup sûr un pays où l'on aime.

Je tenais dans mes bras une superbe danseuse d'un théâtre d'Italie, venue à Paris pour le carnaval ; elle était en costume de bacchante, avec une robe de peau de panthère. Jamais je n'ai rien vu de si languissant que cette créature. Elle était grande et mince, et, tout en valsant avec une rapidité extrême, elle avait l'air de se traîner ; à la voir, on eût dit qu'elle devait fatiguer son valseur ; mais on ne la sentait pas, elle courait comme par enchantement.

Sur son sein était un bouquet énorme, dont les parfums m'enivraient malgré moi. Au moindre mouvement de mon bras, je la sentais plier comme une liane des Indes, pleine d'une mollesse si douce et si sympathique, qu'elle m'entourait comme d'un voile de soie embaumée. À chaque tour, on entendait à peine un léger froissement de son collier sur sa ceinture de métal ; elle se mouvait si divinement que je croyais voir un bel astre, et tout cela avec un sourire, comme une fée qui va s'envoler. La musique de la valse, tendre et voluptueuse, avait l'air de lui sortir des lèvres, tandis que sa tête, chargée d'une forêt de cheveux noirs tressés en nattes, penchait en arrière, comme si son cou eût été trop faible pour la porter.

Lorsque la valse fut finie, je me jetai sur une chaise au fond d'un boudoir ; mon cœur battait, j'étais hors de moi. — Ô Dieu ! m'écriai-je, comment cela est-il possible ? Ô monstre superbe ! ô beau rep-

tile, comme tu enlaces! comme tu ondoies, douce
couleuvre, avec ta peau souple et tachetée! comme
ton cousin le serpent t'a appris à te rouler autour de
l'arbre de la vie, avec la pomme dans les lèvres! Ô
Mélusine! ô Mélusine! les cœurs des hommes sont à
toi. Tu le sais bien, enchanteresse, avec ta moelleuse
langueur qui n'a pas l'air de s'en douter. Tu sais bien
que tu perds, tu sais bien que tu noies; tu sais qu'on
va souffrir lorsqu'on t'aura touchée; tu sais qu'on
meurt de tes sourires, du parfum de tes fleurs, du
contact de tes voluptés; voilà pourquoi tu te livres
avec tant de mollesse, voilà pourquoi ton sourire est
si doux, tes fleurs si fraîches; voilà pourquoi tu
poses si doucement ton bras sur nos épaules. Ô
Dieu! ô Dieu! que veux-tu donc de nous?

Le professeur Hallé a dit un mot terrible : « La
femme est la partie nerveuse de l'humanité, et
l'homme la partie musculaire. » Humboldt lui-
même, ce savant [grave et] sérieux, a dit qu'autour
des nerfs humains était une atmosphère invisible. Je
ne parle pas des rêveurs qui suivent le vol tour-
noyant des chauves-souris de Spallanzani, et qui
pensent avoir trouvé un sixième sens à la nature.
Telle qu'elle est, ses mystères sont bien assez redou-
tables, ses puissances bien assez profondes, à cette
nature qui nous crée, nous raille et nous tue, sans
qu'il faille encore épaissir les ténèbres qui nous
entourent! Mais quel est l'homme qui croit avoir
vécu, s'il nie la puissance des femmes? s'il n'a jamais
quitté une belle danseuse avec des mains tremblantes? s'il n'a jamais senti ce je ne sais quoi indéfi-
nissable, ce magnétisme énervant qui, au milieu
d'un bal, au bruit des instruments, à la chaleur qui
fait pâlir les lustres, sort peu à peu d'une jeune
femme, l'électrise elle-même, et voltige autour d'elle
comme le parfum des aloès sur l'encensoir qui se
balance au vent?

J'étais frappé d'une stupeur profonde. Qu'une semblable ivresse existât quand on aime, cela ne m'était pas nouveau; je savais ce que c'était que cette auréole dont rayonne la bien-aimée. Mais exciter de tels battements de cœur, évoquer de pareils fantômes, rien qu'avec sa beauté, des fleurs et la peau bigarrée d'une bête féroce! avec de certains mouvements, une certaine façon de tourner en cercle, qu'elle a apprise de quelque baladin, avec les contours d'un beau bras; et cela sans une parole, sans une pensée, sans qu'elle daigne paraître le savoir! Qu'était donc le chaos, si c'est là l'œuvre des sept jours?

Ce n'était pourtant pas de l'amour que je ressentais, et je ne puis dire autre chose sinon que c'était de la soif. Pour la première fois de ma vie je sentais vibrer dans mon être une corde étrangère à mon cœur. La vue de ce bel animal en avait fait rugir un autre dans mes entrailles. [Je me tâtais comme pour m'éveiller; j'appelais à mon secours ma vie passée.] Je sentais bien que je n'aurais pas dit à cette femme que je l'aimais, ni qu'elle me plaisait, ni même qu'elle était belle; il n'y avait rien sur mes lèvres que l'envie de baiser les siennes, de lui dire : Ces bras nonchalants, fais-m'en une ceinture; cette tête penchée, appuie-la sur moi; ce doux sourire, colle-le sur ma bouche. Mon corps aimait le sien; j'étais pris de beauté comme on est pris de vin.

Desgenais passa, qui me demanda ce que je faisais là. — Quelle est cette femme? lui dis-je. Il me répondit : — Quelle femme? de qui voulez-vous parler?

Je le pris par le bras et le menai dans la salle. L'Italienne nous vit venir. Elle sourit; je fis un pas en arrière.

— Ah! ah! dit Desgenais, vous avez valsé avec Marco?

— Qu'est-ce que c'est que Marco? lui dis-je.

— Eh! c'est cette fainéante qui rit là-bas; est-ce qu'elle vous plaît?

— Non, répliquai-je; j'ai valsé avec elle et je voulais savoir son nom; elle ne me plaît pas autrement.

C'était la honte qui me faisait parler ainsi; mais dès que Desgenais m'eut quitté, je courus après lui.

— Vous êtes bien prompt, dit-il en riant. Marco n'est pas une fille ordinaire; elle est entretenue et presque mariée à M. de ***, ambassadeur à Milan. C'est un de ses amis qui me l'a amenée. Cependant, ajouta-t-il, comptez que je vais lui parler; nous ne vous laisserons mourir qu'autant qu'il n'y aura pas d'autre ressource. Il se peut qu'on obtienne de la laisser ici à souper.

Il s'éloigna là-dessus. Je ne saurais dire quelle inquiétude je ressentis en le voyant s'approcher d'elle; mais je ne pus les suivre; ils se dérobèrent dans la foule.

— Est-ce donc vrai, me disais-je, en viendrais-je là? Eh quoi! en un instant? Ô Dieu! serait-ce là ce que je vais aimer? Mais après tout, pensai-je, ce sont mes sens qui agissent; mon cœur n'est pour rien là-dedans.

Ainsi je cherchais à me tranquilliser. Cependant, quelques instants après, Desgenais me frappa l'épaule. — Nous souperons tout à l'heure, me dit-il; vous donnerez le bras à Marco; elle sait qu'elle vous a plu, et cela est convenu.

— Écoutez, lui dis-je, je ne sais ce que j'éprouve. Il me semble que je vois Vulcain au pied boiteux couvrant Vénus de ses baisers, avec sa barbe enfumée dans sa forge. Il fixe ses yeux effarés sur la chair épaisse de sa proie. Il se concentre dans la vue de cette femme, son bien unique; il s'efforce de rire de joie, il fait comme s'il frémissait de bonheur; et pendant ce temps-là il se souvient de son père Jupiter, qui est assis au haut des cieux.

Desgenais me regarda sans répondre ; il me prit le
bras et m'entraîna. — Je suis fatigué, me dit-il, je
suis triste ; ce bruit me tue. Allons souper, cela nous
remontera.

Le souper fut splendide, mais je ne fis qu'y assis-
ter. Je ne pouvais toucher à rien ; les lèvres me
défaillaient. — Qu'avez-vous donc ? me dit Marco.
Mais je restais comme une statue, et je la regardais
de la tête aux pieds dans un muet étonnement.

Elle se mit à rire. Desgenais aussi, qui nous observait de loin. Devant elle était un grand verre de cristal taillé en forme de coupe, qui reflétait sur mille
facettes étincelantes la lumière des lustres, et qui
brillait comme le prisme des sept couleurs de l'arc-
en-ciel. Elle étendit son bras nonchalant, et l'emplit
jusqu'au bord d'un flot doré de vin de Chypre, de ce
vin sucré d'Orient que j'ai trouvé si amer plus tard
sur la grève déserte du Lido. — Tenez, dit-elle en me
le présentant, *per voi, bambino mio.*

— Pour toi et moi, lui dis-je, en lui présentant le
erre à mon tour. Elle y trempa ses lèvres, et je le
vidai avec une tristesse qu'elle sembla lire dans mes
yeux.

— Est-ce qu'il est mauvais ? dit-elle. — Non,
répondis-je. — Ou si vous avez mal à la tête ? —
Non. — Ou si vous êtes las ? — Non. — Ah ! donc,
c'est un ennui d'amour ? En parlant ainsi dans son
jargon, ses yeux devenaient sérieux. Je savais qu'elle
était de Naples, et malgré elle, en parlant d'amour,
son Italie lui battait dans le cœur.

Une autre folie vint là-dessus. Déjà les têtes
s'échauffaient, les verres se choquaient ; déjà montait sur les joues les plus pâles cette pourpre légère
dont le vin colore les visages, comme pour défendre
à la pudeur d'y paraître : un murmure confus, semblable à celui de la marée montante, grondait par
secousses ; les regards s'enflammaient çà et là, puis

tout à coup se fixaient et restaient vides ; je ne sais
quel vent faisait flotter l'une vers l'autre toutes ces
ivresses incertaines. Une femme se leva, comme
dans une mer encore tranquille la première vague
qui sent la tempête, et qui se dresse pour l'annoncer ;
elle fit signe de la main pour demander le silence,
vida son verre d'un coup, et, du mouvement qu'elle
fit, elle se décoiffa ; une nappe de cheveux dorés lui
roula sur les épaules ; elle ouvrit les lèvres, et voulut
entonner une chanson de table ; son œil était à demi
fermé. Elle respirait avec effort ; deux fois un son
rauque sortit de sa poitrine oppressée ; une pâleur
mortelle la couvrit tout à coup, et elle retomba sur
sa chaise.

Alors commença un vacarme qui, pendant plus
d'une heure que dura encore le souper, ne cessa pas
jusqu'à la fin. Il était impossible d'y rien distinguer,
ni les rires, ni les chansons, pas même les cris.

— Qu'en pensez-vous ? me dit Desgenais. — Rien,
répondis-je, je me bouche les oreilles et je regarde.

Au milieu de ce bacchanal, la belle Marco restait
muette, ne buvant pas, appuyée tranquillement sur
son bras nu et laissant rêver sa paresse. Elle ne semblait ni étonnée ni émue. — N'en voulez-vous pas
faire autant qu'eux ? lui demandai-je ; vous qui
m'avez offert du vin de Chypre tout à l'heure, ne
voulez-vous pas y goûter aussi ? Je lui versai, en
disant cela, un grand verre plein jusqu'au bord ; elle
le souleva lentement, le but d'un trait, puis le reposa
sur la table, et reprit son attitude distraite.

Plus j'observais cette Marco, plus elle me paraissait singulière ; elle ne prenait plaisir à rien, mais ne
s'ennuyait pas non plus de rien. Il paraissait aussi
difficile de la fâcher que de lui plaire ; elle faisait ce
qu'on lui demandait, mais rien de son propre mouvement. Je pensai au génie du repos éternel, et je me
disais que, si cette pâle statue devenait somnambule, elle ressemblerait à Marco.

— Es-tu bonne ou méchante ? lui disais-je ; triste ou gaie ? As-tu aimé ? veux-tu qu'on t'aime ? aimes-tu l'argent, le plaisir, quoi ? les chevaux, la campagne, le bal ? Qui te plaît ? à quoi rêves-tu ? Et à toutes ces demandes le même sourire de sa part, un sourire sans joie et sans peine, qui voulait dire : Qu'importe ? et rien de plus.

J'approchai mes lèvres des siennes ; elle me donna un baiser, distrait et nonchalant comme elle, puis elle porta son mouchoir à sa bouche. — Marco, lui dis-je, malheur à qui t'aimerait !

Elle abaissa sur moi un œil noir, puis le leva au ciel, et, mettant un doigt en l'air, avec ce geste italien qui ne s'imite pas, elle prononça doucement le grand mot féminin de son pays : *Forse* !

Cependant on servit le dessert ; plusieurs des convives s'étaient levés ; les uns fumaient, d'autres s'étaient mis à jouer, un petit nombre restait à table ; des femmes dansaient, d'autres s'endormaient. L'orchestre revint ; les bougies pâlissaient, on en remit d'autres. Je me souvins du souper de Pétrone, où les lampes s'éteignent autour des maîtres assoupis, tandis que des esclaves entrent sur la pointe du pied et volent l'argenterie. Au milieu de tout cela, les chansons allaient toujours, et trois Anglais, trois de ces figures mornes dont le continent est l'hôpital, continuèrent en dépit de tout la plus sinistre ballade qui soit sortie de leurs marais.

— Viens, dis-je à Marco, partons ! Elle se leva et prit mon bras. — À demain, me cria Desgenais ; et nous sortîmes de la salle.

En approchant du logis de Marco, mon cœur battait avec violence ; je ne pouvais parler. Je n'avais aucune idée d'une femme pareille ; elle n'éprouvait ni désir ni dégoût, et je ne savais que penser, de voir trembler ma main auprès de cet être immobile.

Sa chambre était comme elle, sombre et volup-

tueuse; une lampe d'albâtre l'éclairait à demi. Les
fauteuils, le sofa, étaient moelleux comme des lits, et
je crois que tout y était fait de duvet et de soie. En
[y] entrant, je fus frappé d'une forte odeur de pas-
tilles turques, non pas de celles qu'on vend ici dans
les rues, mais de celles de Constantinople, qui sont
les plus nerveux et les plus dangereux des parfums.
Elle sonna; une fille de chambre entra. Elle passa
avec elle dans son alcôve, sans me dire un mot, et
quelques instants après je la vis couchée, appuyée
sur son coude, toujours dans la posture nonchalante
qui lui était habituelle.

J'étais debout et je la regardais. Chose étrange! plus
je l'admirais, plus je la trouvais belle, plus je sentais
s'évanouir les désirs qu'elle m'inspirait. Je ne sais si ce
fut un effet magnétique; son silence et son immobilité
me gagnaient. Je fis comme elle, je m'étendis sur le
sofa en face de l'alcôve, et le froid de la mort me descendit dans l'âme.

Les battements du sang dans les artères sont une
étrange horloge qu'on ne sent vibrer que la nuit.
L'homme, abandonné alors par les objets extérieurs,
retombe sur lui-même; il s'entend vivre. Malgré la
fatigue et la tristesse, je ne pouvais fermer les yeux;
ceux de Marco étaient fixés sur moi; nous nous regardions en silence, et lentement, si l'on peut ainsi parler.

— Que faites-vous là? dit-elle enfin; ne venez-vous
pas près de moi?

— Si fait, lui répondis-je; vous êtes bien belle!

Un faible soupir se fit entendre, semblable à une
plainte : une des cordes de la harpe de Marco venait
de se détendre. Je tournai la tête à ce bruit, et je vis
que la pâle teinte des premiers rayons de l'aurore
colorait les croisées.

Je me levai et ouvris les rideaux; une vive lumière
pénétra dans la chambre. Je m'approchai d'une

fenêtre et m'y arrêtai quelques instants; le ciel était pur, le soleil sans nuages.

— Viendrez-vous donc? répéta Marco.

Je lui fis signe d'attendre encore. Quelques raisons de prudence lui avaient fait choisir un quartier éloigné du centre de la ville; peut-être avait-elle ailleurs un autre appartement, car elle recevait quelquefois. Les amis de son amant venaient chez elle, et la chambre où nous étions n'était sans doute qu'une sorte de *petite maison*; elle donnait sur le Luxembourg, dont le jardin s'étendait au loin devant mes yeux.

Comme un liège qui, plongé dans l'eau, semble inquiet sous la main qui le renferme et glisse entre les doigts pour remonter à la surface, ainsi s'agitait en moi quelque chose que je ne pouvais ni vaincre ni écarter. L'aspect des allées du Luxembourg me fit bondir le cœur, et toute autre pensée s'évanouit. Que de fois, sur ces petits tertres faisant l'école buissonnière, je m'étais étendu sous l'ombrage, avec quelque bon livre, tout plein de folle poésie! car, hélas! c'étaient là les débauches de mon enfance. Je retrouvais tous ces souvenirs lointains sur les arbres dépouillés, sur les herbes flétries des parterres. Là, quand j'avais dix ans, je m'étais promené avec mon frère et mon précepteur, jetant du pain à quelques pauvres oiseaux transis; là, assis dans un coin, j'avais regardé durant des heures danser en rond les petites filles; j'écoutais battre mon cœur naïf aux refrains de leurs chansons enfantines; là, rentrant du collège, j'avais traversé mille fois la même allée, perdu dans un vers de Virgile et chassant du pied un caillou. — Ô mon enfance, vous voilà! m'écriai-je; ô mon Dieu, vous voilà ici!

Je me retournai. Marco s'était endormie, la lampe s'était éteinte, la lumière du jour avait changé tout l'aspect de la chambre; les tentures, qui m'avaient semblé d'un bleu d'azur, étaient d'une teinte verdâtre et fanée, et Marco, la belle statue, étendue dans l'alcôve, était livide comme une morte.

Je frissonnai malgré moi ; je regardais l'alcôve, puis le jardin ; ma tête épuisée s'alourdissait. Je fis quelques pas et allai m'asseoir devant un secrétaire ouvert, près d'une autre croisée. Je m'y étais appuyé, et regardais machinalement une lettre dépliée qui avait été laissée dessus ; elle ne contenait que quelques mots. Je les lus plusieurs fois de suite sans y prendre garde, jusqu'à ce que le sens en devînt intelligible à ma pensée à force d'y revenir ; j'en fus frappé tout à coup, quoiqu'il ne me fût pas possible de tout saisir. Je pris le papier et lus ce qui suit, écrit avec une mauvaise orthographe :

« Elle est morte hier. À onze heures du soir, elle se sentait défaillir ; elle m'a appelée et elle m'a dit : Louison, je vas rejoindre mon camarade ; tu vas aller à l'armoire, et tu vas décrocher le drap qui est au clou ; c'est le pareil de l'autre. Je me suis jetée à genoux en pleurant ; mais elle étendait la main, en criant : Ne pleure pas ! ne pleure pas ! Et elle a poussé un tel soupir... »

Le reste était déchiré. Je ne puis rendre l'effet que cette lecture sinistre produisit sur moi ; je retournai le papier et vis l'adresse de Marco, la date de la veille. — Elle est morte ? et qui donc morte ? m'écriai-je involontairement en allant à l'alcôve. Morte ! qui donc ? qui donc ?

Marco ouvrit les yeux ; elle me vit, assis sur son lit, la lettre à la main. — C'est ma mère, dit-elle, qui est morte. Vous ne venez donc pas près de moi ?

En disant cela, elle étendit la main. — Silence ! lui dis-je ; dors, et laisse-moi là. Elle se retourna et se rendormit. Je la regardai quelque temps, jusqu'à ce que m'étant assuré qu'elle ne pouvait plus m'entendre, je m'éloignai et sortis doucement.

CHAPITRE V

J'étais assis un soir au coin du feu avec Desgenais. La fenêtre était ouverte ; c'était un de ces premiers jours de mars, qui sont les messagers du printemps ; il avait plu, une douce odeur venait du jardin.

— Que ferons-nous, mon ami, lui dis-je, lorsque le printemps sera venu ? Je me sens l'envie de voyager.

— Je ferai, me dit Desgenais, ce que j'ai fait l'an passé : j'irai à la campagne quand ce sera le temps d'y aller.

— Quoi ! répondis-je, faites-vous tous les ans la même chose ? Vous allez donc recommencer notre vie de cette année ?

— Que voulez-vous que je fasse ? répliqua-t-il.

— C'est juste, m'écriai-je en me levant en sursaut ; oui, que voulez-vous que je fasse ? vous avez bien dit. Ah ! Desgenais, que tout cela me fatigue ! Est-ce que vous n'êtes jamais las de cette vie que vous menez ?

— Non, me dit-il.

J'étais debout devant une gravure qui représentait la Madeleine au désert ; je joignis les mains involontairement. — Que faites-vous donc ? demanda Desgenais.

— [Écoutez,] lui dis-je : si j'étais peintre, et si je

voulais peindre la mélancolie, je ne peindrais pas
une jeune fille rêveuse, un livre entre les mains.

— À qui en avez-vous ce soir ? dit-il en riant.

— Non, en vérité, continuai-je ; cette Madeleine
dans les larmes a le sein gonflé d'espérance ; cette
main pâle et maladive, sur laquelle elle soutient sa
tête, est encore embaumée des parfums qu'elle a
versés sur les pieds du Christ. Ne voyez-vous pas que
dans ce désert il y a un peuple de pensées qui prient
[à genoux] ? Ce n'est pas là la mélancolie.

— C'est une femme qui lit, répondit-il d'une voix
sèche.

— Et une heureuse femme, lui dis-je, et un heureux livre.

Desgenais comprit ce que je voulais dire ; il vit
qu'une profonde tristesse s'emparait de moi. Il me
demanda si j'avais quelque cause de chagrin. J'hésitais à lui répondre, et je sentais mon cœur se briser.

— Enfin, me dit-il, mon cher Octave, si vous avez
un sujet de peine, n'hésitez pas à me le confier ; parlez ouvertement, et vous trouverez en moi un ami.

— Je le sais, répondis-je, j'ai un ami ; mais ma
peine n'a pas d'ami.

Il me pressa de m'expliquer. — Eh bien ! lui dis-je,
si je m'explique, de quoi cela nous servira-t-il, puisque vous n'y pouvez rien, ni moi non plus ? Est-ce le
fond de mon cœur que vous me demandez, ou est-ce
seulement la première parole venue, et une excuse ?

— Soyez franc, me dit-il.

— Eh bien ! répliquai-je, eh bien ! Desgenais, vous
m'avez donné des conseils en temps et lieu, et je
vous prie de m'écouter comme je vous ai écouté
alors. Vous me demandez ce que j'ai dans le cœur ; je
vais vous le dire.

Prenez le premier homme venu, et dites-lui :
« Voilà des gens qui passent leur vie à boire, à monter à cheval, à rire, à jouer, à user de tous les plai-

sirs ; aucune entrave ne les retient, ils ont pour loi ce qui leur plaît ; des femmes tant qu'ils en veulent : ils sont riches. D'autre souci, pas un ; tous les jours sont fêtes pour eux. Qu'en pensez-vous ? » À moins que cet homme ne soit un dévot sévère, il vous répondra que c'est de la faiblesse humaine, s'il ne vous répond pas simplement que c'est le plus grand bonheur qui puisse s'imaginer.

Conduisez donc cet homme à l'action ; mettez-le à table, une femme à ses côtés, un verre à la main, une poignée d'or tous les matins, et puis dites-lui : Voilà ta vie. Pendant que tu t'endormiras près de ta maîtresse, tes chevaux piafferont dans l'écurie ; pendant que tu feras caracoler ton cheval sur le sable des promenades, le vin mûrira dans tes caves ; pendant que tu passeras la nuit à boire, tes banquiers augmenteront ta richesse. Tu n'as qu'à souhaiter, et tes désirs seront des réalités. Tu es le plus heureux des hommes ; mais prends garde que tu boiras un soir outre mesure et que tu ne retrouveras plus ton corps prêt à jouir. Ce sera un grand malheur, car toutes les douleurs se consolent, hormis celles-là. Tu galoperas une belle nuit dans la forêt avec de joyeux compagnons ; ton cheval fera un faux-pas ; tu tomberas dans un fossé plein de bourbe et tu risqueras que tes compagnons pris de vin, au milieu de leurs fanfares joyeuses, n'entendent pas tes cris d'angoisse ; prends garde qu'ils ne passent sans t'apercevoir, et que le bruit de leur joie ne s'enfonce dans la forêt, tandis que tu te traîneras dans les ténèbres sur tes membres rompus. Tu perdras au jeu quelque soir ; la fortune a ses mauvais jours. Quand tu rentreras chez toi et que tu t'assoiras au coin de ton feu, prends garde de te frapper le front, de laisser le cha-grin mouiller tes paupières, et de jeter les yeux çà et là avec amertume, comme quand on cherche un ami ; prends garde surtout de penser tout à coup,

dans ta solitude, à ceux qui ont par là, sous quelque
toit de chaume, un ménage tranquille, et qui
s'endorment en se tenant la main; car, en face de
toi, sur ton lit splendide, sera assise, pour toute
confidente, la pâle créature qui est l'amante de tes
écus. Tu te pencheras sur elle pour soulager ta poitrine oppressée, et elle fera cette réflexion que tu es
bien triste, et que la perte doit être considérable; les
larmes de tes yeux lui causeront un grand souci, car
elles sont capables de laisser vieillir la robe qu'elle
porte et de faire tomber les bagues de ses doigts. Ne
lui nomme pas celui qui t'a gagné ce soir; il se pourrait qu'elle le rencontrât demain, et qu'elle fît les
yeux doux à ta ruine. Voilà ce que c'est que la faiblesse humaine; es-tu de force à avoir celle-là?
Es-tu un homme? Prends garde au dégoût; c'est
encore un mal incurable; un mort vaut mieux qu'un
vivant dégoûté de vivre. As-tu un cœur? prends
garde à l'amour; c'est pis qu'un mal pour un débauché, c'est un ridicule; les débauchés payent leurs
maîtresses, et la femme qui se vend n'a droit de
mépris que sur un seul homme au monde, celui qui
l'aime. As-tu des passions? prends garde à ton
visage; c'est une honte pour un soldat de jeter son
armure, et pour un débauché de paraître tenir à
quoi que ce soit; sa gloire consiste à ne toucher à
rien qu'avec des mains de marbre frottées d'huile,
pour lesquelles tout doit glisser. As-tu une tête
chaude? si tu veux vivre, apprends à tuer, le vin est
parfois querelleur. As-tu une conscience? prends
garde à ton sommeil; un débauché qui se repent
trop tard est comme un vaisseau qui prend l'eau; il
ne peut revenir ni à terre ni continuer sa route; les
vents ont beau le pousser, l'Océan l'attire; il tourne
sur lui-même et disparaît. Si tu as un corps, prends
garde à la souffrance; si tu as une âme, prends
garde au désespoir. Ô malheureux! prends garde

aux hommes; tant que tu marcheras sur la route où tu es, il te semblera voir une plaine immense où se déploie en guirlande fleurie une farandole de danseurs qui se tiennent comme les anneaux d'une chaîne; mais ce n'est là qu'un mirage léger; ceux qui regardent à leurs pieds savent qu'ils voltigent sur un fil de soie tendu sur un abîme, et que l'abîme engloutit bien des chutes silencieuses sans une ride à sa surface. Que le pied ne te manque pas! La nature elle-même sent reculer autour de toi ses entrailles divines; les arbres et les roseaux ne te reconnaissent plus; tu as faussé les lois de ta mère, tu n'es plus le frère des nourrissons, et les oiseaux des champs se taisent en te voyant. Tu es seul! Prends garde à Dieu! tu es seul en face de lui, debout comme une froide statue, sur le piédestal de ta volonté. La pluie du ciel ne te rafraîchit plus, elle te mine, elle te travaille. Le vent qui passe ne te donne plus le baiser de vie, communion sacrée de tout ce qui respire; il t'ébranle, il te fait chanceler. Chaque femme que tu embrasses prend une étincelle de ta force sans t'en rendre une de la sienne; tu t'épuises sur des fantômes; là où tombe une goutte de ta sueur, pousse une des plantes sinistres qui croissent aux cimetières. Meurs! tu es l'ennemi de tout ce qui aime; affaisse-toi sur ta solitude, n'attends pas la vieillesse; ne laisse pas d'enfant sur la terre, ne féconde pas un sang corrompu; efface-toi comme la fumée, ne prive pas le grain de blé qui pousse d'un rayon de soleil!

En achevant ces mots, je tombai sur un fauteuil, et un ruisseau de larmes coula de mes yeux.

— Ah! Desgenais, ajoutai-je en sanglotant, ce n'est pas là ce que vous m'avez dit. Ne le saviez-vous donc pas? et si vous le saviez, que ne le disiez-vous?

Mais Desgenais avait lui-même les mains jointes; il était pâle comme un linceul, et une longue larme lui coulait sur la joue.

Il y eut entre nous un moment de silence. L'horloge sonna; je pensai tout à coup qu'il y avait juste un an qu'à pareil jour, à pareille heure, j'avais découvert que ma maîtresse me trompait.

— Entendez-vous cette horloge? m'écriai-je; l'entendez-vous? Je ne sais ce qu'elle sonne à présent; mais c'est une heure terrible et qui comptera dans ma vie.

Je parlais ainsi dans un transport et sans pouvoir démêler ce qui se passait en moi. Mais presque au même instant un domestique entra précipitamment dans la chambre; il me prit la main, m'emmena à l'écart, et me dit tout bas : Monsieur, je viens vous avertir que votre père se meurt; il vient d'être pris d'une attaque d'apoplexie et les médecins désespèrent de lui.

TROISIÈME PARTIE

CHAPITRE PREMIER

Mon père demeurait à la campagne, à quelque distance de Paris. Lorsque j'arrivai, je trouvai le médecin sur la porte, qui me dit : Vous venez trop tard ; votre père aurait voulu vous voir une dernière fois.

J'entrai et vis mon père mort. — Monsieur, dis-je au médecin, faites, je vous prie, que tout le monde se retire et qu'on me laisse seul ici ; mon père avait quelque chose à me dire et il me le dira.

Sur mon ordre, les domestiques s'en allèrent ; je m'approchai alors du lit et soulevai doucement le linceul qui couvrait déjà le visage. Mais dès que j'y eus jeté les yeux, je me précipitai pour l'embrasser et perdis connaissance.

Quand je revins à moi, j'entendis qu'on disait : S'il le demande, refusez-le, sur quelque prétexte que ce soit. Je compris qu'on voulait m'éloigner du lit de mort et feignis de n'avoir rien entendu. Comme on me vit tranquille, on me laissa. J'attendis que tout le monde fût couché dans la maison, et, prenant un flambeau, je me rendis chez mon père. J'y trouvai un jeune ecclésiastique, seul assis près du lit. — Monsieur, lui dis-je, disputer à un orphelin la dernière veillée à côté de son père, c'est une entreprise hardie ; j'ignore ce qu'on a pu vous en dire. Restez

dans la chambre voisine ; s'il y a quelque mal, je le
prends sur moi.

Il se retira. Un seul flambeau, posé sur une table,
éclairait le lit ; je m'assis à la place de l'ecclésiastique, et découvris encore une fois ces traits que je
ne devais jamais revoir. — Que vouliez-vous me
dire, mon père ? lui demandai-je ; quelle a été votre
dernière pensée en cherchant des yeux votre enfant ?

Mon père écrivait un journal où il avait l'habitude
de consigner tout ce qu'il faisait jour par jour. Ce
journal était sur la table, et je vis qu'il était ouvert ; je
m'en approchai et m'agenouillai ; sur la page ouverte
étaient ces deux seuls mots : « Adieu, mon fils ; je
t'aime et je meurs. »

Je ne versai pas une larme, pas un sanglot ne sortit de mes lèvres ; ma gorge se serra, et ma bouche
était comme scellée ; je regardai mon père sans bouger.

Il connaissait ma vie, et mes désordres lui avaient
donné plus d'une fois des motifs de plainte ou de
réprimande. Je ne le voyais guère qu'il ne me parlât
de mon avenir, de ma jeunesse et de mes folies. Ses
conseils m'avaient souvent arraché à ma mauvaise
destinée, et ils étaient d'une grande force, car sa vie
avait été, d'un bout à l'autre, un modèle de vertu, de
calme et de bonté. Je m'attendais qu'avant de mourir il avait souhaité de me voir pour tenter une fois
encore de me détourner de la voie où j'étais engagé ;
mais la mort était venue trop vite ; il avait tout à
coup senti qu'il n'avait plus qu'un mot à dire, et il
avait dit qu'il m'aimait.

CHAPITRE II

Une petite grille de bois entourait la tombe de mon père. Selon sa volonté expresse, manifestée depuis longtemps, il avait été enterré dans le cimetière du village. Tous les jours j'y allais, et je passais une partie de la journée sur un petit banc placé dans l'intérieur du tombeau. Le reste du temps, je vivais seul, dans la maison même où il était mort, et je n'avais avec moi qu'un seul domestique.

Quelque douleur que puissent causer les passions, il ne faut pas comparer les chagrins de la vie avec ceux de la mort. La première chose que j'avais sentie en m'asseyant auprès du lit de mon père, c'est que j'étais un enfant sans raison, qui ne savait rien et ne connaissait rien; je puis dire même que mon cœur ressentit de sa mort une douleur physique, et je me courbais quelquefois en tordant mes mains comme un apprenti qui s'éveille.

Pendant les premiers mois que je demeurai à cette campagne, il ne me vint à l'esprit de songer ni au passé ni à l'avenir. Il ne me semblait pas que ce fût moi qui eusse vécu jusqu'alors; ce que j'éprouvais n'était pas du désespoir et ne ressemblait en rien à ces douleurs furieuses que j'avais senties. Ce n'était que de la langueur dans toutes mes actions, comme une fatigue et une indifférence de tout, mais avec

une amertume poignante qui me rongeait intérieu-
rement. Je tenais toute la journée un livre à la main;
mais je ne lisais guère, ou, pour mieux dire, pas du
tout, et je ne sais à quoi je rêvais. Je n'avais point de
pensées; tout en moi était silence; j'avais reçu un
coup si violent, et en même temps si prolongé, que
j'en étais resté comme un être purement passif, et
rien en moi ne réagissait.

Mon domestique, qui s'appelait Larive, avait été
très attaché à mon père; c'était peut-être; après mon
père lui-même, le meilleur homme que j'aie jamais
connu. Il était de la même taille et portait ses habits,
que mon père lui donnait, n'ayant point de livrée. Il
avait à peu près le même âge, c'est-à-dire que ses
cheveux grisonnaient, et depuis vingt ans qu'il
n'avait pas quitté mon père, il en avait pris quelque
chose de ses manières [habituelles]. Tandis que je
me promenais dans la chambre, après dîner, allant
et venant de long en large, je l'entendais qui en faisait autant que moi dans l'antichambre; quoique la
porte fût ouverte, il n'entrait jamais, et nous ne nous
disions pas un mot; mais de temps en temps nous
nous regardions pleurer. Les soirées se passaient
ainsi, et le soleil était couché depuis longtemps
lorsque je pensais à demander de la lumière, ou lui à
m'en apporter.

Tout était resté dans la maison dans le même
ordre qu'auparavant, et nous n'y avions pas dérangé
un morceau de papier. Le grand fauteuil de cuir
dans lequel s'asseyait mon père était auprès de la
cheminée; sa table, ses livres, placés de même; je
respectais jusqu'à la poussière de ses rayons, qu'il
n'aimait pas qu'on lui dérangeât pour les nettoyer.
Cette maison solitaire, habituée au silence et à la vie
la plus tranquille, ne s'était aperçue de rien; il me
semblait seulement que les murailles [et les
meubles] me regardaient quelquefois avec pitié,

quand je m'enveloppais de la robe de chambre de mon père et que je m'asseyais dans son fauteuil. Une voix faible s'élevait alors des rayons poudreux comme pour dire : Où est allé le père ? Nous voyons bien que c'est l'orphelin.

Je reçus de Paris plusieurs lettres, et je fis à toutes la réponse que je voulais passer l'été seul à la campagne, comme mon père avait coutume de faire. Je commençais à sentir cette vérité, que dans tous les maux il y a toujours quelque bien, et qu'une grande douleur, quoi qu'on en dise, est un grand repos. Quelle que soit la nouvelle qu'ils apportent, lorsque les envoyés de Dieu nous frappent sur l'épaule, ils font toujours cette bonne œuvre de nous réveiller de la vie, et là où ils parlent tout se tait. Les douleurs passagères blasphèment et accusent le ciel ; les grandes douleurs n'accusent ni ne blasphèment : elles écoutent.

Le matin, je passais des heures entières en contemplation devant la nature. Mes croisées donnaient sur une vallée profonde, et au milieu s'élevait le clocher du village ; tout était pauvre et tranquille. L'aspect du printemps, des fleurs et des feuilles naissantes ne produisait pas sur moi cet effet sinistre dont parlent les poètes, qui trouvent dans les contrastes de la vie une raillerie de la mort. Je crois que cette idée frivole, si elle n'est pas une simple antithèse faite à plaisir, n'appartient encore en réalité qu'aux cœurs qui sentent à demi. Le joueur qui sort au point du jour, les yeux ardents et les mains vides, peut se sentir en guerre avec la nature, comme le flambeau d'une veillée hideuse ; mais que peuvent dire les feuilles qui poussent à l'enfant qui pleure son père ? Les larmes de ses yeux sont sœurs de la rosée ; les feuilles des saules sont elles-mêmes des larmes. C'est en regardant le ciel, les bois et les prairies que je compris ce que c'est que les hommes qui s'imaginent de se consoler.

Larive n'avait pas plus d'envie de me consoler que
de se consoler lui-même. Au moment de la mort de
mon père, il avait eu peur que je ne vendisse la maison et que je ne l'emmenasse à Paris. Je ne sais s'il
était au fait de ma vie passée, mais il m'avait témoi-
gné d'abord de l'inquiétude, et quand il me vit m'ins-
taller, son premier regard m'alla jusqu'au cœur.
C'était un jour que j'avais fait apporter de Paris un
grand portrait de mon père ; je l'avais fait mettre
dans la salle à manger. Lorsque Larive entra pour
servir, il le vit ; il demeura irrésolu, regardant tantôt
le portrait, tantôt moi ; il y avait dans ses yeux une si
triste joie que je ne pus y résister. Il semblait me
dire : Quel bonheur ! nous allons donc souffrir tranquilles. Je lui tendis la main, qu'il couvrit de baisers
en sanglotant.

Il soignait, pour ainsi dire, ma douleur, comme la
maîtresse de la sienne. Quand j'allais le matin au
tombeau de mon père, je l'y trouvais arrosant les
fleurs ; dès qu'il me voyait, il s'éloignait et rentrait au
logis. Il me suivait dans mes promenades ; comme
j'étais à cheval, et lui à pied, je ne voulais jamais de
lui ; mais [quoi que je fisse pour cela,] dès que j'avais
fait cent pas dans la vallée, je l'apercevais derrière
moi, son bâton à la main et s'essuyant le front. Je lui
achetai un petit cheval qui appartenait à un paysan
des environs, et nous nous mîmes ainsi à parcourir
les bois.

Il y avait dans le village quelques personnes de
connaissance qui venaient souvent à la maison. Ma
porte leur était fermée, quoique j'en eusse du regret ;
mais je ne pouvais voir personne sans impatience.
Renfermé dans ma solitude, je pensai au bout de
quelque temps à visiter les papiers de mon père ;
Larive me les apporta avec un pieux respect, et,
détachant les liasses d'une main tremblante, il les
étala devant moi.

Aux premières pages que je lus, je sentis au cœur cette fraîcheur qui vivifie l'air autour d'un lac tranquille ; la douce sérénité de l'âme de mon père s'exhalait comme un parfum des feuilles poudreuses à mesure que je les déployais. Le journal de sa vie reparut devant moi ; je pouvais compter, jour par jour, les battements de ce noble cœur. Je commençai à m'ensevelir dans un rêve doux et profond, et, malgré le caractère sérieux et ferme qui dominait partout, je découvrais une grâce ineffable, la fleur paisible de sa bonté. Pendant que je lisais, l'idée de sa mort se mêlait sans cesse au récit de sa vie ; je ne puis dire avec quelle tristesse je suivais ce ruisseau limpide que j'avais vu tomber dans l'Océan.

— Ô homme juste ! m'écriai-je, homme sans peur et sans reproche ! quelle candeur dans ton expérience ! Ton dévouement pour tes amis, ta tendresse divine pour ma mère, ton admiration pour la nature, ton amour sublime pour Dieu, voilà ta vie ; il n'y a pas eu place dans ton cœur pour autre chose. La neige intacte au sommet des montagnes n'est pas plus vierge que ta sainte vieillesse : tes cheveux blancs lui ressemblaient. Ô père ! ô père ! donne-les-moi ; ils sont plus jeunes que ma tête blonde. Laisse-moi vivre et mourir comme toi ! je veux planter sur la terre où tu dors le rameau vert de ma vie nouvelle ; je l'arroserai de mes larmes, et le Dieu des orphelins laissera pousser cette herbe pieuse sur la douleur d'un enfant et sur le souvenir d'un vieillard.

Après avoir lu ces papiers chéris, je les classai en ordre. Je pris alors la résolution d'écrire aussi mon journal ; j'en fis relier un tout semblable à celui de mon père, et, recherchant soigneusement sur le sien les moindres occupations de sa vie, je pris à tâche de m'y conformer. Ainsi, à chaque instant de la journée, l'horloge qui sonnait me faisait venir les larmes aux yeux. — Voilà, me disais-je, ce que faisait mon père à cette heure; et que ce fût une lecture, une promenade ou un repas, je n'y manquais jamais. Je m'habituai de cette manière à une vie calme et régulière; il y avait dans cette exactitude ponctuelle un charme infini pour mon cœur. Je me couchais avec un bien-être que ma tristesse même rendait plus agréable. Mon père s'occupait beaucoup de jardinage; le reste du jour, l'étude, la promenade, une juste répartition entre les exercices du corps et ceux de l'esprit. En même temps j'héritais de ses habitudes de bienfaisance et continuais à faire pour les malheureux ce qu'il faisait lui-même. Je commençai à rechercher dans mes courses les gens qui avaient besoin de moi; il n'en manquait pas dans la vallée. Bientôt je fus connu des pauvres; le dirai-je? oui, je le dirai hardiment : là où le cœur est bon, la douleur est saine. Pour la première fois de ma vie j'étais heureux; Dieu bénissait mes larmes, et la douleur m'apprenait la vertu.

CHAPITRE III

Comme je me promenais un soir dans une allée de tilleuls à l'entrée du village, je vis sortir une jeune femme d'une maison écartée. Elle était mise très simplement et voilée, en sorte que je ne pouvais voir son visage; cependant sa taille et sa démarche me parurent si charmantes que je la suivis des yeux quelque temps. Comme elle traversait une prairie voisine, un chevreau blanc, qui paissait en liberté dans un champ, accourut à elle; elle lui fit quelques caresses et regarda de côté et d'autre, comme pour chercher une herbe favorite à lui donner. Je vis près de moi un mûrier sauvage; j'en cueillis une branche et m'avançai en la tenant à la main. Le chevreau vint à moi à pas comptés, d'un air craintif; puis il s'arrêta, n'osant pas prendre la branche dans ma main. Sa maîtresse lui fit signe comme pour l'enhardir; mais il la regardait d'un œil inquiet; elle fit quelques pas jusqu'à moi, posa la main sur la branche, que le chevreau prit aussitôt. Je le saluai et elle continua sa route.

Rentré chez moi, je demandai à Larive s'il ne savait pas qui demeurait dans le village à l'endroit que je lui indiquai; c'était une petite maison de paisible apparence, avec un jardin. Il la connaissait; les deux seules habitantes étaient une femme âgée, pas-

sant pour très dévote, et une jeune, qui s'appelait
madame Pierson. C'était celle que j'avais vue. Je lui
demandai qui elle était et si elle venait chez mon
père. Il me répondit qu'elle était veuve, menant une
vie retirée, et qu'il l'avait vue quelquefois, mais rarement, chez nous. Il n'en fut pas dit plus long, et, sortant de nouveau là-dessus, je m'en retournai à mes
tilleuls, où je m'assis sur un banc.

Je ne sais quelle tristesse me gagna tout à coup en
voyant le chevreau revenir à moi. Je me levai, et,
comme par distraction, regardant le sentier que
madame Pierson avait pris pour s'en aller, je le suivis tout en rêvant, si bien que je m'enfonçai fort
avant dans la montagne.

Il était près d'onze heures lorsque je pensai à revenir; comme j'avais beaucoup marché, je me dirigeai
du côté d'une ferme que j'aperçus pour demander
une tasse de lait et un morceau de pain. En même
temps, de grosses gouttes de pluie qui commençaient à tomber annonçaient un orage que je voulais
laisser passer. Quoiqu'il y eût de la lumière dans la
maison et que j'entendisse aller et venir, on ne me
répondit pas quand je frappai, en sorte que je
m'approchai d'une fenêtre pour regarder s'il n'y
avait là personne.

Je vis un grand feu allumé dans la salle basse; le
fermier, que je connaissais, [y] était assis près de
son lit; je frappai aux carreaux en l'appelant. Au
même instant, la porte s'ouvrit, et je fus surpris de
voir madame Pierson, que je reconnus aussitôt, et
qui demanda qui était dehors.

Je m'attendais si peu à la trouver là, qu'elle s'aperçut de mon étonnement. J'entrai dans la chambre en
lui demandant la permission de me mettre à l'abri.
Je n'imaginais pas ce qu'elle pouvait faire à une
pareille heure dans une ferme presque perdue au
milieu de la campagne, lorsqu'une voix plaintive qui

sortait du lit me fit tourner la tête, et je vis que la femme du fermier était couchée, avec la mort sur le visage.

Madame Pierson, qui m'avait suivi, s'était rassise en face du pauvre homme, qui paraissait accablé de douleur ; elle me fit signe de ne pas faire de bruit : la malade dormait. Je pris une chaise et m'assis dans un coin, jusqu'à ce que l'orage fût passé.

Pendant que je restais là, je la vis se lever de temps en temps, aller au lit, puis parler bas au fermier. Un des enfants, que j'attirai sur mes genoux, m'apprit qu'elle venait tous les soirs depuis que sa mère était malade, et qu'elle passait quelquefois la nuit. Elle faisait l'office d'une sœur de charité ; il n'y en avait point d'autre qu'elle dans le pays, et un seul médecin fort ignorant.

— C'est Brigitte-la-Rose, me dit-il à voix basse ; est-ce que vous ne la connaissez pas ?

— Non, lui dis-je de même ; pourquoi l'appelle-t-on ainsi ? Il me répondit qu'il n'en savait rien, sinon que c'était peut-être qu'elle avait été rosière, et que le nom lui en était resté.

Cependant madame Pierson n'avait plus son voile ; je pouvais voir ses traits à découvert ; au moment où l'enfant me quitta, je levai la tête. Elle était près du lit, tenant à la main une tasse et la présentant à la fermière qui s'était éveillée. Elle me parut pâle et un peu maigre ; ses cheveux étaient d'un blond cendré. Elle n'était pas régulièrement belle ; qu'en dirais-je ? Ses grands yeux noirs étaient fixés sur ceux de la malade, et ce pauvre être près de mourir la regardait aussi. Il y avait dans ce simple échange de charité et de reconnaissance une beauté qui ne se dit pas.

La pluie redoublait ; une profonde obscurité pesait sur les champs déserts que de violents coups de tonnerre éclairaient par instants. Le bruit de

l'orage, le vent qui mugissait, la colère des éléments
déchaînée sur le toit de chaume, donnaient, par leur
contraste avec le silence religieux de la cabane, plus
de sainteté encore et comme une grandeur étrange à
la scène dont j'étais témoin. Je regardais ce grabat,
ces vitres inondées, les bouffées de [la] fumée
épaisse renvoyées par la tempête, l'abattement stupide du fermier, la terreur superstitieuse des
enfants, toute cette furie au-dehors assiégeant une
moribonde ; et lorsqu'au milieu de tout cela, je
voyais cette femme douce et pâle, allant et venant
sur la pointe du pied, ne quittant pas d'une minute
son bienfait patient, ne paraissant s'apercevoir de
rien, ni de la tempête, ni de notre présence, ni de
son courage, sinon qu'on avait besoin d'elle, il me
semblait qu'il y avait, dans cette œuvre tranquille, je
ne sais quoi de plus serein que le plus beau ciel sans
nuages, et que c'était une créature surhumaine que
celle qui, à travers tant d'horreur, ne doutait pas un
instant de son Dieu.

— Qu'est-ce donc que cette femme ? me demandais-je. D'où vient-elle ? depuis quand ici ? Depuis
longtemps, puisqu'on s'y souvient de l'avoir vue
rosière. Comment n'ai-je point entendu parler
d'elle ? Elle vient seule dans cette chaumière, à cette
heure ? Là où le danger ne l'appellera plus, elle ira
en chercher un autre ? Oui, à travers tous ces orages,
toutes ces forêts, toutes ces montagnes, elle va et
vient, simple et voilée, portant la vie [là] où elle
manque, dans cette petite tasse fragile, caressant sa
chèvre en passant. C'est de ce pas silencieux et
calme qu'elle marche elle-même à la mort. Voilà ce
qu'elle faisait dans cette vallée, pendant que je courais les tripots : elle y est sans doute née, et on l'y
ensevelira dans un coin du cimetière, à côté de mon
père bien-aimé. Ainsi mourra cette femme obscure,
dont personne ne parle, et dont les enfants vous
demandent : Est-ce que vous ne la connaissez pas ?

Je ne puis rendre ce que j'éprouvais; j'étais immobile dans un coin; je ne respirais qu'en tremblant, et il me semblait que, si j'avais essayé de l'aider, si j'avais étendu la main pour lui épargner un pas, j'aurais commis un sacrilège et touché aux vases sacrés.

L'orage dura près de deux heures. Lorsqu'il fut apaisé, la malade, s'étant mise sur son séant, commença à dire qu'elle se sentait mieux et que ce qu'elle avait pris lui faisait du bien. Les enfants accoururent aussitôt à son lit, regardant leur mère avec de grands yeux, moitié inquiets, moitié réjouis, et s'accrochant à la robe de madame Pierson.

— Je le crois bien, dit le mari, qui ne bougea pas de sa place; nous avons fait dire une messe; et il nous en a coûté gros.

À cette parole grossière et stupide, je regardai madame Pierson; ses yeux battus, sa pâleur, l'attitude de son corps, montraient clairement sa fatigue, et que les veilles l'épuisaient.

— Ah! mon pauvre homme, dit la malade, que Dieu te le rende!

Je ne pouvais plus y tenir; je me levai comme transporté de la sottise de ces brutes qui rendaient grâces de la charité d'un ange à l'avarice de leur curé; j'étais prêt à leur reprocher leur plate ingratitude et à les traiter comme ils le méritaient. Madame Pierson souleva dans ses bras un des enfants de la fermière, et lui dit avec un sourire : — Embrasse ta mère : elle est sauvée. Je m'arrêtai en entendant ce mot; jamais le naïf contentement d'une âme heureuse et bienveillante ne s'est peint avec tant de franchise sur un si doux visage. Je ne retrouvai plus tout d'un coup ni sa fatigue ni sa pâleur; elle rayonnait de toute la pureté de sa joie; et elle aussi rendait grâces à Dieu. La malade venait de parler; et qu'importait ce qu'elle avait dit?

Cependant, quelques instants après, madame Pierson dit aux enfants de réveiller le garçon de ferme, afin qu'il la reconduisît. Je m'avançai pour lui offrir mon escorte ; je lui dis qu'il était inutile de réveiller le garçon, puisque je revenais par le même chemin, qu'elle me ferait honneur en acceptant. Elle me demanda si je n'étais pas Octave de T***. Je lui répondis que oui, et qu'elle se souvenait peut-être de mon père. Il me parut singulier que cette demande la fît sourire ; elle prit mon bras gaiement, et nous partîmes.

CHAPITRE IV

Nous marchions en silence; le vent s'apaisait; les arbres frémissaient doucement en secouant la pluie sur leurs rameaux. Quelques éclairs lointains brillaient encore; un parfum de verdure humide s'élevait dans l'air attiédi. Le ciel redevint bientôt pur, et la lune éclaira la montagne.

Je ne pouvais m'empêcher de penser à la bizarrerie du hasard qui, en si peu d'heures, me faisait ainsi me trouver seul, la nuit, dans une campagne déserte, le compagnon de voyage d'une femme dont je ne connaissais pas l'existence au lever du soleil. Elle avait accepté ma conduite sur le nom que je portais, et marchait avec assurance, s'appuyant sur mon bras d'un air distrait. Il me semblait que cette confiance était bien hardie ou bien simple; et elle devait être en effet l'un et l'autre, car, à chaque pas que nous faisions, je sentais mon cœur, à côté d'elle, devenir fier et innocent.

Nous commençâmes à nous entretenir de la malade qu'elle quittait, de ce que nous voyions sur la route; il ne nous vint pas la pensée de nous faire des questions comme de nouvelles connaissances. Elle me parla de mon père, et toujours sur le même ton qu'elle avait pris lorsque je lui en avais d'abord rappelé le souvenir, c'est-à-dire presque gaiement. À

mesure que je l'écoutais, je crus comprendre pourquoi, et que non seulement elle parlait ainsi de la
mort, mais de la vie, de la souffrance et de tout au
monde. C'était que les douleurs humaines ne lui
enseignaient rien qui pût accuser Dieu, et je sentis la
piété de son sourire.

Je lui contai la vie solitaire que je menais. Sa
tante, me dit-elle, voyait mon père plus souvent
qu'elle-même; ils jouaient ensemble aux cartes
l'après-dînée. Elle m'engagea à aller chez elle, où je
serais le bienvenu.

Vers le milieu de la route, elle se sentit fatiguée, et
s'assit quelques moments sur un banc que des
arbres épais avaient protégé contre la pluie. Je restai
debout devant elle, et je regardais sur son front les
pâles rayons de la lune. Après un instant de silence,
elle se leva, et me voyant distrait : — À quoi songez-
vous? me dit-elle; il est temps de nous remettre en
marche.

— Je songeais, répondis-je, pourquoi Dieu vous a
créée, et je me disais qu'en effet c'était pour guérir
ceux qui souffrent.

— Voilà une parole, dit-elle, qui ne peut guère
être dans votre bouche autre chose qu'un
compliment.

— Pourquoi?

— Parce que vous me paraissez bien jeune.

— Il arrive quelquefois, lui dis-je, qu'on soit plus
vieux que son visage.

— Oui, répondit-elle en riant, et il arrive aussi
qu'on soit plus jeune que ses paroles.

— Ne croyez-vous pas à l'expérience?

— Je sais que c'est le nom que la plupart des
hommes donnent à leurs folies et à leurs chagrins;
qu'en peut-on savoir à votre âge?

— Madame, un homme de vingt ans peut avoir
plus vécu qu'une femme de trente. La liberté dont

les hommes jouissent les mène bien plus vite au
fond de toutes choses ; ils courent sans entraves à
tout ce qui les attire ; ils essaient de tout. Dès qu'ils
espèrent, ils se mettent en marches ; ils vont, ils
s'empressent. Arrivés au but, ils se retournent ;
l'espérance est restée en route, et le bonheur a manqué de parole.

Comme je parlais ainsi, nous étions au sommet
d'une petite colline qui descendait dans la vallée ;
madame Pierson, comme invitée par la pente
rapide, se mit à sauter légèrement. Sans savoir pourquoi, j'en fis autant qu'elle ; nous nous mîmes à courir sans nous quitter le bras ; l'herbe glissante nous
entraînait. Enfin, comme deux oiseaux étourdis, en
sautant et en riant, nous nous trouvâmes au bas de
la montagne.

— Voyez ! dit madame Pierson, j'étais fatiguée
tout à l'heure, maintenant je ne le suis plus. Et voulez-vous m'en croire ? ajouta-t-elle d'un ton charmant, traitez un peu votre expérience comme je
traite ma fatigue ; nous avons fait une bonne course,
et nous en souperons de meilleur appétit.

CHAPITRE V

J'allai la voir le lendemain. Je la trouvai à son piano, la vieille tante brodant à la fenêtre, sa petite chambre remplie de fleurs, le plus beau soleil du monde dans ses jalousies, et une grande volière d'oiseaux à côté d'elle.

Je m'attendais à voir en elle presque une religieuse, du moins une de ces femmes de province qui ne savent rien de ce qui se passe à deux lieues à la ronde, et qui vivent dans un certain cercle dont elles ne s'écartent jamais. J'avoue que ces existences à part, qui sont comme enfouies çà et là dans les villes, sous des milliers de toits ignorés, m'ont toujours effrayé comme des espèces de citernes dormantes ; l'air ne m'y semble pas viable ; dans tout ce qui est oubli sur la terre, il y a un peu de la mort.

Madame Pierson avait sur sa table les feuilles et les livres nouveaux ; il est bien vrai qu'elle n'y touchait guère. Malgré la simplicité de ce qui l'entourait, de ses meubles, de ses habits, on y reconnaissait la mode, c'est-à-dire la nouveauté, la vie ; elle n'y tenait ni ne s'en mêlait, mais tout cela allait sans dire. Ce qui me frappa dans ses goûts, c'est que rien n'y était bizarre, mais seulement jeune et agréable. Sa conversation montrait une éducation achevée ; il n'était rien dont elle ne parlât bien et aisément ; en même temps qu'on l'y voyait naïve, on l'y sentait profonde et riche; une intelligence vaste et libre y planait doucement sur un cœur simple et sur les habitudes d'une vie retirée. L'hirondelle de mer, qui tournoie dans l'azur des cieux, plane ainsi du haut de la nue sur le brin d'herbe où elle a fait son nid.

Nous parlâmes littérature, musique, et presque politique. Elle était allée l'hiver à Paris; de temps en temps, elle effleurait le monde; ce qu'elle en voyait servait de thème, et le reste était deviné.

Mais ce qui la distinguait par-dessus tout, c'était une gaieté qui, sans aller jusqu'à la joie, était inaltérable; on eût dit qu'elle était née fleur, et que son parfum était la gaieté.

Avec sa pâleur et ses grands yeux noirs, je ne puis dire combien cela frappait, sans compter que de temps en temps, à certains mots, à certains regards, il était clair qu'elle avait souffert et que la vie avait passé par là. Je ne sais quoi vous disait en elle que la douce sérénité de son front n'était pas venue de ce monde, mais qu'elle l'avait reçue de Dieu et qu'elle la lui rapporterait fidèlement, malgré les hommes, sans en rien perdre; et il y avait des moments où l'on se rappelait la ménagère qui, lorsque le vent souffle, met la main devant son flambeau.

Dès que j'eus passé une demi-heure dans sa chambre, je ne pus m'empêcher de lui dire tout ce que j'avais dans le cœur. Je pensais à ma vie passée, à mes chagrins, à mes ennuis; j'allais et venais, me penchant sur les fleurs, respirant l'air, regardant le soleil. Je la priai de chanter; elle le fit de bonne grâce. Pendant ce temps-là, j'étais appuyé à la fenêtre et je regardais sautiller ses oiseaux. Il me revint en tête un mot de Montaigne : « Je n'aime ni n'estime la tristesse, quoique le monde ait entrepris, comme à prix fait, de l'honorer de faveur particulière. Ils en habillent la sagesse, la vertu, la conscience. Sot et vilain ornement. »

— Quel bonheur! m'écriai-je malgré moi; quel repos! quelle joie! quel oubli!

La bonne tante leva la tête et me regarda d'un air étonné; madame Pierson s'arrêta court. Je devins rouge comme le feu, sentant ma folie, et allai m'asseoir sans rien dire.

Nous descendîmes au jardin. Le chevreau blanc que j'avais vu la veille y était couché sur l'herbe; il vint à elle dès qu'il l'aperçut, et nous suivit familièrement.

Au premier tour d'allée, un grand jeune homme à figure pâle, enveloppé d'une espèce de soutane noire, parut tout à coup à la grille. Il entra sans sonner et vint saluer madame Pierson; il me sembla que sa physionomie, que je trouvais déjà de mauvais augure, s'assombrit quelque peu en me voyant. C'était un prêtre que j'avais vu dans le village et qui s'appelait Mercanson; il sortait de Saint-Sulpice, et le curé de l'endroit était son parent.

Il était à la fois gros et blême, chose qui m'a toujours déplu et qui en effet est déplaisante; c'est un contresens qu'une santé maladive. En outre, il avait une manière de parler lente et saccadée, qui annonçait un pédant. Sa démarche même, qui n'était ni jeune ni franche, me choquait; quant au regard, on pouvait dire qu'il n'en avait pas. Je ne sais que penser d'un homme dont les yeux ne me disent rien. Voilà les signes sur lesquels j'avais jugé Mercanson, et qui, malheureusement, ne me trompèrent pas.

Il s'assit sur un banc et commença à parler de Paris, qu'il appelait la Babylone moderne. Il en venait, connaissait tout le monde; il allait chez madame de B*** qui était un ange; il faisait des sermons dans son salon; on les écoutait à genoux (le pire de la chose est que c'était vrai). Un de ses amis, qu'il y avait mené, venait d'être chassé d'un collège pour avoir séduit une fille, ce qui était bien affreux,

bien triste. Il fit mille compliments à madame Pierson sur les habitudes charitables qu'elle avait
contractées dans le pays; il avait appris ses bien-
faits, les soins qu'elle prenait des malades, jusqu'à
veiller sur eux en personne. C'était bien beau, bien
pur; il ne manquerait pas d'en parler à Saint-Sulpice. Ne semblait-il pas dire qu'il ne manquerait pas
d'en parler à Dieu?

Fatigué de cette harangue, pour n'en pas hausser
les épaules, je m'étais couché sur le gazon; et je
jouais avec le chevreau. Mercanson abaissa sur moi
son œil terne et sans vie.

— Le célèbre Vergniaud, dit-il, le célèbre Vergniaud avait cette manie de s'asseoir à terre et de
jouer avec les animaux.

— C'est une manie, répondis-je, bien innocente,
monsieur l'abbé. Si on n'en avait que de pareilles, le
monde pourrait aller tout seul, sans tant de gens qui
veulent s'en mêler.

Ma réponse ne lui plut pas; il fronça le sourcil et
parla d'autre chose. Il était chargé d'une commission; son parent, le curé du village, lui avait parlé
d'un pauvre diable qui n'avait pas de quoi gagner
son pain. Il demeurait à tel endroit; il y avait été lui-
même; il s'y était intéressé; il espérait que madame
Pierson...

Je la regardais pendant ce temps-là et j'attendais
qu'elle répondît, comme si le son de sa voix eût dû
me guérir de celle de ce prêtre. Elle ne fit qu'un profond salut, et il se retira.

Quand il fut parti, notre gaieté revint. Il s'agissait
d'aller à une serre qui était au fond du jardin.

Madame Pierson traitait ses fleurs comme ses
oiseaux et ses paysans; il fallait que tout se portât
bien autour d'elle, que chacun eût sa goutte d'eau et
son rayon de soleil, pour qu'elle pût être elle-même
gaie et heureuse comme un bon ange; aussi rien

n'était mieux tenu ni plus charmant que sa petite serre. Lorsque nous en eûmes fait le tour : — Monsieur de T***, me dit-elle, voilà mon petit monde ; vous avez vu tout ce que je possède, et mon domaine finit là.

— Madame, lui dis-je, que le nom de mon père, qui m'a valu d'entrer ici, me permette d'y revenir, et je croirai que le bonheur ne m'a pas tout à fait oublié.

Elle me tendit la main, et je la touchai avec respect, n'osant la porter à mes lèvres.

Le soir venu, je rentrai chez moi, fermai ma porte et me mis au lit. J'avais devant les yeux une petite maison blanche ; je me voyais sortant après dîner, traversant le village et la promenade, et allant frapper à la grille. — Ô mon pauvre cœur ! m'écriai-je, Dieu soit loué ! tu es jeune encore ; tu peux vivre, tu peux aimer !

CHAPITRE VI

J'étais un soir chez madame Pierson. Plus de trois mois s'étaient passés, durant lesquels je l'avais vue presque tous les jours ; et de ce temps, que vous en dirai-je, sinon que je la voyais ? « Être avec les gens qu'on aime, dit La Bruyère, cela suffit ; rêver, leur parler, ne leur parler point, penser à eux, penser à des choses plus indifférentes, mais auprès d'eux, tout est égal. »

J'aimais. Depuis trois mois, nous avions fait ensemble de longues promenades ; j'étais initié dans les mystères de sa charité modeste ; nous traversions les sombres allées, elle sur un petit cheval, moi à pied, une baguette à la main ; ainsi, moitié contant, moitié rêvant, nous allions frapper aux chaumières ; il y avait un petit banc à l'entrée du bois, où j'allais l'attendre après dîner ; nous nous trouvions de cette sorte comme par hasard et régulièrement. Le matin, la musique, la lecture ; le soir, avec la tante, la partie de cartes au coin du feu, comme autrefois mon père ; et toujours, en tout lieu, elle près de là, elle souriant, et sa présence remplissant mon cœur. Par quel chemin, ô Providence ! m'avez-vous conduit au malheur ? quelle destinée irrévocable étais-je donc chargé d'accomplir ? Quoi ! une vie si libre, une intimité si charmante, tant de repos, l'espérance nais-

sante!... Ô Dieu! de quoi se plaignent les hommes?
qu'y a-t-il de plus doux que d'aimer?

Vivre, oui, sentir fortement, profondément, qu'on
existe, qu'on est homme, créé par Dieu, voilà le premier, le plus grand bienfait de l'amour. Il n'en faut
pas douter, l'amour est un mystère inexplicable. De
quelques chaînes, de quelques misères, et je dirai
même de quelques dégoûts que le monde l'ait
entouré, tout enseveli qu'il y est sous une montagne
de préjugés qui le dénaturent et le dépravent, à travers toutes les ordures dans lesquelles on le traîne,
l'amour, le vivace et fatal amour n'en est pas moins
une loi céleste aussi puissante et aussi incompréhensible que celle qui suspend le soleil dans les
cieux. Qu'est-ce que c'est, je vous le demande, qu'un
lien plus dur, plus solide que le fer, et qu'on ne peut
ni voir ni toucher? Qu'est-ce que c'est que de rencontrer une femme, de la regarder, de lui dire un
mot, et de ne plus jamais l'oublier? Pourquoi
celle-là plutôt qu'une autre? Invoquez la raison,
l'habitude, les sens, la tête, le cœur, et expliquez, si
vous pouvez. Vous ne trouverez que deux corps, un
là, [et] l'autre ici, et entre eux, quoi? l'air, l'espace,
l'immensité. Ô insensés qui vous croyez des
hommes et qui osez raisonner de l'amour! l'avez-
vous vu pour en parler? Non, vous l'avez senti. Vous
avez échangé un regard avec un être inconnu qui
passait, et tout à coup il s'est envolé de vous je ne
sais quoi qui n'a pas de nom. Vous avez pris racine
en terre, comme le grain caché dans l'herbe qui sent
que la vie le soulève, et qu'il va devenir une moisson.

Nous étions seuls, la croisée ouverte; il y avait au
fond du jardin une petite fontaine dont le bruit arrivait jusqu'à nous. Ô Dieu! je voudrais compter
goutte par goutte toute l'eau qui en est tombée tandis que nous étions assis, qu'elle parlait et que je lui
répondais. C'est là que je m'enivrai d'elle jusqu'à en
perdre la raison.

On dit qu'il n'y a rien de si rapide qu'un sentiment d'antipathie; mais je crois qu'on devine plus vite encore qu'on se comprend et qu'on va s'aimer. De quel prix sont alors les moindres mots! Qu'importe de quoi parlent les lèvres, lorsqu'on écoute les cœurs se répondre? Quelle douceur infinie dans les premiers regards près d'une femme qui vous attire! D'abord il semble que tout ce qu'on dit en présence l'un de l'autre soit comme des essais timides, comme de légères épreuves; bientôt naît une joie étrange; on sent qu'on a frappé un écho; on s'anime d'une double vie. Quel toucher! quelle approche! Et quand on est sûr de s'aimer, quand on a reconnu dans l'être chéri la fraternité qu'on y cherchait, quelle sérénité dans l'âme! La parole expire d'elle-même; on sait d'avance ce qu'on va se dire; les âmes s'entendent, les lèvres se taisent. Oh! quel silence! quel oubli de tout!

Quoique mon amour, qui avait commencé dès le premier jour, eût augmenté jusqu'à l'excès, le respect que j'avais pour madame Pierson m'avait pourtant fermé la bouche. Si elle m'eût admis moins facilement dans son intimité, j'eusse peut-être été plus hardi, car elle avait produit sur moi une impression si violente que je ne la quittais jamais sans des transports d'amour. Mais il y avait dans sa franchise même et dans la confiance qu'elle me témoignait, quelque chose qui m'arrêtait; en outre c'était sur le nom de mon père qu'elle m'avait traité en ami. Cette considération me rendait encore plus respectueux auprès d'elle; je tenais à me montrer digne de ce nom.

« Parler d'amour, dit-on, c'est faire l'amour. » Nous en parlions rarement. Toutes les fois qu'il m'arrivait de toucher ce sujet en passant, madame Pierson répondait à peine et parlait d'autre chose. Je ne démêlais pas par quel motif, car ce n'était pas

pruderie; mais il me semblait quelquefois que son
visage prenait, dans ces occasions, une légère teinte
de sévérité, et même de souffrance. Comme je ne lui
avais jamais fait de question sur sa vie passée, et que
je ne voulais point lui en faire, je ne lui en demandais pas plus long.

Le dimanche, on dansait au village; elle y allait
presque toujours. Ces jours-là, sa toilette était plus
élégante, quoique toujours simple; c'était une fleur
dans les cheveux, un ruban plus gai, la moindre
bagatelle; mais il y avait dans toute sa personne un
air plus jeune, plus dégagé. La danse, qu'elle aimait
beaucoup pour elle-même, et franchement, comme
un exercice amusant, lui inspirait une gaieté folâtre;
elle avait sa place sous le petit orchestre de l'endroit;
elle y arrivait en sautant, riant avec les filles de campagne, qui la connaissaient presque toutes. Une fois
lancée, elle ne s'arrêtait plus. Alors il me semblait
qu'elle me parlait avec plus de liberté qu'à l'ordinaire; il y avait entre nous une familiarité inusitée.
Je ne dansais pas, étant encore en deuil, mais je restais derrière elle, et, la voyant si bien disposée,
j'avais éprouvé plus d'une fois la tentation de lui
avouer que je l'aimais.

Mais je ne sais pourquoi, dès que j'y pensais, je me
sentais une peur invincible; cette seule idée d'un
aveu me rendait tout à coup sérieux au milieu des
entretiens les plus gais. J'avais pensé quelquefois à
lui écrire, mais je brûlais mes lettres dès qu'elles
étaient à moitié.

Ce soir-là, j'avais dîné chez elle; je regardais toute
cette tranquillité de son intérieur; je pensais à la vie
calme que je menais, à mon bonheur depuis que je
la connaissais, et je me disais : Pourquoi davantage?
cela ne te suffit pas? Qui sait? Dieu n'en a peut-être
pas fait plus pour toi. Si je lui disais que je l'aime,
qu'en arriverait-il? elle me défendrait peut-être de la

voir. La rendrais-je, en le lui disant, plus heureuse
qu'elle ne l'est aujourd'hui ? en serais-je plus heureux moi-même ?

J'étais appuyé sur le piano, et, comme je faisais
ces réflexions, la tristesse s'emparait de moi. Le jour
baissait, elle alluma une bougie ; en revenant
s'asseoir, elle vit qu'une larme s'était échappée de
mes yeux.

— Qu'avez-vous ? dit-elle. Je me détournai.

Je cherchais une excuse et n'en trouvais point ; je
craignais de rencontrer ses regards. Je me levai et
fus à la croisée. L'air était doux ; la lune se levait derrière l'allée des tilleuls, celle où je l'avais vue pour la
première fois. Je tombai dans une rêverie profonde ;
j'oubliai sa présence même, et, étendant les bras
vers le ciel, un sanglot sortit de mon cœur.

Elle s'était levée, et elle était derrière moi. —
Qu'est-ce donc ? demanda-t-elle encore. Je lui répondis que la mort de mon père s'était représentée à ma
pensée à la vue de cette vallée solitaire ; je pris congé
d'elle, et sortis.

Pourquoi j'étais déterminé à taire mon amour, je
ne pouvais m'en rendre compte. Cependant, au lieu
de rentrer chez moi, je commençai à errer comme
un fou dans le village et dans le bois. Je m'asseyais là
où je trouvais un banc, puis je me levais précipitamment. Vers minuit, je m'approchai de la maison de
madame Pierson ; elle était à la fenêtre. En la
voyant, je me sentis trembler ; je voulus retourner
sur mes pas ; j'étais comme fasciné ; je vins lentement et tristement m'asseoir au-dessous d'elle.

Je ne sais si elle me reconnut ; il y avait quelques
instants que j'étais là, lorsque je l'entendis, de sa
voix douce et fraîche, chanter le refrain d'une
romance, et presque aussitôt une fleur me tomba
sur l'épaule. C'était une rose que, le soir même,
j'avais vue sur son sein ; je la ramassai et la portai à
mes lèvres.

— Qui est là, dit-elle, à cette heure? est-ce vous?
Elle m'appela par mon nom.

La grille du jardin était entr'ouverte; je me levai
sans répondre et j'y entrai. Je m'arrêtai au milieu de
la pelouse; je marchais comme un somnambule, et
sans savoir ce que je faisais.

Tout à coup, je la vis paraître à la porte de l'escalier; elle paraissait incertaine, et regardait attentivement aux rayons de lune. Elle fit quelques pas vers
moi; je m'avançai. Je ne pouvais parler; je tombai à
genoux devant elle et saisis sa main.

— Écoutez-moi, dit-elle, je le sais; mais si c'est à
ce point, Octave, il faut partir. Vous venez ici tous
les jours, n'êtes-vous pas le bienvenu? N'est-ce pas
assez? que puis-je pour vous? mon amitié vous est
acquise; j'aurais voulu que vous eussiez la force de
me garder la vôtre plus longtemps.

CHAPITRE VII

— Madame Pierson, après avoir parlé ainsi, garda le silence, comme attendant une réponse. Comme je restais accablé de tristesse, elle retira doucement sa main, recula quelques pas, s'arrêta encore, puis rentra lentement chez elle.

Je demeurai sur le gazon. Je m'attendais à ce qu'elle m'avait dit ; ma résolution fut prise aussitôt, et je me décidai à partir. Je me relevai le cœur navré, mais ferme, et je fis le tour du jardin. Je regardai la maison, la fenêtre de sa chambre ; je tirai la grille en sortant, et, après l'avoir fermée, je posai mes lèvres sur la serrure.

Rentré chez moi, je dis à Larive de préparer ce qu'il fallait, et que je comptais partir dès qu'il ferait jour. Le pauvre garçon en fut étonné ; mais je lui fis signe d'obéir et de ne pas questionner. Il apporta une grande malle, et nous commençâmes à tout disposer.

Il était cinq heures du matin, et le jour commençait à paraître, lorsque je me demandai où j'irais. À cette pensée si simple, qui ne m'était pas encore venue, je me sentis un découragement irrésistible. Je jetai les yeux sur la campagne, regardant çà et là l'horizon. Une grande faiblesse s'empara de moi ; j'étais épuisé de fatigue. Je m'assis dans un fauteuil ;

peu à peu mes idées se troublèrent ; je portai la main à mon front ; il était baigné de sueur. Une fièvre violente faisait trembler tous mes membres ; je n'eus que la force de me traîner à mon lit avec l'aide de Larive. Toutes mes pensées étaient si confuses que j'avais à peine le souvenir de ce qui s'était passé. La journée s'écoula ; vers le soir, j'entendis un bruit d'instruments. C'était le bal du dimanche, et je dis à Larive d'y aller, et de voir si madame Pierson y était. Il ne l'y trouva point ; je l'envoyai chez elle. Les fenêtres étaient fermées ; la servante lui dit que sa maîtresse était partie avec sa tante, et qu'elles devaient passer quelques jours chez un parent qui demeurait à N***, petite ville assez éloignée. En même temps, il m'apporta une lettre qu'on lui avait remise. Elle était conçue en ces termes :

« Il y a trois mois que je vous vois, et un mois que je me suis aperçue que vous preniez pour moi ce qu'à votre âge on appelle de l'amour. J'avais cru remarquer en vous la résolution de me le cacher et de vous vaincre. J'avais de l'estime pour vous ; cela m'en a donné davantage. Je n'ai aucun reproche à vous faire sur ce qui s'est passé, ni de ce que la volonté vous a manqué.

« Ce que vous croyez de l'amour n'est que du désir. Je sais que bien des femmes cherchent à l'inspirer ; il pourrait y avoir un orgueil mieux placé en elles, de faire en sorte qu'elles n'en aient pas besoin pour plaire à ceux qui les approchent. Mais cette vanité même est dangereuse, puisque j'ai eu tort de l'avoir avec vous.

« Je suis plus vieille que vous de quelques années, et je vous demande de ne plus me revoir. Ce serait en vain que vous tenteriez d'oublier un moment de faiblesse ; ce qui s'est passé entre nous ne peut ni être une seconde fois ni s'oublier tout à fait.

« Je ne vous quitte pas sans tristesse ; je fais une

absence de quelques jours; si, en revenant, je ne vous trouve plus au pays, je serai sensible à cette dernière marque de l'amitié et de l'estime que vous m'avez témoignées.

« Brigitte Pierson. »

CHAPITRE VIII

La fièvre me retint une semaine au lit. Dès que je fus en état d'écrire, je répondis à madame Pierson qu'elle serait obéie et que j'allais partir. Je l'écrivis de bonne foi, et sans aucun dessein de la tromper; mais je fus bien loin de tenir ma promesse. À peine avais-je fait deux lieues que je criai d'arrêter et descendis de voiture. Je me mis à me promener sur le chemin. Je ne pouvais détacher mes regards du village que j'apercevais encore dans l'éloignement. Enfin, après une irrésolution affreuse, je sentis qu'il m'était impossible de continuer ma route, et, plutôt que de remonter en voiture, j'aurais consenti à mourir sur la place. Je dis au postillon de tourner, et, au lieu d'aller à Paris, comme je l'avais annoncé, je m'en fus droit à N***, où était madame Pierson.

J'y arrivai à dix heures du soir. À peine descendu à l'auberge, je me fis indiquer par un garçon la maison de son parent, et, sans réfléchir à ce que je faisais, je m'y rendis sur-le-champ. Une servante vint m'ouvrir; je lui demandai, si madame Pierson y était, d'aller la prévenir qu'on voulait lui parler de la part de M. Desprez. C'était le nom du curé de notre village.

Tandis que la servante faisait ma commission, j'étais resté dans une petite cour assez sombre;

comme il pleuvait, j'avançai jusqu'à un péristyle au bas de l'escalier, qui n'était pas éclairé. Madame Pierson arriva bientôt, précédant la servante; elle descendit vite, et ne me vit pas dans l'obscurité; je fis un pas vers elle et lui touchai le bras. Elle se rejeta en arrière avec terreur, et s'écria : — Que me voulez-vous ?

Le son de sa voix était si tremblant, et, lorsque la servante parut avec sa lumière, je la vis si pâle que je ne sus que penser. Était-il possible que ma présence inattendue l'eût troublée à ce point ? Cette réflexion me traversa l'esprit; mais je me dis que ce n'était sans doute qu'un mouvement de frayeur naturel à une femme qui se sent tout à coup saisie.

Cependant, d'une voix plus calme, elle répéta sa question. — Il faut, lui dis-je, que vous m'accordiez de vous voir encore une fois. Je partirai, je quitte le pays; vous serez obéie, je vous le jure, et au-delà de vos souhaits, car je vendrai la maison de mon père, aussi bien que le reste, et passerai à l'étranger. Mais ce n'est qu'à cette condition que je vous verrai encore une fois; sinon, je reste; ne craignez rien de moi, mais j'y suis résolu.

Elle fronça le sourcil et jeta de côté et d'autre un regard étrange; puis elle me répondit d'un air presque gracieux : — Venez demain dans la journée; je vous recevrai. Elle partit là-dessus.

Le lendemain, j'y allai à midi. On m'introduisit dans une chambre à vieilles tapisseries et à meubles antiques. Je la trouvai seule, assise sur un sofa. Je m'assis en face d'elle.

— Madame, lui dis-je, je ne viens ni vous parler de ce que je souffre, ni renier l'amour que j'ai pour vous. Vous m'avez écrit que ce qui s'était passé entre nous ne pouvait s'oublier, et c'est vrai. Mais vous me dites qu'à cause de cela nous ne pouvons plus nous revoir sur le même pied qu'auparavant, et vous vous trompez. Je vous aime, mais je ne vous ai point offensée ; rien n'est changé pour ce qui vous regarde, puisque vous ne m'aimez pas. Si je vous revois, c'est donc uniquement de moi qu'il faut qu'on vous réponde, et ce qui vous en répond, c'est précisément mon amour.

Elle voulut m'interrompre.

— Permettez-moi, de grâce, d'achever. Personne mieux que moi ne sait que, malgré tout le respect que je vous porte, et en dépit de toutes les protestations par lesquelles je pourrais me lier, l'amour est le plus fort. Je vous répète que je ne viens pas renier ce que j'ai dans le cœur. Mais ce n'est pas d'aujourd'hui, d'après ce que vous me dites vous-même, que vous savez que je vous aime. Quelle raison m'a donc empêché jusqu'à présent de vous le déclarer ? La crainte de vous perdre ; j'avais peur d'être renvoyé de chez vous, et c'est ce qui arrive. Mettez-moi pour condition qu'à la première parole que j'en dirai, à la première occasion où il m'échappera un geste ou une pensée qui s'écarte du respect le plus profond, votre porte me sera fermée ; comme je me suis tu déjà, je me tairai à l'avenir. Vous croyez que c'est depuis un mois que je vous aime, et c'est depuis le premier jour. Quand vous vous en êtes aperçue, vous n'avez pas cessé de me voir pour cela. Si vous aviez alors pour moi assez d'estime pour me croire incapable de vous offenser, pourquoi aurais-je perdu cette estime ? C'est elle que je viens vous redemander. Que vous ai-je fait ? J'ai fléchi le genou ; je n'ai pas même dit un mot. Que vous ai-je appris ? vous le saviez déjà. J'ai été faible parce que je souffrais. Eh bien ! madame, j'ai vingt ans, et ce que j'ai vu de la vie m'en a déjà tellement dégoûté (je pourrais dire un mot plus fort) qu'il n'y a aujourd'hui sur terre, ni dans la société des hommes, ni dans la solitude même, une place si petite et si insignifiante que je veuille encore l'occuper. L'espace renfermé entre les quatre murs de votre jardin est le seul lieu au monde où je vive; vous êtes le seul être humain qui me fasse aimer Dieu. J'avais renoncé à tout avant même de vous connaître. Pourquoi m'ôter le seul rayon de soleil que la Providence m'ait laissé? Si c'est par crainte, en quoi ai-je pu vous en inspirer? Si c'est par aversion, de quoi me suis-je rendu coupable? Si c'est par pitié et parce que je souffre, vous vous trompez de croire que je puisse guérir; je le pouvais peut-être il y a deux mois; j'ai mieux aimé vous voir et souffrir, et ne m'en repens pas, quoi qu'il arrive. Le seul malheur qui puisse m'atteindre, c'est de vous perdre. Mettez-moi à l'épreuve. Si jamais j'en viens à sentir qu'il y a pour moi trop de souffrances dans notre marché, je partirai; et vous en êtes bien sûre, puisque vous me renvoyez aujourd'hui et que je suis prêt à partir. Quel risque courez-vous en me donnant encore un mois ou deux du seul bonheur que j'aurai jamais?

J'attendais sa réponse. Elle se leva brusquement, puis se rassit. Elle garda un moment le silence. — Soyez-en persuadé, dit-elle, cela n'est pas ainsi.

Je crus m'apercevoir qu'elle cherchait des expressions qui ne [me] parussent pas trop sévères, et qu'elle voulait me répondre avec douceur.

— Un mot, lui dis-je en me levant, un mot! et rien de plus. Je sais qui vous êtes, et s'il y a pour moi quelque compassion dans votre cœur, je vous en remercie; dites un mot! Ce moment décide de ma vie.

Elle secouait la tête; je la vis hésiter. — Vous croyez que j'en guérirai? m'écriai-je; que Dieu vous laisse cette pensée, si vous me chassez d'ici...

En disant ces mots, je regardais l'horizon, et je sentais jusqu'au fond de l'âme une si horrible soli-

tude, à l'idée que j'allais partir, que mon sang se glaçait. Elle me vit debout, les yeux sur elle, attendant
qu'elle parlât ; toutes les forces de ma vie étaient sus-
pendues à ses lèvres.

— Eh bien ! dit-elle, écoutez-moi. Ce voyage que
vous avez fait est une imprudence ; il ne faut pas que
ce soit pour moi que vous soyez venu ici ; chargez-
vous d'une commission que je vous donnerai pour
un ami de ma famille. Si vous trouvez que c'est un
peu loin, que ce soit pour vous l'occasion d'une
absence qui durera ce que vous voudrez, mais qui ne
sera pas trop courte. Quoi que vous en disiez,
ajouta-t-elle en souriant, un petit voyage vous cal-
mera. Vous vous arrêterez dans les Vosges, et vous
irez jusqu'à Strasbourg. Que dans un mois, dans
deux mois, pour mieux dire, vous reveniez me
rendre compte de ce dont on vous chargera ; je vous
reverrai et vous répondrai mieux.

CHAPITRE IX

Je reçus le soir même, de la part de madame Pierson, une lettre à l'adresse de M.R.D., à Strasbourg. Trois semaines après, ma commission était faite et j'étais revenu.

Je n'avais pensé qu'à elle pendant mon voyage, et je perdais toute espérance de l'oublier jamais. Cependant mon parti était pris de me taire devant elle; le danger que j'avais couru de la perdre par l'imprudence que j'avais commise, m'avait fait souffrir trop cruellement pour que j'eusse l'idée de m'y exposer de nouveau. L'estime que j'avais pour elle ne me permettait pas de croire qu'elle ne fût pas de bonne foi, et je ne voyais. Dans la démarche qu'elle avait faite de quitter le pays, rien qui ressemblât à de l'hypocrisie. En un mot, j'avais la ferme persuasion qu'à la première parole d'amour que je lui dirais, sa porte me serait fermée.

Je la retrouvai maigrie et changée. Son sourire habituel paraissait languissant sur ses lèvres décolorées. Elle me dit qu'elle avait été souffrante.

Il ne fut point question de ce qui s'était passé. Elle avait l'air de ne pas vouloir s'en souvenir, et je ne voulais pas en parler. Nous reprîmes bientôt nos premières habitudes de voisinage; cependant il y avait entre nous une certaine gêne, et comme une

familiarité composée. Il semblait que nous nous
disions parfois : — Il en était ainsi auparavant, qu'il
en soit donc encore de même. — Elle m'accordait sa
confiance comme une réhabilitation, qui n'était pas
sans charmes pour moi. Mais nos entretiens étaient
plus froids, par cette raison même que nos regards
avaient, pendant que nous parlions, une conversation tacite. Dans tout ce que nous pouvions dire, il
n'y avait plus à deviner. Nous ne cherchions plus,
comme auparavant, à pénétrer dans l'esprit l'un de
l'autre ; il n'y avait plus cet intérêt de chaque mot, de
chaque sentiment, cette estimation curieuse d'autrefois ; elle me traitait avec bonté, mais je me défiais
de sa bonté même ; je me promenais avec elle au jardin ; mais je ne l'accompagnais plus hors de la maison ; nous ne traversions plus ensemble les bois et
les vallées ; elle ouvrait le piano quand nous étions
seuls ; le son de sa voix n'éveillait plus dans mon
cœur ces élans de jeunesse, ces transports de joie
qui sont comme des sanglots pleins d'espérance.
Quand je sortais, elle me tendait toujours sa main,
mais je la sentais inanimée ; il y avait beaucoup
d'efforts dans notre aisance, beaucoup de réflexions
dans nos moindres propos, beaucoup de tristesse au
fond de tout cela.

Nous sentions bien qu'il y avait un tiers entre
nous ; c'était l'amour que j'avais pour elle. Rien ne le
trahissait dans mes actions, mais il parut bientôt sur
mon visage ; je perdais ma gaieté, ma force, et
l'apparence de santé que j'avais sur les joues. Un
mois ne s'était pas encore écoulé que je ne ressemblais plus à moi-même.

Cependant, dans nos entretiens, j'insistais toujours sur mon dégoût du monde, sur l'aversion que
j'éprouvais d'y rentrer jamais. Je prenais à tâche de
faire sentir à madame Pierson qu'elle ne devait pas
se reprocher de m'avoir reçu de nouveau [chez elle].

Tantôt je lui peignais ma vie passée sous les couleurs les plus sombres, et lui donnais à entendre que, s'il fallait me séparer d'elle, je resterais livré à une solitude pire que la mort ; je lui disais que j'avais la société en horreur, et le récit fidèle de ma vie, que je lui avais fait, lui prouvait que j'étais sincère. Tantôt j'affectais une gaieté qui était bien loin de mon cœur, pour lui dire qu'en me permettant de la voir, elle m'avait sauvé du plus affreux malheur ; je la remerciais presque à chaque fois que j'allais chez elle, afin d'y pouvoir retourner le soir ou le lendemain. — Tous mes rêves de bonheur, lui disais-je, toutes mes espérances, toute mon ambition, sont renfermés dans ce petit coin de terre que vous habitez ; hors de l'air que vous respirez, il n'y a point de vie pour moi.

Elle voyait ce que je souffrais, et ne pouvait s'empêcher de me plaindre. Mon courage lui faisait pitié, et il se répandait sur toutes ses paroles, sur ses gestes mêmes et sur son attitude, quand j'étais là, une sorte d'attendrissement. Elle sentait la lutte qui se faisait en moi ; mon obéissance flattait son orgueil, mais ma pâleur réveillait en elle son instinct de sœur de charité. Je la voyais parfois irritée, presque coquette ; elle me disait d'un air presque mutin : — Je n'y serai pas demain, ne venez pas tel jour. Puis, comme je me retirais, triste et résigné, elle s'adoucissait tout à coup, elle ajoutait : — Je n'en sais rien, venez toujours. Ou bien son adieu était plus familier, elle me suivait jusqu'à la grille d'un regard plus triste et plus doux.

— N'en doutez pas, lui disais-je, c'est la Providence qui m'a mené à vous. Si je ne vous avais pas connue, peut-être, à l'heure qu'il est, serais-je retombé dans mes désordres. Dieu vous a envoyée comme un ange de lumière pour me retirer de l'abîme. C'est une mission sainte qui vous est confiée; qui sait, si je vous perdais, où pourraient me conduire le chagrin qui me dévorerait, l'expérience funeste que j'ai à mon âge, et le combat terrible de ma jeunesse avec mon ennui ?

Cette pensée, bien sincère en moi, était de la plus grande force sur une femme d'une dévotion exaltée, et d'une âme aussi pieuse qu'ardente. Ce fut peut-être pour cette seule cause que madame Pierson me permit de la voir.

Je me disposais un jour à aller chez elle, lorsqu'on frappa à ma porte, et je vis entrer Mercanson, ce même prêtre que j'avais rencontré dans son jardin à ma première visite. Il commença par des excuses, aussi ennuyeuses que lui, sur ce qu'il se présentait ainsi chez moi sans me connaître; je lui dis que je le connaissais très bien pour le neveu de notre curé, et lui demandai ce dont il s'agissait.

Il tournait de côté et d'autre, d'un air emprunté, cherchant ses phrases, et touchant du bout du doigt [à] tout ce qui se trouvait sur ma table, comme un homme qui ne sait quoi dire. Enfin il m'annonça que madame Pierson était malade, et qu'elle l'avait chargé de m'avertir qu'elle ne pouvait me recevoir de la journée.

— Elle est malade? Mais je l'ai quittée hier assez tard, et elle se portait bien.

Il fit un salut. — Mais, monsieur l'abbé, pourquoi, si elle est malade, me l'envoyer dire par un tiers? Elle ne demeure pas si loin, et il importait peu de me laisser faire une course inutile.

Même réponse de Mercanson. Je ne pouvais comprendre pourquoi cette démarche de sa part, encore moins cette commission dont on l'avait chargé. — C'est bien, lui dis-je; je la verrai demain, et elle m'expliquera tout cela.

Ses hésitations recommencèrent : madame Pierson lui avait dit en outre..., il devait me dire..., il s'était chargé...

— Eh! de quoi donc? m'écriai-je impatienté.

— Monsieur, vous êtes violent. Je pense que madame Pierson est assez gravement malade; elle ne pourra vous voir de toute la semaine.

Nouveau salut, et il sortit.

Il était clair que cette visite cachait quelque mystère : ou madame Pierson ne voulait plus me voir, et je ne savais à quoi l'attribuer; ou Mercanson s'entremettait de son propre mouvement.

Je laissai passer la journée; le lendemain, de bonne heure, je m'en fus à la porte, où je rencontrai la servante; mais elle me dit qu'en effet sa maîtresse était fort malade, et, quoi que je pusse faire, elle ne voulut ni prendre l'argent que je lui offris ni écouter mes questions.

Comme je rentrais au village, je vis précisément Mercanson sur la promenade; il était entouré des enfants de l'école, à qui son oncle faisait la leçon. Je l'abordai au milieu de sa harangue, et le priai de me dire deux mots.

Il me suivit jusqu'à la place, mais c'était à mon tour d'hésiter, car je ne savais comment m'y prendre pour tirer de lui son secret. — Monsieur, lui dis-je, je vous supplie de me dire si ce que vous m'avez appris hier est la vérité, ou s'il y a quelque autre motif. Outre qu'il n'y a point dans le pays de médecin qui puisse être appelé, j'ai des raisons d'une grande importance pour vous demander ce qui en est.

Il se défendit de toutes les façons, prétendant que madame Pierson était malade, et qu'il ne savait autre chose, sinon qu'elle l'avait envoyé chercher et chargé d'aller m'avertir, comme il s'en était acquitté. Cependant, tout en parlant, nous étions arrivés en haut de la grand-rue, dans un endroit désert. Voyant que ni la ruse ni la prière ne me servaient de rien, je me retournai tout à coup et lui pris les deux bras.

— Qu'est-ce à dire, monsieur? voulez-vous user de violence?

— Non; mais je veux que vous parliez.

— Monsieur, je n'ai peur de personne, et je vous ai dit ce que je devais.

— Vous avez dit ce que vous deviez et non ce que vous savez. Madame Pierson n'est point malade; je le sais, j'en suis sûr.

— Qu'en savez-vous?

— La servante me l'a dit. Pourquoi me ferme-t-elle sa porte, et pourquoi est-ce vous qu'elle en charge?

Mercanson vit passer un paysan. — Pierre, lui cria-t-il par son nom, attendez-moi, j'ai à vous parler.

Le paysan s'approcha de nous; c'était tout ce qu'il demandait, pensant bien que, devant un tiers, je n'oserais le maltraiter. Je le lâchai en effet, mais si rudement qu'il en recula, et que son dos frappa contre un arbre. Il serra le poing et partit sans mot dire.

Je passai toute la semaine dans une agitation extrême, allant trois fois le jour chez madame Pierson, et constamment refusé à sa porte. Je reçus d'elle une lettre; elle me disait que mon assiduité faisait jaser dans le pays, et me priait que mes visites fussent plus rares dorénavant. Pas un mot, du reste, de Mercanson ni de sa maladie.

Cette précaution lui était si peu naturelle, et contrastait d'une manière si étrange avec la fierté indifférente qu'elle témoignait pour toute espèce de propos de ce genre, que j'eus d'abord peine à y croire. Ne sachant cependant quelle autre interprétation trouver, je lui répondis que je n'avais rien tant à cœur que de lui obéir. Mais, malgré moi, les expressions dont je me servis se ressentaient de quelque amertume.

Je retardai même volontairement le jour où il m'était permis de l'aller voir, et n'envoyai point

demander de ses nouvelles, afin de la persuader que
je ne croyais point à sa maladie. Je ne savais par
quelle raison elle m'éloignait ainsi ; mais j'étais, en
vérité, si malheureux, que je pensais parfois sérieusement à en finir avec cette vie insupportable. Je
demeurais des journées entières dans les bois ; le
hasard l'y fit me rencontrer un jour, dans un état à
faire pitié.

Ce fut à peine si j'eus le courage de lui demander
quelques explications ; elle n'y répondit pas franchement, et je ne revins plus sur ce sujet. J'en étais
réduit à compter les jours que je passais loin d'elle,
et à vivre des semaines sur l'espoir d'une visite. À
tout moment, je me sentais l'envie de me jeter à ses
genoux et de lui peindre mon désespoir. Je me disais
qu'elle ne pourrait y être insensible, qu'elle me paye-
rait du moins de quelques paroles de pitié ; mais, là-
dessus, son brusque départ et sa sévérité me reve-
naient ; je tremblais de la perdre, et j'aimais mieux
mourir que de m'y exposer.

Ainsi, n'ayant pas même la permission d'avouer
ma peine, ma santé achevait de se détruire. Mes
pieds ne me portaient chez elle qu'à regret ; je sentais que j'allais y puiser des sources de larmes, et
chaque visite m'en coûtait de nouvelles ; c'était un
déchirement comme si je n'eusse plus dû la revoir,
chaque fois que je la quittais.

De son côté, elle n'avait plus avec moi ni le même
ton ni la même aisance qu'auparavant ; elle parlait
de projets de voyage ; elle affectait de me confier
légèrement des envies qui lui prenaient, disait-elle,
de quitter le pays, et me rendaient plus mort que vif
quand je les entendais. Si elle se livrait un instant à
un mouvement naturel, elle se rejetait aussitôt dans
une froideur désespérante. Je ne pus m'empêcher
un jour de pleurer de douleur devant elle, de la
manière dont elle me traitait. Jc l'en vis pâlir malgré

elle. Comme je sortais, elle me dit à la porte : — Je
vais demain à Sainte-Luce (c'était un village des
environs), et c'est trop loin pour aller à pied. Soyez
ici à cheval de bon matin, si vous n'avez rien à faire ;
vous m'accompagnerez.

Je fus exact au rendez-vous, comme on peut penser. Je m'étais couché sur cette parole avec des
transports de joie ; mais, en sortant de chez moi,
j'éprouvai au contraire une tristesse invincible. En
me rendant le privilège que j'avais perdu de
l'accompagner dans ses courses solitaires, elle avait
cédé clairement à une fantaisie qui me parut cruelle
si elle ne m'aimait pas. Elle savait que je souffrais :
pourquoi abuser de mon courage si elle n'avait pas
changé d'avis ?

Cette réflexion, que je fis malgré moi, me rendit
tout autre qu'à l'ordinaire. Lorsqu'elle monta à cheval, le cœur me battit quand je lui pris le pied ; je ne
sais si c'était de désir ou de colère. — Si elle est touchée, me dis-je à moi-même, pourquoi tant de
réserve ? Si elle n'est que coquette, pourquoi tant de
liberté ?

Tels sont les hommes ; à mon premier mot, elle
s'aperçut que je regardais de travers et que mon
visage était changé. Je ne lui parlais pas et je pris
[de] l'autre côté de la route. Tant que nous fûmes
dans la plaine, elle parut tranquille, et tournait seulement la tête de temps en temps pour voir si je la
suivais ; mais lorsque nous entrâmes dans la forêt, et
que le pas de nos chevaux commença à retentir sous
les sombres allées, parmi les roches solitaires, je la
vis trembler tout à coup. Elle s'arrêtait comme pour
m'attendre, car je me tenais un peu derrière elle ; dès
que je la rejoignais, elle prenait le galop. Bientôt
nous arrivâmes sur le penchant de la montagne, et il
fallut aller au pas. Je vins alors me mettre à côté
d'elle ; mais nous baissions tous deux la tête ; il était
temps, je lui pris la main.

— Brigitte, lui dis-je, vous ai-je fatiguée de mes plaintes ? Depuis que je suis revenu, que je vous vois tous les jours, et que tous les soirs, en rentrant, je me demande quand il faudra mourir, vous ai-je importunée ? Depuis deux mois que je perds le repos, la force et l'espérance, vous ai-je dit un mot de ce fatal amour qui me dévore et qui me tue, ne le savez-vous pas ? Levez la tête ; faut-il vous le dire ? Ne voyez-vous pas que je souffre et que mes nuits se passent à pleurer ? n'avez-vous pas rencontré quelque part, dans ces forêts sinistres, un malheureux assis, les deux mains sur son front ? n'avez-vous jamais trouvé de larmes sur ces bruyères ? Regardez-moi, regardez ces montagnes ; vous souvenez-vous que je vous aime ? Ils le savent, eux, ces témoins ; ces rochers, ces déserts le savent. Pourquoi m'amener devant eux ? ne suis-je pas assez misérable ? ai-je manqué maintenant de courage ? êtes-vous assez obéie ? À quelle épreuve, à quelle torture suis-je soumis, et pour quel crime ? Si vous ne m'aimez pas, que faites-vous ici ?

— Partons, dit-elle, ramenez-moi, retournons sur nos pas. Je saisis la bride de son cheval.

— Non, répondis-je, car j'ai parlé. Si nous retournons, je vous perds, je le sais ; en rentrant chez vous, je sais d'avance ce que vous me direz. Vous avez voulu voir jusqu'où allait ma patience, vous avez mis ma douleur au défi, peut-être pour avoir le droit de me chasser ; vous étiez lasse de ce triste amant qui souffrait sans se plaindre, et qui buvait avec résignation le calice amer de vos dédains ! Vous saviez que, seul avec vous, à l'aspect de ces bois, en face de ces solitudes, où mon amour a commencé, je ne pourrais garder le silence ! Vous avez voulu être offensée ; eh bien ! madame, que je vous perde ! j'ai assez pleuré, j'ai assez souffert, j'ai assez refoulé dans mon cœur l'amour insensé qui me ronge ; vous avez eu assez de cruauté.

Comme elle fit un mouvement pour sauter à bas de cheval, je la pris dans mes bras et collai mes lèvres sur les siennes. Mais, au même instant, je la vis pâlir, ses yeux se fermèrent, elle lâcha la bride qu'elle tenait et glissa à terre.

— Dieu de bonté, m'écriai-je, elle m'aime !

Elle m'avait rendu mon baiser.

Je mis pied à terre, et courus à elle. Elle était étendue sur l'herbe. Je la soulevai, elle ouvrit les yeux ; une terreur subite la fit frissonner tout entière ; elle repoussa ma main avec force, fondit en larmes et m'échappa.

J'étais resté au bord du chemin ; je la regardais, belle comme le jour, appuyée contre un arbre ; ses longs cheveux tombant sur ses épaules, ses mains irritées et tremblantes, ses joues couvertes de rougeur, toutes brillantes de pourpre et de perles. — Ne m'approchez pas, criait-elle, ne faites pas un pas vers moi !

— Ô mon amour ! lui dis-je, ne craignez rien ; si je vous ai offensée tout à l'heure, vous pouvez m'en punir ; j'ai eu un moment de rage et de douleur ; traitez-moi comme vous voudrez ; vous pouvez partir maintenant, m'envoyer où il vous plaira : je sais que vous m'aimez, Brigitte, vous êtes plus en sûreté ici que tous les rois dans leurs palais.

Madame Pierson, à ces paroles, fixa sur moi ses yeux humides ; j'y vis le bonheur de ma vie venir à moi dans un éclair. Je traversai la route et allai me mettre à genoux devant elle. Qu'il aime peu, celui qui peut dire de quelles paroles s'est servie sa maîtresse pour lui avouer qu'elle l'aimait !

CHAPITRE X

Si j'étais joaillier, et si je prenais dans mon trésor un collier de perles pour en faire présent à un ami, il me semble que j'aurais une grande joie à le lui poser moi-même autour du cou; mais si j'étais l'ami, je mourrais plutôt que d'arracher le collier des mains du joaillier.

J'ai vu que la plupart des hommes pressent de se donner la femme qui les aime, et j'ai toujours fait le contraire, non par calcul, mais par un sentiment naturel. La femme qui aime un peu et qui résiste n'aime pas assez, et celle qui aime assez et qui résiste sait qu'elle est moins aimée.

Madame Pierson me témoigna plus de confiance, après m'avoir avoué qu'elle m'aimait, qu'elle ne m'en avait jamais montré. Le respect que j'avais pour elle lui inspira une si douce joie que son beau visage en devint comme une fleur épanouie; je la voyais quelquefois s'abandonner à une gaieté folle, puis tout à coup s'arrêter pensive, affectant, à certains moments, de me traiter presque en enfant, puis me regardant les yeux pleins de larmes; imaginant mille plaisanteries pour se donner le prétexte d'un mot plus familier ou d'une caresse innocente, puis me quittant pour s'asseoir à l'écart et s'abandonner à des rêveries qui la saisissaient. Y a-t-il au monde un

plus doux spectacle ? Quand elle revenait à moi, elle
me trouvait sur son passage, dans quelque allée d'où
je l'avais observée de loin. — Ô mon amie ! lui
disais-je, Dieu lui-même se réjouit de voir combien
vous êtes aimée.

Je ne pouvais pourtant lui cacher ni la violence de
mes désirs ni ce que je souffrais en luttant contre
eux. Un soir que j'étais chez elle, je lui dis que j'avais
appris le matin la perte d'un procès important pour
moi, et qui apportait dans mes affaires un changement considérable.

— Comment se fait-il, me demanda-t-elle, que
vous me l'annonciez en riant ?

— Il y a, lui dis-je, une maxime d'un poète per-
san : « Celui qui est aimé d'une belle femme est à
l'abri des coups du sort. »

Madame Pierson ne me répondit pas ; elle se montra toute la soirée plus gaie encore que de coutume.
Comme je jouais aux cartes avec sa tante et que je
perdais, il n'y eut sorte de malice qu'elle n'employât
pour me piquer, disant que je n'y entendais rien et
pariant toujours contre moi, si bien qu'elle me
gagna tout ce que j'avais dans ma bourse. Quand la
vieille dame se fut retirée, elle s'en alla sur le balcon,
et je l'y suivis en silence.

Il faisait la plus belle nuit du monde ; la lune se
couchait et les étoiles brillaient d'une clarté plus
vive sur un ciel d'un azur foncé. Pas un souffle de
vent n'agitait les arbres ; l'air était tiède et embaumé.

Elle était appuyée sur son coude, les yeux au ciel ;
je m'étais penché à côté d'elle, et je la regardais
rêver. Bientôt je levai les yeux moi-même ; une
volupté mélancolique nous enivrait tous deux. Nous
respirions ensemble les tièdes bouffées qui sortaient
des charmilles ; nous suivions au loin dans l'espace
les dernières lueurs d'une blancheur pâle que la lune
entraînait avec elle en descendant derrière les

masses noires des marronniers. Je me souvins d'un
certain jour que j'avais regardé avec désespoir le
vide immense de ce beau ciel; ce souvenir me fit
tressaillir; tout était si plein maintenant! Je sentis
qu'un hymne de grâces s'élevait dans mon cœur, et
que notre amour montait à Dieu. J'entourai de mon
bras la taille de ma chère maîtresse; elle tourna doucement la tête; ses yeux étaient noyés de larmes.
Son corps plia comme un roseau, ses lèvres
entr'ouvertes tombèrent sur les miennes, et l'univers
fut oublié.

CHAPITRE XI

Ange éternel des nuits heureuses, qui racontera ton silence? Ô baiser, mystérieux breuvage que les lèvres se versent comme des coupes altérées! ivresse des sens, ô volupté! oui, comme Dieu, tu es immortelle! Sublime élan de la créature, communion universelle des êtres, volupté trois fois sainte, qu'ont dit de toi ceux qui t'ont vantée? Ils t'ont appelée passagère, ô créatrice! et ils ont dit que ta courte apparence illuminait leur vie fugitive. Parole plus courte elle-même que le souffle d'un moribond! vraie parole de brute sensuelle, qui s'étonne de vivre une heure et qui prend les clartés de la lampe éternelle pour une étincelle qui sort d'un caillou! Amour! ô principe du monde! flamme précieuse que la nature entière, comme une vestale inquiète, surveille incessamment dans le temple de Dieu! foyer de tout, par qui tout existe! les esprits de destruction mourraient eux-mêmes en soufflant sur toi! Je ne m'étonne pas qu'on blasphème ton nom; car ils ne savent qui tu es, ceux qui croient t'avoir vu en face, parce qu'ils ont ouvert les yeux; et quand tu trouves tes vrais apôtres, unis sur terre dans un baiser, tu ordonnes à leurs paupières de se fermer comme des voiles, afin qu'on ne voie pas le bonheur.

Mais vous, délices! sourires languissants, pre-

mières caresses, tutoiement timide, premiers
bégaiements de l'amante, vous qu'on peut voir, vous
qui êtes à nous! êtes-vous donc moins à Dieu que le
reste, beaux chérubins qui planez dans l'alcôve, et
qui ramenez à ce monde l'homme réveillé du songe
divin? Ah! chers enfants de la volupté, comme votre
mère vous aime! C'est vous, causeries curieuses, qui
soulevez les premiers mystères, touchers tremblants
et chastes encore, regards déjà insatiables, qui
commencez à tracer dans le cœur, comme une
ébauche craintive, l'ineffaçable image de la beauté
chérie! Ô royaume! ô conquête! c'est vous qui faites
les amants.

Et toi, vrai diadème, toi, sérénité du bonheur!
premier regard reporté sur la vie, premier retour des
heureux à tant d'objets indifférents qu'ils ne voient
plus qu'à travers leur joie, premiers pas faits dans la
nature à côté de la bien-aimée! qui vous peindra?
Quelle parole humaine exprimera jamais la plus
faible caresse?

Celui qui, par une fraîche matinée, dans la force
de la jeunesse, est sorti un jour à pas lents, tandis
qu'une main adorée fermait sur lui la porte secrète;
qui a marché sans savoir où, regardant les bois et les
plaines; qui a traversé une place sans entendre
qu'on lui parlait; qui s'est assis dans un lieu solitaire, riant et pleurant sans raison; qui a posé ses
mains sur son visage pour y respirer un reste de parfum; qui a oublié tout à coup ce qu'il avait fait sur
terre jusqu'alors; qui a parlé aux arbres de la route
et aux oiseaux qu'il voyait passer; qui enfin, au
milieu des hommes, s'est montré un joyeux insensé,
puis qui est tombé à genoux et qui en a remercié
Dieu, celui-là mourra sans se plaindre : il a eu la
femme qu'il aimait.

QUATRIÈME PARTIE

CHAPITRE PREMIER

J'ai à raconter maintenant ce qui advint de mon amour et le changement qui se fit en moi. Quelle raison puis-je en donner ? Aucune, sinon que je raconte, et que je puis dire : C'est la vérité.

Il y avait deux jours, ni plus ni moins, que j'étais l'amant de madame Pierson. Je sortais du bain à onze heures du soir, et par une nuit magnifique je traversais la promenade pour me rendre chez elle. Je me sentais un tel bien-être dans le corps et tant de contentement dans l'âme, que je sautais de joie en marchant et que je tendais les bras au ciel. Je la trouvai en haut de son escalier, accoudée sur la rampe, une bougie par terre à côté d'elle. Elle m'attendait, et, dès qu'elle m'aperçut, courut à ma rencontre. Nous fûmes bientôt dans sa chambre, et les verrous tirés sur nous.

Elle me montrait comme elle avait changé sa coiffure, qui me déplaisait, et comme elle avait passé la journée à faire prendre à ses cheveux le tour que je voulais ; comme elle avait ôté de l'alcôve un grand vilain cadre noir qui me semblait sinistre ; comme elle avait renouvelé ses fleurs, et il y en avait de tous côtés ; elle me contait tout ce qu'elle avait fait depuis que nous nous connaissions, ce qu'elle m'avait vu souffrir, ce qu'elle avait souffert elle-même ; comme

elle avait voulu mille fois quitter le pays et fuir son
amour; comme elle avait imaginé tant de précautions contre moi; qu'elle avait pris conseil de sa
tante, de Mercanson et du curé; qu'elle s'était juré à
elle-même de mourir plutôt que de céder, et comme
tout cela s'était envolé sur un certain mot que je lui
avais dit, sur tel regard, sur telle circonstance; et, à
chaque confidence, un baiser. Ce que je trouvais de
mon goût dans sa chambre, ce qui avait attiré mon
attention, parmi les bagatelles dont ses tables
étaient couvertes, elle voulait me le donner, que je
l'emportasse le soir même et que je le misse sur ma
cheminée; ce qu'elle ferait dorénavant, le matin, le
soir, à toute heure, que je le réglasse à mon plaisir,
et qu'elle ne se souciait de rien; que les propos du
monde ne la touchaient pas; que si elle avait fait
semblant d'y croire, c'était pour m'éloigner; mais
qu'elle voulait être heureuse et se boucher les deux
oreilles; qu'elle venait d'avoir trente ans, qu'elle
n'avait pas longtemps à être aimée de moi. — Et
vous, m'aimerez-vous longtemps? Est-ce un peu
vrai, ces belles paroles dont vous m'avez si bien
étourdie? Et là-dessus les chers reproches : que je
venais tard et que j'étais coquet; que je m'étais trop
parfumé au bain, ou pas assez, ou pas à sa guise;
qu'elle était restée en pantoufles pour que je visse
son pied nu, et qu'il était aussi blanc que sa main;
mais que du reste elle n'était guère belle; qu'elle
voudrait l'être cent fois plus; qu'elle l'avait été à
quinze ans. Et elle allait, et elle venait, toute folle
d'amour, toute vermeille de joie, et elle ne savait
qu'imaginer, quoi faire, quoi dire, pour se donner et
se donner encore, elle, corps et âme, et tout ce
qu'elle avait.

J'étais couché sur le sofa; je sentais tomber et se
détacher de moi une mauvaise heure de ma vie passée, à chaque mot qu'elle disait. Je regardais l'astre

de l'amour se lever sur mon champ, et il me semblait que j'étais comme un arbre plein de sève, qui
secoue au vent ses feuilles sèches pour se revêtir
d'une verdure nouvelle.

Elle se mit au piano, et me dit qu'elle allait me
jouer un air de Stradella. J'aime par-dessus tout la
musique sacrée, et ce morceau, qu'elle m'avait déjà
chanté, m'avait paru très beau.

— Eh bien ! dit-elle quand elle eut fini, vous vous
y êtes bien trompé ; l'air est de moi, et je vous en ai
fait accroire.

— Il est de vous ?

— Oui, et je vous ai conté qu'il était de Stradella
pour voir ce que vous en diriez. Je ne joue jamais
ma musique, quand il m'arrive d'en composer ; mais
j'ai voulu faire un essai, et vous voyez qu'il m'a
réussi, puisque vous en étiez la dupe.

Monstrueuse machine que l'homme ! Qu'y avait-il
de plus innocent ? Un enfant un peu avisé eût imaginé cette ruse pour surprendre son précepteur. Elle
en riait de bon cœur en me le disant ; mais je sentis
tout à coup comme un nuage qui fondait sur moi ; je
changeai de visage. — Qu'avez-vous, dit-elle, qui
vous prend ?

— Rien ; jouez-moi cet air encore une fois.

Tandis qu'elle jouait, je me promenais de long en
large, je passais ma main sur mon front comme
pour en écarter un brouillard, je frappais du pied, je
haussais les épaules de ma propre démence ; enfin je
m'assis à terre sur un coussin qui était tombé ; elle
vint à moi. Plus je voulais lutter avec l'esprit de
ténèbres qui me saisissait en ce moment, plus
l'épaisse nuit redoublait dans ma tête.

— Vraiment ! lui dis-je, vous mentez si bien ?
Quoi ! cet air est de vous ? vous savez donc mentir si
aisément ?

Elle me regarda d'un air étonné. — Qu'est-ce

donc? dit-elle. Une inquiétude inexprimable se peignit sur ses traits. Assurément elle ne pouvait me croire assez fou pour lui faire un reproche véritable d'une plaisanterie aussi simple; elle ne voyait là de sérieux que la tristesse qui s'emparait de moi; mais plus la cause en était frivole, plus il y avait de quoi surprendre. Elle voulut croire un instant que je plaisantais à mon tour; mais quand elle me vit toujours plus pâle et comme prêt à défaillir, elle resta les lèvres ouvertes, le corps penché, comme une statue.
— Dieu du ciel! s'écria-t-elle, est-ce possible?

Tu souris peut-être, lecteur, en lisant cette page; moi qui l'écris, j'en frémis encore. Les malheurs ont leurs symptômes comme les maladies, et il n'y a rien de si redoutable en mer qu'un petit point noir à l'horizon.

Cependant, quand le jour parut [(qui, dans l'été, se lève de bonne heure)], ma chère Brigitte tira au milieu de la chambre une petite table ronde en bois blanc; elle y posa de quoi souper, ou, pour mieux dire, de quoi déjeuner, car déjà les oiseaux chantaient et les abeilles bourdonnaient sur le parterre. Elle avait tout préparé elle-même, et je ne bus pas une goutte qu'elle n'eût porté le verre à ses lèvres. La lumière bleuâtre du jour, perçant les rideaux de toile bariolée, éclairait son charmant visage et ses grands yeux un peu battus; elle se sentait envie de dormir et laissa tomber, tout en m'embrassant, sa tête sur mes épaules, avec mille propos languissants.

Je ne pouvais lutter contre un si charmant abandon, et mon cœur se rouvrait à la joie; je me crus délivré tout à fait du mauvais rêve que je venais de faire, et je lui demandai pardon d'un moment de folie dont je ne pouvais me rendre compte. — Mon amie, lui dis-je du fond du cœur, je suis bien malheureux de t'avoir adressé un reproche injuste sur un badinage innocent; mais, si tu m'aimes, ne me mens jamais, fût-ce sur les moindres choses; le mensonge me semble horrible, et je ne puis le supporter.

Elle se coucha; il était trois heures du matin, et je lui dis que je voulais rester jusqu'à ce qu'elle fût endormie. Je la vis fermer ses beaux yeux, je l'entendis dans son premier sommeil murmurer tout en souriant, tandis que, penché au chevet, je lui donnais mon baiser d'adieu. Enfin je sortis le cœur tranquille, me promettant de jouir de mon bonheur sans que désormais rien pût le troubler.

Mais le lendemain même, Brigitte me dit comme par hasard : — J'ai un gros livre où j'écris mes pensées, tout ce qui me passe par la tête, et je veux vous donner à lire ce que j'y ai écrit de vous dans les premiers jours que je vous ai vu.

Nous lûmes ensemble ce qui me regardait et nous y ajoutâmes cent folies, après quoi je me mis à feuilleter le livre d'une manière indifférente. Une phrase tracée en gros caractères me sauta aux yeux, au milieu des pages que je tournais rapidement; je lus distinctement quelques mots qui étaient assez insignifiants, et j'allais continuer lorsque Brigitte me dit : — Ne lisez pas cela.

Je jetai le livre sur un meuble. — C'est vrai, lui dis-je, je ne sais ce que je fais.

— Le prenez-vous encore au sérieux? me répondit-elle en riant (voyant sans doute mon mal reparaître). Reprenez ce livre; je veux que vous lisiez.

— N'en parlons plus. Que puis-je donc y trouver de si curieux? Vos secrets sont à vous, ma chère.

Le livre restait sur le meuble, et j'avais beau faire, je ne le quittais pas des yeux. J'entendis tout à coup comme une voix qui me chuchotait à l'oreille, et je crus voir grimacer devant moi, avec son sourire glacial, la figure sèche de Desgenais. — Que vient faire Desgenais ici? me demandai-je à moi-même,

comme si je l'eusse vu réellement. Il m'avait apparu
tel qu'il était un soir, le front incliné sous ma lampe,
quand il me débitait de sa voix aiguë son catéchisme
de libertin.

J'avais toujours les yeux sur le livre, et je sentais
vaguement dans ma mémoire je ne sais quelles
paroles oubliées, entendues autrefois, mais qui
m'avaient serré le cœur. L'esprit du doute, suspendu
sur ma tête, venait de me verser dans les veines une
goutte de poison; la vapeur m'en montait au cerveau, et je chancelais à demi dans un commence-
ment d'ivresse malfaisante. Quel secret me cachait
Brigitte? Je savais bien que je n'avais qu'à me bais-
ser et à ouvrir le livre; mais à quel endroit? Comment reconnaître la feuille sur laquelle le hasard
m'avait fait tomber?

Mon orgueil, d'ailleurs, ne voulait pas que je
prisse le livre; était-ce donc vraiment mon orgueil?
— Ô Dieu! me dis-je avec une tristesse affreuse,
est-ce que le passé est un spectre? Est-ce qu'il sort
de son tombeau? Ah! misérable, est-ce que je vais
ne pas pouvoir aimer?

Toutes mes idées de mépris pour les femmes,
toutes ces phrases de fatuité moqueuse que j'avais
répétées comme une leçon et comme un rôle pendant le temps de mes désordres, me traversèrent
l'esprit subitement; et, chose étrange! tandis
qu'autrefois je n'y croyais pas en en faisant parade,
il me semblait maintenant qu'elles étaient réelles, ou
que du moins elles l'avaient été.

Je connaissais madame Pierson depuis quatre
mois, mais je ne savais rien de sa vie passée et ne lui
en avais rien demandé. Je m'étais livré à mon amour
pour elle avec une confiance et un entraînement
sans bornes. J'avais trouvé une sorte de jouissance à
ne faire aucune question sur elle à personne ni à
elle-même; d'ailleurs, les soupçons et la jalousie

sont si peu dans mon caractère que j'étais plus
étonné d'en ressentir que Brigitte d'en trouver en
moi. Jamais, dans mes premiers amours ni dans le
commerce habituel de la vie, je n'avais été défiant,
mais plutôt hardi, au contraire, et ne doutant pour
ainsi dire de rien. Il avait fallu que je visse de mes
propres yeux la trahison de ma maîtresse pour
croire qu'elle pouvait me tromper; Desgenais lui-
même, tout en me sermonnant à sa manière, me
plaisantait continuellement sur ma facilité à me
laisser duper. L'histoire de ma vie entière était une
preuve que j'étais plutôt crédule que soupçonneux;
aussi, quand la vue de ce livre me frappa ainsi tout à
coup, il me sembla que je sentais en moi un nouvel
être et une sorte d'inconnu; ma raison se révoltait
contre ce que j'éprouvais, et je n'osais me demander
où tout cela allait me conduire.

Mais les souffrances que j'avais endurées, le souvenir des perfidies dont j'avais été le témoin,
l'affreuse guérison que je m'étais imposée, les discours de mes amis, le monde corrompu que j'avais
traversé, les tristes vérités que j'y avais vues, celles
que, sans les connaître, j'avais comprises et devinées
par une funeste intelligence, la débauche enfin, le
mépris de l'amour, l'abus de tout, voilà ce que j'avais
dans le cœur sans m'en douter encore, et au
moment où je croyais renaître à l'espérance et à la
vie, toutes ces furies engourdies me prenaient à la
gorge et me criaient qu'elles étaient là.

Je me baissai et ouvris le livre, puis je le fermai
aussitôt et le rejetai sur la table. Brigitte me regardait; il n'y avait dans ses beaux yeux ni orgueil
blessé ni colère; il n'y avait qu'une tendre inquiétude, comme si j'eusse été malade. — Est-ce que
vous croyez que j'ai des secrets? demanda-t-elle en
m'embrassant. — Non, lui dis-je, je ne crois rien,
sinon que tu es belle, et que je veux mourir en
t'aimant.

Rentré chez moi, comme j'étais en train de dîner, je demandai à Larive : — Qu'est-ce donc que cette madame Pierson ?

Il se retourna tout étonné. — Tu es, lui dis-je, dans le pays depuis nombre d'années ; tu dois la connaître mieux que moi. Que dit-on d'elle ici ? qu'en pense-t-on dans le village ? quelle vie menait-elle avant que je la connusse ? quelles gens voyait-elle ?

— Ma foi ! monsieur, je ne lui ai vu faire que ce qu'elle fait tous les jours, c'est-à-dire se promener dans la vallée, jouer au piquet avec sa tante, et faire la charité aux pauvres. Les paysans l'appellent Bri-gitte-la-Rose ; je n'ai jamais entendu dire un mot contre elle à qui que ce soit, sinon qu'elle court les champs toute seule, à toute heure du jour et de la nuit ; mais c'est dans un but si louable ! Elle est la Providence du pays. Quant aux gens qu'elle voit, ce n'est guère que le curé, et M. de Dalens, aux vacances.

— Qu'est-ce que c'est que M. de Dalens ?

— C'est le propriétaire d'un château qui est là-bas, derrière la montagne ; il ne vient ici que pour la chasse.

— Est-il jeune ?

— Oui, monsieur.

— Est-il parent de madame Pierson ?

— Non. Il était ami de son mari.

— Y a-t-il longtemps que son mari est mort ?

— Cinq ans à la Toussaint ; c'était un digne homme.

— Et ce M. de Dalens, dit-on qu'il lui ait fait la cour ?

— À la veuve, monsieur ? Dame ! à vrai dire... (Il s'arrêta d'un air embarrassé.)

— Parleras-tu ?

— On l'a dit, et on ne l'a pas dit... Je n'en sais rien, je n'en ai rien vu.

— Et tu me disais tout à l'heure qu'on ne parlait pas d'elle dans le pays ?

— On n'a jamais rien dit, du reste, et je pensais que monsieur savait cela.

— Enfin, le dit-on, oui ou non ?

— Oui, monsieur, je le crois, du moins.

Je me levai de table et descendis sur la promenade. Mercanson y était ; je m'attendais qu'il allait m'éviter ; tout au contraire, il m'aborda.

— Monsieur, me dit-il, vous avez l'autre jour donné des marques de colère dont un homme de mon caractère ne saurait conserver la mémoire. Je vous exprime mon regret de m'être chargé d'une commission intempestive (c'était sa manière que les longs mots) et de m'être mis en travers des roues avec tant soit peu d'importunité.

Je lui rendis son compliment, croyant qu'il me quitterait là-dessus ; mais il se mit à marcher à côté de moi.

— Dalens ! Dalens ! répétais-je entre mes dents ; qui me parlera de Dalens ? car Larive ne m'avait rien dit que ce que peut dire un valet. Par qui le savait-il ? par quelque servante ou quelque paysan. Il me fallait un témoin qui pût avoir vu Dalens chez madame Pierson, et qui sût à quoi s'en tenir. Ce Dalens ne me sortait pas de la tête, et, ne pouvant parler d'autre chose, j'en parlai tout de suite à Mercanson.

Si Mercanson était un méchant homme, s'il était niais ou rusé, je ne l'ai jamais distingué clairement ; il est certain qu'il devait me haïr, et qu'il en agit avec moi aussi méchamment que possible. Madame Pierson, qui avait la plus grande amitié pour le curé (et c'était à juste titre), avait fini, presque malgré elle, par en avoir pour le neveu. Il en était fier, par conséquent jaloux. Il n'y a pas que l'amour seul qui donne de la jalousie ; une faveur, un mot bienveillant, un sourire d'une belle bouche, peuvent l'inspirer jusqu'à la rage à certaines gens.

Mercanson parut d'abord étonné, aussi bien que Larive, des questions que je lui adressais. J'en étais moi-même plus étonné encore. Mais qui se connaît ici-bas?

Aux premières réponses du prêtre, je le vis comprendre ce que je voulais savoir, et décidé à ne pas me le dire.

— Comment se fait-il, monsieur, que vous qui connaissez madame Pierson depuis longtemps, et qui êtes reçu chez elle d'une façon assez intime (je le pense du moins), vous n'y ayez point rencontré M. de Dalens? Mais, apparemment, vous avez quelque raison, qu'il ne m'appartient point de connaître, pour vous enquérir de lui aujourd'hui. Ce que j'en puis dire pour ma part, c'est que c'était un honnête gentilhomme, plein de bonté et de charité; il était, comme vous, monsieur, fort intime chez madame Pierson; il a une meute considérable et fait à merveille les honneurs de chez lui. Il faisait de très bonne musique, comme vous, monsieur, chez madame Pierson. Pour ses devoirs de charité, il les remplissait ponctuellement; lorsqu'il était dans le pays, il accompagnait, comme vous, monsieur, cette dame à la promenade. Sa famille jouit à Paris d'une excellente réputation; il m'arrivait de le trouver chez cette dame presque toutes les fois que j'y allais; ses mœurs passent pour excellentes. Du reste, vous pensez, monsieur, que je n'entends parler en tout que d'une familiarité honnête, telle qu'il convient aux personnes de ce mérite. Je crois qu'il ne vient que pour la chasse; il était ami du mari; on le dit fort riche et très généreux; mais je ne le connais d'ailleurs presque pas, sinon par ouï-dire...

De combien de phrases entortillées le pesant bourreau m'assomma! Je le regardais, honteux de l'écouter, n'osant plus faire une seule question ni l'arrêter dans son bavardage. Il calomnia aussi sour-

dement et aussi longtemps qu'il voulut ; il m'enfonça
tout à loisir sa lame torse dans le cœur ; quand ce fut
fait, il me quitta, sans que je pusse le retenir, et, à
tout prendre, il ne m'avait rien dit.

Je restai seul sur la promenade ; la nuit commençait à venir. Je ne sais si je ressentais plus de fureur
ou plus de tristesse. Cette confiance que j'avais eue,
de me livrer aveuglément à mon amour pour ma
chère Brigitte, m'avait été si douce et si naturelle
que je ne pouvais me résoudre à croire que tant de
bonheur m'eût trompé. Ce sentiment naïf et crédule
qui m'avait conduit à elle, sans que je voulusse le
combattre ni en douter jamais, m'avait semblé à lui
seul comme une preuve qu'elle en était digne.
Était-il donc possible que ces quatre mois si heureux ne fussent déjà qu'un rêve ?

— Mais après tout, me dis-je tout à coup, cette
femme s'est donnée bien vite. N'y aurait-il point eu
de mensonge dans cette intention de me fuir qu'elle
m'avait d'abord marquée et qu'une parole a fait évanouir ? N'aurais-je point par hasard affaire à une
femme comme on en voit tant ? Oui, c'est ainsi
qu'elles s'y prennent toutes ; elles feignent de reculer
afin de se voir poursuivre. Les biches elles-mêmes
en font autant ; c'est un instinct de la femelle.
N'est-ce pas de son propre mouvement qu'elle m'a
avoué son amour, au moment même où je croyais
qu'elle ne serait jamais à moi ? Dès le premier jour
que je l'ai vue, n'a-t-elle pas accepté mon bras, sans
me connaître, avec une légèreté qui aurait dû me
faire douter d'elle ? Si ce Dalens a été son amant, il
est probable qu'il l'est encore ; ce sont de ces liaisons
du monde qui ne commencent ni ne finissent ;
quand on se voit on se reprend, et dès qu'on se
quitte on s'oublie. Si cet homme revient aux
vacances, elle le reverra sans doute, et probablement
sans rompre avec moi. Qu'est-ce que c'est que cette

tante, que cette vie mystérieuse qui a la charité pour
affiche, que cette liberté déterminée qui ne se soucie
d'aucun propos ? Ne seraient-ce point des aventu-
rières que ces deux femmes avec leur petite maison,
leur prud'homie et leur sagesse qui en imposent si
vite aux gens et se démentent plus vite encore ?
Assurément, quoi qu'il en soit, je suis tombé les yeux
fermés dans une affaire de galanterie que j'ai prise
pour un roman ; mais que faire à présent ? Je ne vois
personne ici que ce prêtre, qui ne veut pas parler
clairement, ou son oncle, qui en dira moins encore.
Ô mon Dieu ! qui me sauvera ? comment savoir la
vérité ?

Ainsi parlait la jalousie ; ainsi, oubliant tant de
larmes et tout ce que j'avais souffert, j'en venais, au
bout de deux jours, à m'inquiéter de ce que Brigitte
m'avait cédé. Ainsi, comme tous ceux qui doutent, je
mettais déjà à côté les sentiments et les pensées
pour disputer avec les faits, m'attacher à la lettre
morte et disséquer ce que j'aimais.

Tout en m'enfonçant dans mes réflexions, je
gagnais à pas lents la maison de Brigitte. Je trouvai
la grille ouverte, et, comme je traversais la cour, je
vis de la lumière dans la cuisine. Je pensai à questionner la servante. Je tournai donc de ce côté, et
maniant dans ma poche quelques pièces d'argent, je
m'avançai vers le seuil.

Une impression d'horreur m'arrêta court. Cette
servante était une vieille femme maigre et ridée, le
dos toujours courbé comme les gens attachés à la
glèbe. Je la trouvai remuant sa vaisselle sur un évier
malpropre. Une chandelle dégoûtante tremblotait
dans sa main ; autour d'elle des casseroles, des plats,
des restes du dîner que visitait un chien errant,
entré comme moi avec honte ; une odeur chaude et
nauséabonde sortait des murs humides. Lorsque la
vieille m'aperçut, elle me regarda en souriant avec

un air confidentiel. Elle m'avait vu me glisser le
matin hors de la chambre de sa maîtresse. Je frissonnai de dégoût de moi-même et de ce que je
venais chercher dans un lieu si bien assorti à l'action
ignoble que je méditais. Je me sauvai de cette vieille
comme de ma jalousie personnifiée, et comme si
l'odeur de sa vaisselle fût sortie de mon propre
cœur.

Brigitte était à la fenêtre, arrosant ses fleurs bien-
aimées ; un enfant d'une de nos voisines, assis au
fond de la bergère et enterré dans les coussins, se
berçait à une de ses manches, et lui faisait, la
bouche pleine de bonbons, dans son langage joyeux
et incompréhensible, un de ces grands discours des
marmots qui ne savent pas encore parler. Je m'assis
auprès d'elle et baisai l'enfant sur ses grosses joues,
comme pour rendre à mon cœur un peu d'innocence. Brigitte me fit un accueil craintif ; elle voyait
dans mes regards son image déjà troublée. De mon
côté, j'évitais ses yeux ; plus j'admirais sa beauté et
son air de candeur, plus je me disais qu'une pareille
femme, si elle n'était pas un ange, était un monstre
de perfidie. Je m'efforçais de me rappeler chaque
parole de Mercanson, et je confrontais pour ainsi
dire les insinuations de cet homme avec les traits de
ma maîtresse et les contours charmants de son
visage.

— Elle est bien belle, me disais-je, bien dangereuse si elle sait tromper ; mais je la rouerai et lui
tiendrai tête, et elle saura qui je suis.

— Ma chère, lui dis-je après un long silence, je
viens de donner un conseil à un ami qui m'a
consulté. C'est un jeune homme assez simple ; il
m'écrit qu'il a découvert qu'une femme, qui vient de
se donner à lui, a en même temps un autre amant. Il
m'a demandé ce qu'il devait faire.

— Que lui avez-vous répondu ?

— Deux questions : Est-elle jolie, et l'aimez-vous ?
Si vous l'aimez, oubliez-la ; si elle est jolie et que
vous ne l'aimiez pas, gardez-la pour votre plaisir : il
sera toujours temps de la quitter si vous n'avez
affaire qu'à sa beauté, et autant vaut celle-là qu'une
autre.

En m'entendant parler ainsi, Brigitte lâcha
l'enfant qu'elle tenait ; elle fut s'asseoir au fond de la
chambre. Nous étions sans lumière ; la lune, qui
éclairait la place que Brigitte venait de quitter, pro-
jetait une ombre profonde sur le sofa où elle était
assise. Les mots que j'avais prononcés portaient un
sens si dur, si cruel, que j'en étais navré moi-même
et que mon cœur s'emplissait d'amertume. L'enfant
inquiet appelait Brigitte et s'attristait en nous regardant. Ses cris joyeux, son petit bavardage cessèrent
peu à peu ; il s'endormit sur la bergère. Ainsi, tous
trois, nous demeurâmes en silence, et un nuage
passa sur la lune.

Une servante entra qui vint chercher l'enfant ; on
apporta de la lumière. Je me levai, et Brigitte en
même temps ; mais elle porta les deux mains sur son
cœur, et tomba à terre au pied de son lit.

Je courus à elle épouvanté ; elle n'avait pas perdu
connaissance et me pria de n'appeler personne. Elle
me dit qu'elle était sujette à de violentes palpitations
qui la tourmentaient depuis sa jeunesse et la prenaient ainsi tout à coup, mais que du reste il n'y
avait point de danger dans ces attaques ni aucun
remède à employer. J'étais à genoux auprès d'elle ;
elle m'ouvrit doucement les bras ; je lui saisis la tête
et me jetai sur son épaule.

— Ah ! mon ami, dit-elle, je vous plains.

— Écoute-moi, lui dis-je à l'oreille, je suis un
misérable fou ; mais je ne puis rien garder sur le
cœur. Qu'est-ce que c'est qu'un M. Dalens qui
demeure sur la montagne et qui vient te voir quelquefois ?

Elle parut étonnée de m'entendre prononcer ce nom.

— Dalens? dit-elle, c'est un ami de mon mari.

Elle me regardait comme pour ajouter : — À propos de quoi cette question? Il me sembla que son visage s'était rembruni. Je me mordis les lèvres. — Si elle veut me tromper, pensai-je, j'ai eu tort de parler.

Brigitte se leva avec peine; elle prit son éventail et marcha à grands pas dans la chambre. Elle respirait avec violence; je l'avais blessée. Elle resta quelque temps pensive, et nous échangeâmes deux ou trois regards presque froids et presque ennemis. Elle alla à son secrétaire qu'elle ouvrit, en tira un paquet de lettres attachées avec de la soie et le jeta devant moi sans dire un mot.

Mais je ne regardais ni elle ni ses lettres; je venais de lancer une pierre dans un abîme et j'en écoutais retentir l'écho. Pour la première fois, sur le visage de Brigitte, avait paru l'orgueil offensé. Il n'y avait plus dans ses yeux ni inquiétude ni pitié, et comme je venais de me sentir tout autre que je n'avais jamais été, je venais aussi de voir en elle une femme qui m'était inconnue.

— Lisez cela, dit-elle enfin. Je m'avançai et lui tendis la main. — Lisez cela, lisez cela, répéta-t-elle d'un ton glacé.

Je tenais les lettres. Je me sentis en ce moment si persuadé de son innocence, et je me trouvais si injuste, que j'étais pénétré de repentir.

— Vous me rappelez, me dit-elle, que je vous dois l'histoire de ma vie; asseyez-vous là et vous la saurez. Vous ouvrirez ensuite ces tiroirs, et vous lirez tout ce qu'il y a ici de ma main ou de mains étrangères.

Elle s'assit et me montra un fauteuil. Je vis l'effort qu'elle faisait pour parler. Elle était pâle comme la

mort; sa voix altérée sortait avec peine, et sa gorge
se contractait.

— Brigitte! Brigitte! m'écriai-je, au nom du ciel,
ne parlez pas! Dieu m'est témoin que je ne suis pas
né tel que vous me croyez; je n'ai jamais été de ma
vie ni soupçonneux ni défiant. On m'a perdu, on m'a
faussé le cœur. Une expérience déplorable m'a
conduit dans un précipice, et je n'ai vu, depuis un
an, que ce qu'il y a de mal ici-bas. Dieu m'est témoin
que jusqu'à ce jour je ne me croyais pas moi-même
capable de ce rôle ignoble, le dernier de tous, celui
d'un jaloux. Dieu m'est témoin que je vous aime et
qu'il n'y a que vous en ce monde qui puissiez me
guérir du passé. Je n'ai eu affaire jusqu'ici qu'à des
femmes qui m'ont trompé, ou qui étaient indignes
d'amour. J'ai mené la vie d'un libertin; j'ai dans le
cœur des souvenirs qui ne s'en effaceront jamais.
Est-ce ma faute si une calomnie, si l'accusation la
plus vague, la plus insoutenable, rencontre
aujourd'hui dans ce cœur des fibres encore souf-
frantes, prêtes à accueillir tout ce qui ressemble à de
la douleur? On m'a parlé ce soir d'un homme que je
ne connais pas, dont je ne savais pas l'existence; on
m'a fait entendre qu'il y avait eu, sur vous et sur lui,
des propos tenus qui ne prouvent rien; je ne veux
rien vous en demander; j'en ai souffert, je vous l'ai
avoué, et c'est un tort irréparable. Mais plutôt que
d'accepter ce que vous me proposez, je vais tout
jeter dans le feu. Ah! mon amie, ne me dégradez
pas; n'en venez pas à vous justifier, ne me punissez
pas de souffrir. Comment pourrais-je, au fond du
cœur, vous soupçonner de me tromper? Non, vous
êtes belle et vous êtes sincère; un seul de vos
regards, Brigitte, m'en dit plus long que je n'en
demande pour vous aimer. Si vous saviez quelles
horreurs, quelles perfidies monstrueuses a vues
l'enfant qui est devant vous! Si vous saviez comme

on l'a traité, comme on s'est raillé de tout ce qu'il a
de bon, comme on a pris soin de lui apprendre tout
ce qui peut mener au doute, à la jalousie, au désespoir! Hélas! hélas! ma chère maîtresse, si vous
saviez qui vous aimez! Ne me faites point de
reproches; ayez le courage de me plaindre; j'ai
besoin d'oublier qu'il existe d'autres êtres que vous.
Qui sait par quelles épreuves, par quels affreux
moments de douleur il ne va pas falloir que je passe!
Je ne me doutais pas qu'il en pût être ainsi, je ne
croyais pas avoir à combattre. Depuis que vous êtes
à moi, je m'aperçois de ce que j'ai fait; j'ai senti en
vous embrassant combien mes lèvres s'étaient souil-
lées. Au nom du ciel, aidez-moi à vivre! Dieu m'a
fait meilleur que cela.

Brigitte me tendit les bras, me fit les plus tendres
caresses. Elle me pria de lui conter tout ce qui avait
donné lieu à cette triste scène. Je ne lui parlai que de
ce que m'avait dit Larive, et n'osai lui avouer que
j'avais interrogé Mercanson. Elle voulut absolument
que j'écoutasse ses explications. M. de Dalens l'avait
aimée; mais c'était un homme léger, très dissipé et
très inconstant; elle lui avait fait comprendre que,
ne voulant pas se remarier, elle ne pouvait que le
prier de changer de langage, et il s'était résigné de
bonne grâce; mais ses visites, depuis ce temps,
avaient toujours été plus rares, et aujourd'hui il ne
venait plus. Elle tira de la liasse une lettre qu'elle me
montra, et dont la date était récente; je ne pus
m'empêcher de rougir en y trouvant la confirmation
de ce qu'elle venait de me dire; elle m'assura qu'elle
me pardonnait, et exigea de moi, pour tout châti-
ment, la promesse que dorénavant je lui ferais part à
l'instant même de ce qui pourrait éveiller en moi
quelque soupçon sur elle. Notre traité fut scellé d'un
baiser, et lorsque je partis, au jour, nous avions
oublié tous deux que M. de Dalens existât.

CHAPITRE II

Une espèce d'inertie stagnante, colorée d'une joie amère, est ordinaire aux débauchés. C'est une suite d'une vie de caprice, où rien n'est réglé sur les besoins du corps, mais sur les fantaisies de l'esprit, et où l'un doit toujours être prêt à obéir à l'autre. La jeunesse et la volonté peuvent résister aux excès; mais la nature se venge en silence, et le jour où elle décide qu'elle va réparer sa force, la volonté meurt pour l'attendre et en abuser de nouveau.

Retrouvant alors autour de lui tous les objets qui le tentaient la veille, l'homme, qui n'a plus la force de s'en saisir, ne peut rendre à ce qui l'entoure que le sourire du dégoût. Ajoutez que ces objets mêmes, qui excitaient hier son désir, ne sont jamais abordés de sang-froid; tout ce qu'aime le débauché, il s'en empare avec violence; sa vie est une fièvre; ses organes, pour chercher la jouissance, sont obligés de se mettre au pair avec des liqueurs fermentées, des courtisanes et des nuits sans sommeil; dans ses jours d'ennui et de paresse, il sent donc une bien plus grande distance qu'un autre homme entre son impuissance et ses tentations, et, pour résister à celles-ci, il faut que l'orgueil vienne à son secours et lui fasse croire qu'il les dédaigne. C'est ainsi qu'il crache sans cesse sur tous les festins de sa vie, et qu'entre une soif ardente et une profonde satiété, la vanité tranquille le conduit à la mort.

Quoique je ne fusse plus un débauché, il m'arriva tout à coup que mon corps se souvint de l'avoir été. Il est tout simple que jusque-là je ne m'en fusse pas aperçu. Devant la douleur que j'avais ressentie à la mort de mon père, tout, d'abord, avait fait silence. Un amour violent était venu ; tant que j'étais dans la solitude, l'ennui n'avait pas à lutter. Triste ou gai, comme vient le temps, qu'importe à celui qui est seul ?

Comme le zinc, ce demi-métal, tiré de la veine bleuâtre où il dort dans la   calamine, fait jaillir de lui-même un rayon du soleil en approchant du cuivre vierge, ainsi les baisers de Brigitte réveillèrent peu à peu dans mon cœur ce que j'y portais enfoui. Dès que je me trouvai vis-à-vis d'elle, je m'aperçus de ce que j'étais.

Il y avait de certains jours où je me sentais, dès le matin, une disposition d'esprit si bizarre qu'il est impossible de la qualifier. Je me réveillais, sans motif, comme un homme qui a fait la veille un excès de table qui l'a épuisé. Toutes les sensations du dehors me causaient une fatigue insupportable, tous les objets connus et habituels me rebutaient et m'ennuyaient ; si je parlais, c'était pour tourner en ridicule ce que disaient les autres, ou ce que je pensais moi-même. Alors, étendu sur un canapé et comme incapable de mouvement, je faisais manquer de propos délibéré toutes les parties de promenade que nous avions concertées la veille ; j'imaginais de rechercher dans ma mémoire ce que, durant mes bons moments, j'avais pu dire de mieux senti et de plus sincèrement tendre à ma chère maîtresse, et je n'étais satisfait que lorsque mes plaisanteries ironiques avaient gâté et empoisonné ces souvenirs des jours heureux. — Ne pourriez-vous me laisser cela ?

me demandait tristement Brigitte. S'il y a en vous
deux hommes si différents, ne pourriez-vous, quand
le mauvais se lève, vous contenter d'oublier le bon?

La patience que Brigitte opposait à ces égare-
ments ne faisait cependant qu'exciter ma gaieté
sinistre. Étrange chose que l'homme qui souffre
veuille faire souffrir ce qu'il aime! Qu'on ait si peu
d'empire sur soi, n'est-ce pas la pire des maladies?
Qu'y a-t-il de plus cruel pour une femme que de voir
un homme qui sort de ses bras tourner en dérision,
par une bizarrerie sans excuse, ce que les nuits heureuses ont de plus sacré et de plus mystérieux? Elle
ne me fuyait pourtant pas; elle restait auprès de
moi, courbée sur sa tapisserie, tandis que, dans mon
humeur féroce, j'insultais ainsi à l'amour, et laissais
grommeler ma démence sur une bouche humide de
ses baisers.

Ces jours-là, contre l'ordinaire, je me sentais en
train de parler de Paris, et de représenter ma vie
débauchée comme la meilleure chose du monde. —
Vous n'êtes qu'une dévote, disais-je en riant à Brigitte; vous ne savez pas ce que c'est. Il n'y a rien de
tel que les gens sans souci et qui font l'amour sans y
croire.

N'était-ce pas dire que je n'y croyais pas?

— Eh bien! me répondait Brigitte, enseignez-moi
à vous plaire toujours. Je suis peut-être aussi jolie
que les maîtresses que vous regrettez; si je n'ai pas
l'esprit qu'elles avaient pour vous divertir à leur
manière, je ne demande qu'à apprendre. Faites
comme si vous ne m'aimiez pas, et laissez-moi vous
aimer sans en rien dire. Si je suis dévote à l'église, je
le suis aussi en amour. Que faut-il faire pour que
vous le croyiez?

La voilà devant son miroir, s'habillant au milieu
du jour comme pour un bal ou une fête, affectant
une coquetterie qu'elle ne pouvait cependant souf-

frir, cherchant à prendre le même ton que moi, riant
et sautant par la chambre. — Suis-je à votre goût ?
disait-elle. À laquelle de vos maîtresses trouvez-vous
que je ressemble ? Suis-je assez belle pour vous faire
oublier qu'on peut croire encore à l'amour ? Ai-je
l'air d'une sans-souci ? Puis, au milieu de cette joie
factice, je la voyais qui me tournait le dos, et un frisson involontaire faisait trembler sur ses cheveux les
tristes fleurs qu'elle y posait. Je m'élançais alors à
ses pieds. — Cesse, lui disais-je ; tu ressembles trop
bien à ce que tu veux imiter, et à ce que ma bouche
est assez vile pour oser rappeler devant toi. Ôte ces
fleurs, ôte cette robe. Lavons cette gaieté avec une
larme sincère ; ne me fais pas me souvenir que je ne
suis que l'enfant prodigue ; je ne sais que trop le
passé.

Mais ce repentir même était cruel ; il lui prouvait
que les fantômes que j'avais dans le cœur étaient
pleins de réalité. En cédant à un mouvement d'horreur, je ne faisais que lui dire clairement que sa résignation et son désir de me plaire ne m'offraient
qu'une image impure.

Et c'était vrai. J'arrivais chez Brigitte transporté
de joie, jurant d'oublier dans ses bras mes douleurs
et ma vie passée ; je protestais à deux genoux de
mon respect pour elle jusqu'au pied de son lit ; j'y
entrais comme dans un sanctuaire ; je lui tendais les
bras en répandant des larmes ; puis elle faisait un
certain geste, elle quittait sa robe d'une certaine
façon, elle disait un certain mot en s'approchant de
moi ; et je me souvenais tout à coup de telle fille qui,
en quittant sa robe un soir et approchant de mon lit,
avait fait ce geste, avait dit ce mot.

Pauvre âme dévouée ! que souffrais-tu alors en me
voyant pâlir devant toi ! lorsque mes bras, prêts à te
recevoir, tombaient comme privés de vie sur ton
épaule douce et fraîche ! lorsque le baiser se fermait

sur ma lèvre, et que le plein regard de l'amour, ce pur rayon de la lumière de Dieu, reculait dans mes yeux comme une flèche que le vent détourne! Ah! Brigitte, quels diamants coulaient de tes paupières! dans quel trésor de charité sublime tu puisais, d'une main patiente, ton triste amour plein de pitié!

Pendant longtemps, les bons et les mauvais jours se succédèrent presque régulièrement; je me montrais alternativement dur et railleur, tendre et dévoué, sec et orgueilleux, repentant et soumis. La figure de Desgenais, qui la première m'avait apparu comme pour m'avertir de ce que j'allais faire, était sans cesse présente à ma pensée. Durant mes jours de doute et de froideur, je m'entretenais, pour ainsi dire, avec lui; souvent, au moment même où je venais d'offenser Brigitte par quelque raillerie cruelle, je me disais : — S'il était à ma place, il en ferait bien d'autres que moi.

Quelquefois aussi, en mettant mon chapeau pour aller chez Brigitte, je me regardais dans la glace et je me disais : — Quel grand mal y a-t-il? J'ai après tout une jolie maîtresse; elle s'est donnée à un libertin; qu'elle me prenne tel que je suis. J'arrivais le sourire sur les lèvres, je me jetais dans un fauteuil d'un air indolent et délibéré; puis je voyais approcher Brigitte avec ses grands yeux doux et inquiets; je prenais dans mes mains ses petites mains blanches, et je me perdais dans un rêve infini.

Comment donner un nom à une chose sans nom? Étais-je bon ou étais-je méchant? étais-je défiant ou étais-je fou? Il ne faut pas y réfléchir, il faut aller; cela était ainsi.

Nous avions pour voisine une jeune femme qui s'appelait madame Daniel; elle ne manquait pas de beauté, encore moins de coquetterie; elle était pauvre et voulait passer pour riche; elle venait nous voir après dîner, et jouait toujours gros jeu contre

nous, quoique ses pertes la missent mal à l'aise ; elle
chantait et n'avait point de voix. Au fond de ce village ignoré, où sa mauvaise destinée la forçait à
s'ensevelir, elle se sentait dévorée d'une soif inouïe
de plaisir. Elle ne parlait que de Paris, où elle mettait les pieds deux ou trois jours par an ; elle préten-
dait suivre les modes ; ma chère Brigitte l'y aidait de
son mieux, tout en souriant de pitié. Son mari était
employé au cadastre ; il la menait, les jours de fête,
au chef-lieu du département, et, affublée de tous ses
atours, la petite femme dansait là de tout son cœur
avec la garnison, dans les salons de la préfecture.
Elle en revenait les yeux brillants et le corps brisé ;
elle arrivait alors chez nous, afin d'avoir à conter ses
prouesses, et les petits chagrins qu'elle avait causés.
Le reste du temps, elle lisait des romans, n'ayant
jamais rien vu de son ménage, qui du reste n'était
pas ragoûtant.

Toutes les fois que je la voyais, je ne manquais pas
de me moquer d'elle, ne trouvant rien de si ridicule
que cette vie qu'elle croyait mener ; j'interrompais
ses récits de fête pour lui demander des nouvelles de
son mari et de son beau-père, qu'elle détestait par-
dessus tout, l'un parce qu'il était son mari, et l'autre
parce qu'il n'était qu'un paysan ; enfin nous n'étions
guère ensemble sans nous disputer sur quelque
sujet.

Je m'avisai, dans mes mauvais jours, de faire la
cour à cette femme uniquement pour chagriner Brigitte. — Voyez, disais-je, comme madame Daniel
entend parfaitement la vie ! De l'humeur enjouée
dont elle est peut-on souhaiter une plus charmante
maîtresse ? J'entreprenais alors son éloge ; son babil-
lage insignifiant devenait un laisser-aller plein de
finesse, ses prétentions exagérées une envie de
plaire toute naturelle ; était-ce sa faute si elle était
pauvre ? du moins elle ne pensait qu'au plaisir et le

confessait franchement; elle ne faisait pas de sermons ni n'écoutait ceux des autres. J'allais jusqu'à
dire à Brigitte qu'elle devait la prendre pour modèle,
et que c'était là tout à fait le genre de femmes qui me
plaisait.

La pauvre madame Daniel surprit dans les yeux
de Brigitte quelques signes de mélancolie. C'était
une étrange créature, aussi bonne et aussi sincère,
quand on la tirait de ses chiffons, qu'elle était sotte
quand elle les avait en tête. Elle fit, à cette occasion,
une action toute semblable à elle, c'est-à-dire à la
fois bonne et sotte. Un beau jour, à la promenade,
comme elles étaient toutes deux seules, elle se jeta
dans les bras de Brigitte, lui dit qu'elle s'apercevait
que je commençais à lui faire la cour, et que je lui
adressais des propos dont l'intention n'était pas douteuse; mais qu'elle savait que j'étais l'amant d'une
autre, et que, pour elle, quoi qu'il pût arriver, elle
mourrait plutôt que de détruire le bonheur d'une
amie. Brigitte la remercia, et madame Daniel ayant
mis sa conscience en repos, ne se fit plus faute d'œil-
lades pour me désoler de son mieux.

Lorsque, le soir, elle fut partie, Brigitte me dit
d'un ton sévère ce qui s'était passé dans le bois; elle
me pria de lui épargner de pareils affronts à l'avenir.
— Non pas, dit-elle, que j'en fasse cas, ni que je croie
à ces plaisanteries; mais, si vous avez quelque
amour pour moi, il me semble qu'il est inutile
d'apprendre à un tiers que vous ne l'avez pas tous les
jours.

— Est-il possible, répondis-je en riant, que cela
ait quelque importance? Vous voyez bien que je me
moque et que c'est pour passer le temps.

— Ah, mon ami, mon ami! dit Brigitte, c'est un
malheur qu'il faille passer le temps.

Quelques jours après, je lui proposai d'aller nous-
mêmes à la préfecture, et de voir danser madame

Daniel ; elle y consentit à regret. Tandis qu'elle achevait sa toilette, j'étais auprès de la cheminée, je lui
fis quelque reproche sur ce qu'elle perdait son
ancienne gaieté. — Qu'avez-vous donc ? lui demandai-je (je le savais aussi bien qu'elle) ; pourquoi cet
air morose qui maintenant ne vous quitte plus ? En
vérité, vous nous ferez vivre dans un tête-à-tête un
peu triste. Je vous ai connu autrefois un caractère
plus joyeux, plus libre et plus ouvert ; il n'est guère
flatteur pour moi de voir que je l'ai fait changer.
Mais vous avez l'esprit claustral ; vous étiez née pour
vivre au couvent.

C'était un dimanche : quand nous passâmes sur la
promenade, Brigitte fit arrêter la voiture pour dire
bonsoir à quelques bonnes amies, fraîches et braves
filles de campagne qui s'en allaient danser aux Tilleuls. Après qu'elle les eut quittées, elle eut longtemps la tête à la portière ; son petit bal lui était
cher ; elle porta son mouchoir à ses yeux.

Nous trouvâmes à la préfecture madame Daniel
dans toute sa joie. Je commençai à la faire danser
assez souvent pour qu'on le remarquât ; je lui fis
mille compliments, et elle y répondit de son mieux.

Brigitte était en face de nous ; son regard ne nous
quittait pas. Ce que j'éprouvais est difficile à dire ;
c'était du plaisir et de la peine. Je la voyais clairement jalouse ; mais, au lieu d'en être touché, je fis
tout ce qu'il fallait pour l'inquiéter davantage.

Je m'attendais, en revenant, à des reproches de sa
part ; non seulement elle ne m'en fit pas, mais elle
resta sombre et muette le lendemain et le jour suivant. Quand j'arrivais chez elle, elle venait à moi et
m'embrassait ; après quoi, nous nous asseyions l'un
en face de l'autre, préoccupés tous deux et échangeant à peine quelques paroles insignifiantes. Le
troisième jour, elle parla, éclata en reproches amers,
me dit que ma conduite était inexplicable, qu'elle ne

savait qu'en penser, sinon que je ne l'aimais plus,
mais qu'elle ne pouvait supporter cette vie, et qu'elle
était résolue à tout plutôt que de souffrir mes bizar-
reries et mes froideurs. Elle avait les yeux pleins de
larmes, et j'étais prêt à lui demander pardon,
lorsqu'il lui échappa tout à coup quelques mots tellement amers que mon orgueil se révolta. Je lui
répliquai sur le même ton, et notre querelle prit un
caractère de violence. Je lui dis qu'il était ridicule
que je ne pusse inspirer à ma maîtresse assez de
confiance pour qu'elle s'en rapportât à moi sur les
actions les plus ordinaires; que madame Daniel
n'était qu'un prétexte; qu'elle savait fort bien que je
ne pensais pas sérieusement à elle; que sa prétendue
jalousie n'était qu'un despotisme très réel, et que, du
reste, si cette vie la fatiguait, il ne tenait qu'à elle de
la rompre.

— Soit, me répondit-elle. Aussi bien, depuis que
je suis à vous, je ne vous reconnais plus; vous avez
sans doute joué la comédie pour me persuader que
vous m'aimiez; elle vous lasse, et vous n'avez plus
que du mal à me rendre. Vous me soupçonnez de
vous tromper sur le premier mot qu'on vous dit, et je
n'ai pas le droit de souffrir d'une insulte que vous
me faites. Vous n'êtes plus l'homme que j'ai aimé.

— Je sais, lui dis-je, ce que c'est que vos souffrances. À quoi tient-il qu'elles ne se renouvellent à
chaque pas que je ferai? Je n'aurai bientôt plus la
permission d'adresser la parole à une autre que
vous. Vous feignez d'être maltraitée afin de pouvoir
insulter vous-même. Vous m'accusez de tyrannie
pour que je devienne un esclave; puisque je trouble
votre repos, vivez en paix; vous ne me verrez plus.

Nous nous quittâmes avec colère, et je passai un
jour sans la voir. Le lendemain soir, vers minuit, je
me sentis une telle tristesse que je ne pus y résister.
Je versai un torrent de larmes; je m'accablai moi-

même d'injures que je méritais bien. Je me dis que je n'étais qu'un fou, et qu'une méchante espèce de fou, de faire souffrir la plus noble, la meilleure des créatures. Je courus chez elle pour me jeter à ses pieds.

En entrant dans le jardin, je vis sa chambre éclairée, et une pensée douteuse me traversa l'esprit. — Elle ne m'attend pas à cette heure, me dis-je; qui sait ce qu'elle fait ? Je l'ai laissée en larmes hier; je vais peut-être la retrouver en train de chanter, et ne se souciant pas plus de moi que si je n'existais pas. Elle est peut-être à sa toilette comme l'*autre*. Il faut que j'entre doucement et que je sache à quoi m'en tenir.

Je m'avançai sur la pointe du pied, et, la porte se trouvant par hasard entr'ouverte, je pus voir Brigitte sans être vu.

Elle était assise devant sa table, et écrivait dans ce même livre qui avait causé mes premiers doutes sur son compte. Elle tenait dans sa main gauche une petite boîte de bois blanc qu'elle regardait de temps en temps avec une sorte de tremblement nerveux. Je ne sais ce qu'il y avait de sinistre dans l'apparence de tranquillité qui régnait dans la chambre. Son secrétaire était ouvert, et plusieurs liasses de papier y étaient rangées, comme venant d'y être mises en ordre.

Je fis quelque bruit en poussant la porte. Elle se leva, alla au secrétaire, qu'elle ferma, puis vint à moi avec un sourire. — Octave, me dit-elle, nous sommes deux enfants, mon ami. Notre querelle n'a pas le sens commun, et, si tu n'étais revenu ce soir, j'aurais été chez toi cette nuit. Pardonne-moi, c'est moi qui ai tort. Madame Daniel vient dîner demain; fais-moi repentir, si tu veux, de ce que tu appelles mon despotisme. Pourvu que tu m'aimes, je suis heureuse; oublions ce qui s'est passé, et ne gâtons pas notre bonheur.

CHAPITRE III

Notre querelle avait été, pour ainsi dire, moins triste que notre réconciliation; elle fut accompagnée, de la part de Brigitte, d'un mystère qui m'effraya d'abord, puis qui me laissa dans l'âme une inquiétude perpétuelle.

Plus j'allais, plus se développaient en moi, malgré tous mes efforts, les deux éléments de malheur que le passé m'avait légués : tantôt une jalousie furieuse, pleine de reproches et d'injures, tantôt une gaieté cruelle, une légèreté affectée qui outrageait en plaisantant ce que j'avais [moi-même] de plus cher. Ainsi me poursuivaient sans relâche des souvenirs inexorables; ainsi Brigitte, se voyant traitée alternativement ou comme une maîtresse infidèle ou comme une fille entretenue, tombait peu à peu dans une tristesse qui dévastait notre vie entière; et le pire de tout, c'est que cette tristesse même, quoique j'en susse le motif et que je me sentisse coupable, ne m'en était pas moins à charge. J'étais jeune, et j'aimais le plaisir; ce tête-à-tête de tous les jours avec une femme plus âgée que moi, qui souffrait et languissait, ce visage de plus en plus sérieux que j'avais toujours devant moi, tout cela révoltait ma jeunesse et m'inspirait des regrets amers pour ma liberté d'autrefois.

Lorsque, par un beau clair de lune, nous traversions lentement la forêt, nous nous sentions pris
tous les deux d'une mélancolie profonde. Brigitte
me regardait avec pitié ; nous allions nous asseoir
sur une roche qui dominait une gorge déserte. Nous
y passions des heures entières ; ses yeux à demi voilés plongeaient dans mon cœur à travers les miens,
puis elle les reportait sur la nature, sur le ciel et sur
la vallée. — Ah ! mon cher enfant, disait-elle, que je
te plains ! tu ne m'aimes pas.

Pour gagner cette roche, il fallait faire deux lieues
dans les bois ; autant pour revenir, cela faisait
quatre. Brigitte n'avait peur ni de la fatigue ni de la
nuit. Nous partions à onze heures du soir pour ne
rentrer quelquefois qu'au matin. Quand il s'agissait
de ces grandes courses, elle prenait une blouse bleue
et des habits d'homme, disant avec gaieté que son
costume habituel n'était pas fait pour les broussailles. Elle marchait devant moi dans le sable, avec
un pas déterminé et un mélange si charmant de délicatesse féminine et de témérité enfantine, que je
m'arrêtais pour la regarder à chaque instant. Il semblait, une fois lancée, qu'elle eût à accomplir une
tâche difficile, mais sacrée ; elle allait devant comme
un soldat, les bras ballants, et chantant à tue-tête ;
tout d'un coup elle se retournait, venait à moi et
m'embrassait. C'était pour aller ; au retour, elle
s'appuyait sur mon bras : alors plus de chanson ;
c'étaient des confidences, de tendres propos à voix
basse, quoique nous fussions tous deux seuls à plus
de deux lieues à la ronde. Je ne me souviens pas
d'un seul mot, échangé durant le retour, qui ne fût
pas d'amour ou d'amitié.

Un soir, nous avions pris, pour gagner la roche,
un chemin de notre invention, c'est-à-dire que nous
avions été à travers les bois sans suivre de chemin.
Brigitte y allait de si bon cœur, et sa petite casquette

de velours sur ses grands cheveux blonds lui donnait
si bien l'air d'un gamin résolu, que j'oubliais qu'elle
était femme lorsqu'il y avait quelque pas difficile à
franchir. Plus d'une fois, elle avait été obligée de me
rappeler pour l'aider à grimper aux rochers, tandis
que, sans songer à elle, je m'étais déjà élancé plus
haut. Je ne puis dire l'effet que produisait alors,
dans cette nuit claire et magnifique, au milieu des
forêts, cette voix de femme à demi joyeuse et à demi
plaintive sortant de ce petit corps d'écolier accroché
aux genêts et aux troncs d'arbres et ne pouvant plus
avancer. Je la prenais dans mes bras. — Allons,
madame, lui disais-je en riant, vous êtes un joli petit
montagnard brave et alerte; mais vous écorchez vos
[petites] mains blanches, et, malgré vos gros sou-
liers ferrés, votre bâton et votre air martial, je vois
qu'il faut vous emporter.

Nous arrivâmes tout essoufflés; j'avais autour du
corps une courroie, et je portais de quoi boire dans
une bouteille d'osier; lorsque nous fûmes sur la
roche, ma chère Brigitte me demanda ma bouteille;
je l'avais perdue, aussi bien qu'un briquet qui nous
servait à un autre usage : c'était à lire les noms des
routes écrits sur les poteaux, quand nous nous
étions égarés, ce qui arrivait continuellement. Je
grimpais alors aux poteaux, et il s'agissait d'allumer
le briquet assez à propos pour saisir au passage les
lettres à demi effacées : tout cela follement, comme
deux enfants que nous étions. Il fallait nous voir
dans un carrefour, lorsqu'il y avait à déchiffrer, non
pas un poteau, mais cinq ou six, jusqu'à ce que le
bon se trouvât. Mais, ce soir-là, tout notre bagage
était resté dans l'herbe. — Eh bien! me dit Brigitte,
nous passerons la nuit ici; aussi bien, je suis fatiguée. Ce rocher est un lit un peu dur; nous en ferons
un avec des feuilles sèches. Asseyons-nous et n'en
parlons plus.

La soirée était superbe; la lune se levait derrière
nous; je la vois encore à ma gauche. Brigitte la
regarda longtemps sortir doucement des dentelures
noires que les collines boisées dessinaient à l'horizon. À mesure que la clarté de l'astre se dégageait
des taillis épais et se répandait dans le ciel, la chanson de Brigitte devenait plus lente et plus mélancolique. Elle s'inclina bientôt, et me jetant ses bras au
cou : — Ne crois pas, me dit-elle, que je ne
comprenne pas ton cœur, et que je te fasse des
reproches de ce que tu me fais souffrir. Ce n'est pas
ta faute, mon ami, si tu manques de force pour
oublier ta vie passée; c'est de bonne foi que tu m'as
aimée, et je ne regretterai jamais, quand je devrais
mourir de ton amour, le jour où je me suis donnée.
Tu as cru renaître à la vie, et que tu oublierais dans
mes bras le souvenir des femmes qui t'ont perdu.
Hélas! Octave, j'ai souri autrefois de cette précoce
expérience que tu disais avoir acquise, et dont je
t'entendais te vanter comme les enfants qui ne
savent rien. Je croyais que je n'avais qu'à vouloir, et
que tout ce qu'il y avait de bon dans ton cœur allait
te venir sur les lèvres à mon premier baiser. Tu le
croyais toi-même, et nous nous sommes trompés
tous deux. Ô enfant! tu portes au cœur une plaie qui
ne veut pas guérir; cette femme qui t'a trompé, il
faut que tu l'aies bien aimée! oui, plus que moi, bien
plus, hélas! puisqu'avec tout mon pauvre amour je
ne puis effacer son image; il faut aussi qu'elle t'ait
cruellement trompé, puisque c'est en vain que je te
suis fidèle. Et les autres, ces misérables, qu'ont-elles
donc fait pour empoisonner ta jeunesse? Les plaisirs qu'elles t'ont vendus étaient donc bien vifs et
bien terribles, puisque tu me demandes de leur ressembler! Tu te souviens d'elles près de moi! Ah!
mon enfant, c'est là le plus cruel. J'aime mieux te
voir, injuste et furieux, me reprocher des crimes

imaginaires et te venger sur moi du mal que t'a fait
ta première maîtresse, que de trouver sur ton visage
cette affreuse gaieté, cet air de libertin railleur qui
vient tout à coup [à] se poser comme un masque de
plâtre entre tes lèvres et les miennes. Dis-moi,
Octave, pourquoi cela ? pourquoi ces jours où tu
parles de l'amour avec mépris, et où tu railles si tristement jusqu'à nos épanchements les plus doux ?
Quel empire avait donc pris sur tes nerfs irritables
cette vie affreuse que tu as menée, pour que de
pareilles injures flottent encore malgré toi sur tes
lèvres ? Oui, malgré toi, car ton cœur est noble ; tu
rougis toi-même de ce que tu fais, tu m'aimes trop
pour n'en pas souffrir, parce que tu vois que j'en
souffre. Ah ! je te connais maintenant. La première
fois que je t'ai vu ainsi, j'ai été prise d'une terreur
dont rien ne peut te donner l'idée. J'ai cru que tu
n'étais qu'un roué, que tu m'avais trompée à dessein
par l'apparence d'un amour que tu n'éprouvais pas,
et que je te voyais tel que tu étais véritablement. Ô
mon ami ! j'ai pensé à la mort ; quelle nuit j'ai passée ! Tu ne connais pas ma vie ; tu ne sais pas que,
moi qui te parle, je n'ai pas fait du monde une expérience plus douce que la tienne. Hélas ! elle est
douce, la vie, mais c'est à ceux qui ne la connaissent
pas.

Vous n'êtes pas, mon cher Octave, le premier
homme que j'aie aimé. Il y a, au fond de mon cœur,
une histoire fatale que je désire que vous sachiez.
Mon père m'avait destinée, jeune encore, au fils
unique d'un vieil ami. Ils étaient voisins de campagne, et possédaient deux petits domaines à peu
près d'égale valeur. Les deux familles se voyaient
tous les jours et vivaient pour ainsi dire ensemble.
Mon père mourut ; il y avait longtemps que nous
avions perdu ma mère. Je demeurai sous la garde de
ma tante, que vous connaissez. Un voyage qu'elle fut

obligée de faire quelque temps après la força de me confier à son tour à mon futur beau-père. Il ne m'appelait jamais autrement que sa fille, et il était si bien connu dans le pays que je devais épouser son fils, qu'on nous laissait tous deux ensemble avec la plus grande liberté.

Ce jeune homme, dont il est inutile de vous dire le nom, avait toujours paru m'aimer. Ce qui était depuis des années une amitié d'enfance devint de l'amour avec le temps. Il commençait, quand nous étions seuls, à me parler du bonheur qui nous attendait; il me peignait son impatience. J'étais plus jeune que lui d'un an seulement, mais il avait fait dans le voisinage la connaissance d'un homme de mauvaise vie, espèce de chevalier d'industrie dont il avait écouté les conseils. Tandis que je me livrais à ses caresses avec la confiance d'un enfant, il résolut de tromper son père, de nous manquer à tous de parole et de m'abandonner après m'avoir perdue.

Son père nous avait fait venir un matin dans sa chambre, et là, en présence de toute la famille, nous avait annoncé que le jour de notre mariage était fixé. Le soir même de ce jour, il me rencontra au jardin, me parla de son amour avec plus de force que jamais, me dit que, puisque l'époque était décidée, il se regardait comme mon mari, et qu'il l'était devant Dieu depuis sa naissance. Je n'eus d'autre excuse à alléguer que ma jeunesse, mon ignorance et la confiance que j'avais. Je me donnai à lui avant d'être sa femme, et, huit jours après, il quitta la maison de son père; il prit la fuite avec une femme que son nouvel ami lui avait fait connaître, il nous écrivit qu'il partait pour l'Allemagne, et nous ne l'avons jamais revu.

Voilà, en un mot, l'histoire de ma vie; mon mari l'a sue comme vous la savez maintenant. J'ai beaucoup d'orgueil, mon enfant, et j'avais juré dans ma

solitude que jamais un homme ne me ferait souffrir
une seconde fois ce que j'ai souffert alors. Je vous ai
vu, et j'ai oublié mon serment, mais non pas ma
douleur. Il faut me traiter doucement; si vous êtes
malade, je le suis aussi; il faut avoir soin l'un de
l'autre. Vous le voyez, Octave, je sais aussi ce que
c'est que le souvenir du passé. Il m'inspire aussi près
de vous des moments de terreur cruelle; j'aurai plus
de courage que vous, car peut-être ai-je plus souffert. Ce sera à moi de commencer; mon cœur est
bien peu sûr de lui, je suis encore bien faible; ma
vie, dans ce village, était si tranquille avant que tu
n'y fusses venu! je m'étais tant promis de n'y rien
changer! Tout cela me rend exigeante. Eh bien!
n'importe, je suis à toi. Tu m'as dit, dans tes bons
moments, que la Providence m'a chargée de veiller
sur toi comme une mère. C'est la vérité, mon ami; je
ne suis pas votre maîtresse tous les jours; il y en a
beaucoup où je suis, où je veux être votre mère. Oui,
lorsque vous me faites souffrir, je ne vois plus en
vous mon amant; vous n'êtes plus qu'un enfant
malade, défiant ou mutin, que je veux soigner ou
guérir pour retrouver celui que j'aime et que je veux
toujours aimer. Que Dieu me donne cette force!
ajouta-t-elle en regardant le ciel. Que Dieu, qui nous
voit, qui m'entend, que le Dieu des mères et des
amantes me laisse accomplir cette tâche! Quand je
devrais y succomber, quand mon orgueil qui se
révolte, mon pauvre cœur qui se brise malgré moi,
quand toute ma vie...

Elle n'acheva pas; ses larmes l'arrêtèrent. Ô Dieu!
je l'ai vue là sur ses genoux, les mains jointes, inclinée sur la pierre; le vent la faisait vaciller devant
moi comme les bruyères qui nous environnaient.
Frêle et sublime créature! elle priait pour son
amour. Je la soulevai dans mes bras. — Ô mon
unique amie! m'écriai-je, ô ma maîtresse, ma mère

et ma sœur! demande aussi pour moi que je puisse t'aimer comme tu le mérites! Demande que je puisse vivre! que mon cœur se lave dans tes larmes; qu'il devienne une hostie sans tache, et que nous la partagions devant Dieu!

Nous nous renversâmes sur la pierre. Tout se taisait autour de nous; au-dessus de nos têtes se déployait le ciel resplendissant d'étoiles. — Le reconnais-tu? dis-je à Brigitte; te souviens-tu du premier jour?

Dieu merci, depuis cette soirée, nous ne sommes jamais retournés à cette roche. C'est un autel qui est resté pur; c'est un des seuls spectres de ma vie qui soit encore vêtu de blanc lorsqu'il passe devant mes yeux.

CHAPITRE IV

Comme je traversais la place, je vis un soir deux hommes arrêtés, dont l'un disait assez haut : — Il paraît qu'il l'a maltraitée. — C'est sa faute, répondit l'autre ; pourquoi choisir un homme pareil ? Il n'a eu affaire qu'à des filles ; elle porte la peine de sa folie.

Je m'avançai dans l'obscurité pour reconnaître ceux qui parlaient ainsi, et tâcher d'en entendre davantage ; mais ils s'éloignèrent en me voyant.

Je trouvai Brigitte inquiète ; sa tante était gravement malade ; elle n'eut que le temps de me dire quelques mots. Je ne pus la voir d'une semaine entière ; je sus qu'elle avait fait venir un médecin de Paris ; enfin, un jour, elle m'envoya demander.

— Ma tante est morte, me dit-elle ; je perds le seul être qui me restât sur la terre. Je suis maintenant seule au monde, et je vais quitter le pays.

— Ne suis-je donc vraiment rien pour vous ?

— Si, mon ami ; vous savez que je vous aime, et je crois souvent que vous m'aimez. Mais comment pourrais-je compter sur vous ? Je suis votre maîtresse, hélas ! sans que vous soyez mon amant. C'est pour vous que Shakespeare a dit ce triste mot : « Fais-toi un habit de taffetas changeant, car ton cœur est semblable à l'opale aux mille couleurs. » Et moi, Octave, ajouta-t-elle en me montrant sa robe de

deuil, je suis vouée à une seule couleur et pour longtemps : je n'en changerai plus.

— Quittez le pays si vous voulez ; ou je me tuerai,
ou je vous suivrai. Ah ! Brigitte, continuai-je en me
mettant à genoux devant elle, vous avez pensé que
vous étiez seule en voyant mourir votre tante ! C'est
la plus cruelle punition que vous puissiez m'infliger ;
jamais je n'ai senti avec plus de douleur la misère de
mon amour pour vous. Il faut que vous rétractiez
cette pensée horrible ; je la mérite, mais elle me tue.
Ô Dieu ! serait-ce vrai que je compte pour rien dans
votre vie, ou que je n'y suis quelque chose que par le
mal que je vous fais ?

— Je ne sais, dit-elle, qui s'occupe de nous ; il s'est
répandu depuis quelque temps, dans ce village et
dans les environs, des discours singuliers. Les uns
disent que je me perds ; on m'accuse d'imprudence
et de folie ; les autres vous représentent comme un
homme cruel et dangereux. On a fouillé, je ne sais
comment, jusque dans nos plus secrètes pensées ; ce
que je croyais savoir seule, ces inégalités dans votre
conduite et les tristes scènes auxquelles elles ont
donné lieu, tout cela est connu ; ma pauvre tante
m'en a parlé ; et il y a longtemps qu'elle le savait sans
en rien dire. Qui sait si tout cela ne l'a pas fait descendre plus vite, plus cruellement, dans le tombeau ? Lorsque je rencontre à la promenade mes
anciennes amies, elles m'abordent froidement ou
s'éloignent à mon approche ; mes chères paysannes
elles-mêmes, ces bonnes filles qui m'aimaient tant,
lèvent les épaules le dimanche lorsqu'elles voient ma
place vide sous l'orchestre de leur petit bal. Pourquoi, comment cela se fait-il ? je l'ignore, vous aussi
sans doute ; mais il faut que je parte ; je ne puis supporter cela. Et cette mort, cette maladie subite et
affreuse, par-dessus tout, cette solitude ! cette
chambre vide ! Le courage me manque ; mon ami,
mon ami, ne m'abandonnez pas !

Elle pleurait ; j'aperçus dans la chambre voisine des hardes en désordre, une malle à terre, et tout ce qui annonce des préparatifs de départ. Il était clair qu'au moment de la mort de sa tante, Brigitte avait voulu partir sans moi, et qu'elle n'en avait pas eu la force. Elle était, en effet, si abattue qu'elle ne parlait qu'avec peine ; sa situation était horrible, et c'était moi qui l'avais faite. Non seulement elle était malheureuse, mais on l'outrageait en public ; et l'homme en qui elle aurait dû trouver à la fois un soutien et un consolateur n'était pour elle qu'une source plus féconde encore d'inquiétude et de tourments.

Je sentis si vivement mes torts que je me fis honte à moi-même. Après tant de promesses, tant d'exaltation inutile, tant de projets et tant d'espérances, voilà, en somme, ce que j'avais fait, et dans l'espace de trois mois. Je me croyais dans le cœur un trésor, et il n'en était sorti qu'un fiel amer, l'ombre d'un rêve, et le malheur d'une femme que j'adorais. Pour la première fois, je me trouvais réellement en face de moi-même ; Brigitte ne me reprochait rien ; elle voulait partir et ne le pouvait pas ; elle était prête à souffrir encore. Je me demandai tout à coup si je ne devais pas la quitter, si ce n'était pas à moi de la fuir et de la délivrer d'un fléau.

Je me levai, et, passant dans la chambre voisine, j'allai m'asseoir sur la malle de Brigitte. Là, j'appuyai mon front dans mes mains et demeurai comme anéanti. Je regardais autour de moi tous ces paquets à moitié faits, ces hardes étalées sur les meubles ; hélas ! je les connaissais toutes ; il y avait un peu de mon cœur après tout ce qui l'avait touchée. Je commençai à calculer tout le mal que j'avais causé, je revis passer ma chère Brigitte sous l'allée des tilleuls, son chevreau blanc courant après elle.

— Ô homme ! m'écriai-je, et de quel droit ? Qui te

rend si osé que de venir ici et de mettre la main sur
cette femme? Qui a permis qu'on souffre pour toi?
Tu te peignes devant ton miroir, et t'en vas, fat, en
bonne fortune chez ta maîtresse désolée; tu te jettes
sur les coussins où elle vient de prier pour toi et
pour elle, et tu frappes doucement, d'un air dégagé,
sur ces mains fluettes qui tremblent encore. Tu ne
t'entends pas trop mal à exalter une pauvre tête, et
tu pérores assez chaudement dans tes délires amoureux, à peu près comme les avocats qui sortent les
yeux rouges d'un méchant procès qu'ils ont perdu.
Tu fais le petit enfant prodigue, tu badines avec la
souffrance; tu trouves du laisser-aller à accomplir à
coups d'épingle un meurtre de boudoir. Que diras-tu
au Dieu vivant lorsque ton œuvre sera achevée? Où
s'en va la femme qui t'aime? Où glisses-tu, où
tombes-tu, pendant qu'elle s'appuie sur toi? De quel
visage enseveliras-tu un jour ta pâle et misérable
amante, comme elle vient d'ensevelir le dernier être
qui la protégeait? Oui, oui, sans aucun doute, tu
l'enseveliras; car ton amour la tue et la consume; tu
l'as vouée à tes furies, et c'est elle qui les apaise. Si
tu suis cette femme, elle mourra par toi. Prends
garde! son bon ange hésite, il est venu frapper ce
coup dans cette maison pour en chasser une passion
fatale et honteuse; il a inspiré à Brigitte cette pensée
de son départ; il lui donne peut-être en ce moment à
l'oreille son dernier avertissement. Ô assassin! ô
bourreau! prends garde! il s'agit de vie et de mort.

Ainsi je me parlais à moi-même; puis je vis sur un
coin du sofa une petite robe de guingamp rayé, déjà
pliée pour entrer dans la malle. Elle avait été le
témoin de l'un des seuls de nos jours heureux. Je la
touchai et la soulevai.

— Moi, te quitter! lui dis-je; moi, te perdre! Ô
petite robe! tu veux partir sans moi?

Non, je ne puis abandonner Brigitte; dans ce

moment, ce serait une lâcheté. Elle vient de perdre
sa tante; la voilà seule; elle est en butte aux propos
de je ne sais quel ennemi. Ce ne peut être que Mercanson; il aura sans doute raconté son entretien
avec moi sur Dalens, et, me voyant jaloux un jour, il
en aura conclu et deviné le reste. Assurément, c'est
cette couleuvre qui vient baver sur ma fleur bien-
aimée. Il faut d'abord que je l'en punisse, il faut
ensuite que je répare le mal que j'ai fait à Brigitte.
Insensé que je suis! je pense à la quitter lorsqu'il
faut lui consacrer ma vie, expier mes torts, lui
rendre en bonheur, en soins et en amour, ce que j'ai
fait couler de larmes de ses yeux! lorsque je suis son
seul appui au monde, son seul ami, sa seule épée!
lorsque je dois la suivre au bout de l'univers, lui
faire un abri de mon corps, la consoler de m'avoir
aimé et de s'être donné à moi!

— Brigitte! m'écriai-je en rentrant dans la
chambre où elle était restée, attendez-moi une heure
et je reviens.

— Où allez-vous? demanda-t-elle.

— Attendez-moi, lui dis-je, ne partez pas sans
moi. Souvenez-vous des paroles de Ruth : « En quelque lieu que vous alliez, votre peuple sera mon
peuple, et votre Dieu sera mon Dieu; la terre où
vous mourrez me verra mourir, et je serai ensevelie
où vous le serez. »

Je la quittai précipitamment, et je courus chez
Mercanson; on me dit qu'il était sorti, et j'entrai
chez lui pour l'attendre.

Je m'étais assis dans un coin, sur la chaise de cuir
du prêtre, devant sa table noire et sale. Je commençais à trouver le temps long, lorsque je vins à me
rappeler mon duel au sujet de ma première maîtresse.

— J'y ai reçu, me dis-je, un bon coup de pistolet,
et j'en suis resté un fou ridicule. Qu'est-ce que je

viens faire ici ? Ce prêtre ne se battra pas ; si je vais
lui chercher querelle, il me répondra que la forme
de son habit le dispense de m'écouter, et il en jasera
un peu davantage quand je serai parti. Quels sont
d'ailleurs ces propos que l'on tient ? De quoi
s'inquiète Brigitte ? On dit qu'elle se perd de réputation, que je la maltraite et qu'elle a tort de le souffrir. Quelle sottise ! cela ne regarde personne ; il n'y a
rien de mieux que de laisser dire ; en pareil cas,
s'occuper de ces misères, c'est leur donner de
l'importance. Peut-on empêcher des gens de province de s'occuper de leurs voisins ? Peut-on empêcher des bégueules de médire d'une femme qui
prend un amant ? Quel moyen saurait-on trouver de
faire cesser un bruit public ? Si on dit que je la maltraite, c'est à moi à prouver le contraire par ma
conduite avec elle et non par de la violence. Il serait
aussi ridicule de chercher querelle à Mercanson que
de quitter un pays parce qu'on y jase. Non, il ne faut
pas quitter le pays ; c'est une maladresse ; ce serait
faire dire à tout le monde qu'on avait raison contre
nous, et donner gain de cause aux bavards. Il ne faut
ni partir ni se soucier des propos.

Je retournai chez Brigitte. Une demi-heure s'était
à peine passée, et j'avais changé trois fois de sentiment. Je la dissuadai de son projet ; je lui racontai ce
que je venais de faire, et pourquoi je m'étais abs-
tenu. Elle m'écouta avec résignation ; cependant elle
voulait partir ; cette maison où sa tante était morte
lui était odieuse ; il fallut bien des efforts de ma part
pour la faire consentir à rester ; j'y parvins enfin.
Nous nous répétâmes que nous méprisions les propos du monde, qu'il ne fallait leur céder en rien, ni
rien changer à notre vie habituelle. Je lui jurai que
mon amour la consolerait de tous ses chagrins, et
elle feignit de l'espérer. Je lui dis que cette circonstance m'avait si bien éclairé sur mes torts que

ma conduite lui prouverait mon repentir, que je voulais chasser de moi comme un fantôme tout le mauvais levain qui restait dans mon cœur, qu'elle n'aurait désormais à souffrir ni de mon orgueil ni de mes caprices; et ainsi, triste et patiente, toujours suspendue à mon cou, elle obéit à un pur caprice que je prenais moi-même pour un éclair de ma raison.

CHAPITRE V

Un jour, en rentrant au logis, je vis ouverte une petite chambre qu'elle appelait son oratoire; il n'y avait, en effet, pour tout meuble qu'un prie-Dieu et un petit autel, avec une croix et quelques vases de fleurs. Du reste, les murs et les rideaux, tout était blanc comme la neige. Elle s'y enfermait quelquefois, mais rarement, depuis que je vivais chez elle.

Je me penchai contre la porte, et je vis Brigitte assise à terre au milieu de fleurs qu'elle venait de jeter. Elle tenait une petite couronne qui me parut être d'herbes sèches, et elle la brisait entre ses mains.

— Que faites-vous donc? lui demandai-je. Elle tressaillit et se leva. — Ce n'est rien, dit-elle, un jouet d'enfant; c'est une vieille couronne de roses qui s'est fanée dans cet oratoire; il y a longtemps que je l'y avais mise; je suis venue pour changer mes fleurs.

Elle parlait d'une voix tremblante et paraissait prête à défaillir. Je me souvins de ce nom de Brigitte-la-Rose, que je lui avais entendu donner. Je lui demandai si par hasard ce n'était pas sa couronne de rosière qu'elle venait de briser ainsi.

— Non, répondit-elle en pâlissant.

— Oui, m'écriai-je, oui, sur ma vie! Donnez-m'en les morceaux.

Je les ramassai et les posai sur l'autel, puis je restai muet, les yeux fixés sur ce débris.

— N'aurais-je pas raison, dit-elle, si c'était ma couronne, de l'avoir ôtée de ce mur où elle était depuis si longtemps ? À quoi ces ruines sont-elles bonnes ? Brigitte-la-Rose n'est plus de ce monde, pas plus que les roses qui l'ont baptisée.

Elle sortit ; j'entendis un sanglot et la porte se ferma sur moi ; je tombai à genoux sur la pierre, et je pleurai amèrement.

Lorsque je remontai chez elle, je la trouvai assise à table ; le dîner était prêt, et elle m'attendait. Je pris ma place en silence, et il ne fut pas question de ce que nous avions dans le cœur.

CHAPITRE VI

C'était, en effet, Mercanson qui avait raconté dans le village et dans les châteaux environnants mon entretien avec lui sur Dalens, et les soupçons que, malgré moi, je lui avais laissé voir clairement. On sait comment, dans les provinces, les propos médisants se répètent, volent de bouche en bouche et s'exagèrent; ce fut alors ce qui arriva.

Brigitte et moi, nous nous trouvions vis-à-vis de l'autre dans une position nouvelle. Quelque faiblesse qu'elle eût mise dans sa tentative de départ, elle ne l'en avait pas moins faite. C'était sur ma prière qu'elle était restée; il y avait là une obligation. Je m'étais engagé à ne troubler son repos ni par ma jalousie ni par ma légèreté; chaque parole dure ou railleuse qui m'échappait était une faute; chaque regard triste qu'elle m'adressait était un reproche senti et mérité.

Son bon et simple naturel lui fit trouver d'abord à sa solitude un charme de plus; elle pouvait me voir à toute heure et sans être obligée à aucune précaution. Peut-être se livra-t-elle à cette facilité pour me prouver qu'elle préférait son amour à sa réputation; il semblait qu'elle se repentît de s'être montrée sensible aux discours des médisants. Quoi qu'il en soit, au lieu de veiller sur nous et de nous défendre de la curiosité, nous prîmes, au contraire, un genre de vie plus libre et plus insouciant que jamais.

J'allais chez elle à l'heure du déjeuner; n'ayant rien à faire dans la journée, je ne sortais qu'avec elle. Elle me retenait à dîner, la soirée s'ensuivait par conséquent; bientôt, lorsque l'heure de rentrer arrivait, nous imaginâmes mille prétextes, nous prîmes mille précautions illusoires qui, au fond, n'en étaient point. Enfin je vivais, pour ainsi dire, chez elle, et nous faisions semblant de croire que personne ne s'en apercevait.

Je tins parole quelque temps, et pas un nuage ne troubla notre tête-à-tête. Ce furent d'heureux jours; ce n'est pas de ceux-là qu'il faut parler.

On disait partout dans le pays que Brigitte vivait publiquement avec un libertin arrivé à Paris; que son amant la maltraitait, que leur temps se passait à se quitter et à se reprendre, mais que tout cela finirait mal. Autant on avait donné de louanges à Brigitte pour sa conduite passée, autant on la blâmait maintenant. Il n'était rien dans cette conduite même, autrefois digne de tous les éloges, qu'on n'allât rechercher pour y trouver une mauvaise interprétation. Ses courses solitaires dans les montagnes, dont la charité était le but et qui n'avaient jamais fait naître un soupçon, devinrent tout à coup le sujet des quolibets et des railleries. On parlait d'elle comme d'une femme qui avait perdu tout respect humain, et qui devait s'attirer justement d'inévitables et affreux malheurs.

J'avais dit à Brigitte que mon avis était de laisser jaser, et je ne voulais pas paraître me soucier de ces propos; mais la vérité est qu'ils me devenaient insupportables. Je sortais quelquefois exprès, et j'allais faire des visites dans les environs, pour tâcher d'entendre un mot positif que j'eusse pu regarder comme une insulte, afin d'en demander

raison. J'écoutais avec attention tout ce qui se disait
à voix basse dans un salon où je me trouvais ; mais je
ne pouvais rien saisir ; pour me déchirer à son aise,
on attendait que je fusse parti. Je rentrais alors au
logis, et je disais à Brigitte que tous ces contes
n'étaient que des misères et qu'il fallait être fou pour
s'en occuper ; qu'on parlerait de nous tant qu'on
voudrait, et que je n'en voulais rien savoir.

N'étais-je point coupable au-delà de toute expression ? Si Brigitte était imprudente, n'était-ce pas à
moi de réfléchir et de l'avertir du danger ? Tout au
contraire, je pris, pour ainsi dire, le parti du monde
contre elle.

J'avais commencé par me montrer insouciant ;
j'en vins bientôt à me montrer méchant. — Vraiment, disais-je à Brigitte, on dit du mal de vos
excursions nocturnes. Êtes-vous bien sûre qu'on a
tort ? Ne s'est-il rien passé dans les allées et dans les
grottes de cette forêt romantique ? N'avez-vous
jamais accepté, pour rentrer à la brune, le bras d'un
inconnu, comme vous avez accepté le mien ?
Était-ce bien la charité seule qui vous servait de divinité dans ce beau temple de verdure que vous traver-
siez si courageusement ?

Le premier regard de Brigitte, lorsque je commençai à prendre ce ton, ne sortira jamais de ma
mémoire ; j'en frissonnai moi-même. — Mais, bah !
pensai-je, elle ferait comme ma première maîtresse,
si je prenais fait et cause pour elle ; elle me montre-
rait au doigt comme un sot ridicule, et je payerais
pour tous aux yeux du public.

De l'homme qui doute à celui qui renie, il n'y a
guère de distance. Tout philosophe est cousin d'un
athée. Après avoir dit à Brigitte que je doutais de sa
conduite passée, j'en doutai véritablement, et dès
que j'en doutai, je n'y crus pas.

J'en venais à me figurer que Brigitte me trompait,

elle que je ne quittais pas une heure par jour; je faisais quelquefois à dessein des absences assez
longues, et je convenais avec moi-même que c'était
pour l'éprouver; mais, au fond, ce n'était que pour
me donner, comme à mon insu, sujet de douter et de
railler. Alors j'étais content lorsque je lui faisais
remarquer que, bien loin d'être encore jaloux, je ne
me souciais plus de ces folles craintes qui me traversaient autrefois l'esprit; bien entendu que cela voulait dire que je ne l'estimais pas assez pour être
jaloux.

J'avais d'abord gardé pour moi-même les
remarques que je faisais; je trouvai bientôt du plaisir à les faire tout haut devant Brigitte. Sortions-
nous pour une promenade : — Cette robe est jolie,
lui disais-je; telle fille de mes amies en a, je crois,
une pareille. Étions-nous à table : — Allons, ma
chère, mon ancienne maîtresse chantait sa chanson
au dessert; il convient que vous l'imitiez. Se mettait-
elle au piano : — Ah! de grâce, jouez-moi donc la
valse qui était de mode l'hiver passé; cela me rappelle le bon temps.

Lecteur, cela dura six mois; pendant six mois
entiers, Brigitte, calomniée, exposée aux insultes du
monde, eut à essuyer de ma part tous les dédains et
toutes les injures qu'un libertin colère et cruel peut
prodiguer à la fille qu'il paye.

Au sortir de ces scènes affreuses, où mon esprit
s'épuisait en tortures et déchirait mon propre cœur,
tour à tour accusant et raillant, mais toujours avide
de souffrir et de revenir au passé, au sortir de là, un
amour étrange, une exaltation poussée jusqu'à
l'excès, me faisaient traiter ma maîtresse comme
une idole, comme une divinité. Un quart d'heure
après l'avoir insultée, j'étais à genoux; dès que je
n'accusais plus, je demandais pardon; dès que je ne
raillais plus, je pleurais. Alors un délire inouï, une

fièvre de bonheur s'emparait de moi ; je me montrais navré de joie ; je perdais presque la raison par la violence de mes transports ; je ne savais que dire, que faire, qu'imaginer pour réparer le mal que j'avais fait. Je prenais Brigitte dans mes bras, et je lui faisais répéter cent fois, mille fois, qu'elle m'aimait et qu'elle me pardonnait. Je parlais d'expier mes torts et de me brûler la cervelle si je recommençais à la maltraiter. Ces élans du cœur duraient des nuits entières, pendant lesquelles je ne cessais de parler, de pleurer, de me rouler aux pieds de Brigitte, de m'enivrer d'un amour sans bornes, énervant, insensé. Puis le matin venait, le jour paraissait ; je tombais sans force, je m'endormais, et je me réveillais le sourire sur les lèvres, me moquant de tout et ne croyant à rien.

Durant ces nuits de volupté terrible, Brigitte ne paraissait pas se souvenir qu'il y eût en moi un autre homme que celui qu'elle avait devant les yeux. Lorsque je lui demandais pardon, elle haussait les épaules, comme pour me dire : — Ne sais-tu pas que je te pardonne ? Elle se sentait gagnée de ma fièvre. Que de fois je l'ai vue, pâle de plaisir et d'amour, me dire qu'elle me voulait ainsi, que c'était sa vie que ces orages ; que les souffrances qu'elle endurait lui étaient chères ainsi payées, qu'elle ne se plaindrait jamais tant qu'il resterait dans mon cœur une étincelle de notre amour ; qu'elle savait qu'elle en mourrait, mais qu'elle espérait que j'en mourrais moi-même ; enfin que tout lui était bon, lui était doux, venant de moi, les insultes comme les larmes, et que ces délices étaient son tombeau.

Cependant, les jours s'écoulaient, et mon mal empirait sans cesse ; mes accès de méchanceté et d'ironie prenaient un caractère sombre et intraitable. J'avais, au milieu de mes folies, de véritable accès de fièvre, qui me frappaient comme des coups

de foudre; je m'éveillais tremblant de tous mes
membres et couvert d'une sueur froide. Un mouvement de surprise, une impression inattendue me faisait tressaillir jusqu'à effrayer ceux qui me voyaient.
Brigitte, de son côté, quoiqu'elle ne se plaignît pas,
portait sur le visage des marques d'une altération
profonde. Quand je commençais à la maltraiter, elle
sortait sans mot dire et s'enfermait. Dieu merci, je
n'ai jamais porté la main sur elle; dans mes plus
grands accès de violence, je serais plutôt mort que
de la toucher.

Un soir, la pluie fouettait les vitres; nous étions
seuls, les rideaux fermés. — Je me sens d'humeur
joyeuse, dis-je à Brigitte, et cependant ce temps horrible m'attriste malgré moi. Il ne faut pas nous laisser faire, et, si vous êtes de mon avis, nous nous
divertirons en dépit de l'orage.

Je me levai et j'allumai toutes les bougies qui se
trouvaient dans les flambeaux. La chambre, assez
petite, en fut tout à coup éclairée comme d'une illu-
mination. En même temps, un feu ardent (nous
étions à l'hiver) y répandait une chaleur étouffante.
— Allons, dis-je, qu'allons-nous faire en attendant
qu'il soit temps de souper?

Je pensai qu'alors, à Paris, c'était le temps du carnaval. Il me sembla voir passer devant moi les voitures de masques qui se croisent aux boulevards.
J'entendais la foule joyeuse se renvoyer, à l'entrée
des théâtres, mille propos étourdissants; je voyais
les danses lascives, les costumes bariolés, le vin et la
folie; toute ma jeunesse me fit bondir le cœur. —
Déguisons-nous, dis-je à Brigitte. Ce sera pour nous
seuls; qu'importe? Si nous n'avons pas de costumes,
nous avons de quoi nous en faire, et nous en passerons le temps plus agréablement.

Nous prîmes dans une armoire des robes, des
châles, des manteaux, des écharpes, des fleurs artifi-

cielles; Brigitte, comme toujours, montrait une gaieté patiente. Nous nous travestîmes tous deux; elle voulut me coiffer elle-même; nous avions mis du rouge, et nous nous étions poudrés; tout ce qu'il nous fallait pour cela s'était trouvé dans une vieille cassette, qui venait, je crois, de la tante. Enfin, au bout d'une heure, nous ne nous reconnaissions plus l'un l'autre. La soirée se passa à chanter, à imaginer mille folies; vers une heure du matin, il fut temps de souper.

Nous avions fouillé dans toutes les armoires; il y en avait une près de moi qui était restée entr'ouverte. En m'asseyant pour me mettre à table, j'y aperçus sur un rayon le livre dont j'ai déjà parlé, où Brigitte écrivait souvent.

— N'est-ce pas le recueil de vos pensées? demandai-je en étendant le bras et en le prenant. Si ce n'est pas une indiscrétion, laissez-moi y jeter les yeux.

J'ouvris le livre, quoique Brigitte fît un geste pour m'en empêcher; à la première page, je tombai sur ces mots : « Ceci est mon testament. »

Tout était écrit d'une main tranquille; j'y trouvai d'abord un récit fidèle, sans amertume et sans colère, de tout ce que Brigitte avait souffert par moi depuis qu'elle était ma maîtresse. Elle annonçait une ferme détermination de tout supporter tant que je l'aimerais, et de mourir quand je la quitterais. Ses dispositions étaient faites; elle rendait compte, jour par jour, du sacrifice de sa vie. Ce qu'elle avait perdu, ce qu'elle avait espéré, l'isolement affreux où elle se trouvait jusque dans mes bras, la barrière toujours croissante qui s'interposait entre nous, les cruautés dont je payais son amour et sa résignation, tout cela était raconté sans une plainte; elle prenait à tâche, au contraire, de me justifier. Enfin elle arrivait au détail de ses affaires personnelles et réglait ce qui regardait ses héritiers. C'était par le poison,

disait-elle, qu'elle en finirait avec la vie. Elle mourrait de sa propre volonté, et défendait expressément
que sa mémoire servît jamais de prétexte à quelque
démarche contre moi. « Priez pour lui ! » telle était
sa dernière parole.

Je trouvai dans l'armoire, sur le même rayon, une
petite boîte que j'avais déjà vue, pleine d'une poudre
fine et bleuâtre, semblable à du sel.

— Qu'est-ce que c'est que cela ? demandai-je à
Brigitte en portant la boîte à mes lèvres. Elle poussa
un cri terrible et se jeta sur moi.

— Brigitte, lui dis-je, dites-moi adieu. J'emporte
cette boîte ; vous m'oublierez et vous vivrez, si vous
voulez m'épargner un meurtre. Je partirai cette nuit
même, et ne vous demande point de pardon ; vous
me l'accorderiez que Dieu n'en voudrait pas. Donnez-moi un dernier baiser.

Je me penchai sur elle et la baisai au front. — Pas
encore ! s'écria-t-elle avec angoisse. Mais je la
repoussai sur le sofa et m'élançai hors de la
chambre.

Trois heures après j'étais prêt à partir, et les chevaux de poste étaient arrivés. La pluie tombait toujours, et je montai à tâtons dans la voiture. Au
même instant, le postillon partit ; je sentis deux bras
qui me serraient le corps, et un sanglot qui se collait
sur ma bouche.

C'était Brigitte. Je fis tout au monde pour la décider à rester ; je criai qu'on arrêtât ; je lui dis tout ce
que je pus imaginer pour lui persuader de descendre ; j'allai même jusqu'à lui promettre que je
reviendrais un jour à elle, lorsque le temps et les
voyages auraient effacé le souvenir du mal que je lui
avais fait. Je m'efforçai de lui prouver que ce qui
avait été hier serait encore demain ; je lui répétai
que je ne pouvais que la rendre malheureuse, que
s'attacher à moi, c'était faire de moi un assassin.

J'employai la prière, les serments, la menace même ; elle ne me répondit qu'un mot : — Tu pars, emmène-moi ; quittons le pays, quittons le passé. Nous ne pouvons plus vivre ici ; allons ailleurs, où tu voudras ; allons mourir dans un coin de la terre. Il faut que nous soyons heureux, moi par toi, toi par moi.

Je l'embrassai avec un tel transport que je crus sentir mon cœur se briser. — Pars donc ! criai-je au postillon. Nous nous jetâmes dans les bras l'un de l'autre, et les chevaux partirent au galop.

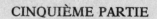

CINQUIÈME PARTIE

CHAPITRE PREMIER

Décidés à un long voyage, nous étions venus à Paris; les préparatifs nécessaires et les affaires à régler demandaient du temps, et il fallut prendre pour un mois un appartement à l'hôtel garni.

La résolution de quitter la France avait tout fait changer de face; la joie, l'espoir, la confiance, tout était revenu à la fois; plus de chagrins, plus de querelles devant la pensée du départ prochain. Il ne s'agissait plus que des rêves de bonheur, de serments d'aimer à jamais; je voulais enfin pour tout de bon faire oublier à ma chère maîtresse tous les maux qu'elle avait soufferts. Comment aurais-je pu résister à tant de preuves d'une affection si tendre et à une résignation si courageuse? Non seulement Brigitte me pardonnait, mais elle s'apprêtait à me faire le plus grand sacrifice et à tout quitter pour me suivre. Autant je me sentais indigne du dévouement qu'elle me témoignait, autant je voulais à l'avenir que mon amour l'en récompensât; enfin mon bon ange avait triomphé, et l'admiration et l'amour prenaient le dessus dans mon cœur.

Inclinée près de moi, Brigitte cherchait sur la carte le lieu où nous allions nous ensevelir; nous ne l'avions pas décidé encore, et nous trouvions à cette incertitude un plaisir si vif et si nouveau, que nous

feignions, pour ainsi dire, de ne pouvoir nous fixer
sur rien. Durant ces recherches, nos fronts se touchaient, mon bras entourait la taille de Brigitte. —
Où irons-nous ? que ferons-nous ? où commencera
la vie nouvelle ? Comment dirai-je ce que j'éprouvais, lorsqu'au milieu de tant d'espérances je rele-
vais la tête par moments ? Quel repentir me péné-
trait à la vue de ce beau et tranquille visage qui
souriait à l'avenir, pâle encore des douleurs du
passé ! Lorsque je la tenais ainsi et que son doigt
errait sur la carte, tandis qu'elle parlait à voix basse
de ses affaires qu'elle disposait, de ses désirs, de
notre retraite future, j'aurais donné mon sang pour
elle. Projets de bonheur, vous êtes peut-être le seul
bonheur véritable ici-bas !

Il y avait huit jours environ que notre temps se
passait en courses et en emplettes, lorsqu'un jeune
homme se présenta chez nous ; il apportait des
lettres à Brigitte. Après l'entretien qu'il eut avec elle,
je la trouvai triste et abattue ; mais je n'en pus savoir
autre chose sinon que les lettres étaient de N***,
cette même ville où, pour la première fois, j'avais
parlé de mon amour, et où demeuraient les seuls
parents que Brigitte eût encore.

Cependant nos préparatifs se faisaient rapidement, et il n'y avait place dans mon cœur que pour
l'impatience du départ ; en même temps la joie que
j'éprouvais me laissait à peine un instant de repos.
Quand je me levais le matin et que le soleil éclairait
nos croisées, je me sentais de tels transports que j'en
étais comme enivré ; j'entrais alors sur la pointe du
pied dans la chambre où dormait Brigitte. Elle me
trouva plus d'une fois, en s'éveillant, à genoux au
pied de son lit, la regardant dormir et ne pouvant
retenir mes larmes ; je ne savais par quel moyen la
convaincre de la sincérité de mon repentir. Si mon
amour pour ma première maîtresse m'avait fait

faire autrefois des folies, j'en faisais maintenant cent
fois plus ; tout ce que la passion portée à l'excès peut
inspirer d'étrange ou de violent, je le recherchais
avec fureur. C'était un culte que j'avais pour Brigitte, et, quoique son amant depuis plus de six mois,
il me semblait, quand je l'approchais, que je la
voyais pour la première fois ; j'osais à peine baiser le
bas de la robe de cette femme que j'avais si longtemps maltraitée. Ses moindres mots me faisaient
tressaillir comme si sa voix m'eût été nouvelle ; tantôt je me jetais dans ses bras en sanglotant, et tantôt
j'éclatais de rire sans motif ; je ne parlais de ma
conduite passée qu'avec horreur et avec dégoût, et
j'aurais voulu qu'il eût existé quelque part un temple
consacré à l'Amour, pour m'y laver dans un baptême
et m'y couvrir d'un vêtement distinct que rien désormais n'eût pu m'arracher.

J'ai vu le saint Thomas du Titien poser son doigt
sur la plaie du Christ et j'ai souvent pensé à lui ; si
j'osais comparer l'amour à la foi d'un homme en son
Dieu, je pourrais dire que je lui ressemblais. Quel
nom porte le sentiment qu'exprime cette tête
inquiète, presque doutant encore et adorant déjà ? Il
touche la plaie ; le blasphème étonné s'arrêt sur ses
lèvres ouvertes où la prière se pose doucement.
Est-ce un apôtre ? est-ce un impie ? se repent-il
autant qu'il a offensé ? Ni lui, ni le peintre, ni toi qui
le regardes, vous n'en savez rien ; le Sauveur sourit,
et tout s'absorbe comme une goutte de rosée dans
un rayon de l'immense bonté.

C'est ainsi que, devant Brigitte, j'étais muet et
comme surpris sans cesse ; je tremblais qu'elle ne
conservât des craintes, et que tant de changements
qu'elle avait vus en moi ne la rendissent défiante.
Mais au bout de quinze jours, elle avait lu clairement dans mon cœur ; elle comprit qu'en la voyant
sincère, je l'étais devenu à mon tour, et comme mon

amour venait de son courage, elle ne douta pas plus
de l'un que de l'autre.

Notre chambre était pleine de hardes en désordre,
d'albums, de crayons de livres, de paquets, et sur
tout cela, toujours étalée, la chère carte que nous
aimions tant. Nous allions et venions ; je m'arrêtais à
tout moment pour me jeter aux genoux de Brigitte,
qui me traitait de paresseux, disant en riant qu'il lui
fallait tout faire et que je n'étais bon à rien ; et, tout
en préparant les malles, les projets allaient, comme
on pense. C'était bien loin de gagner la Sicile ; mais
l'hiver y est si agréable ! c'est le climat le plus heureux. Gênes est bien belle avec ses maisons peintes,
ses jardins verts en espalier et les Apenins derrière
elle. Mais que de bruit ! quelle multitude ! Sur trois
hommes qui passent dans les rues, il y a un moine et
un soldat. Florence est triste ; c'est le moyen âge
encore vivant au milieu de nous. Comment souffrir
ces fenêtres grillées et cette affreuse couleur brune
dont les maisons sont toutes salies ? Qu'irions-nous
faire à Rome ? nous ne voyageons pas pour nous
éblouir, et encore moins pour rien apprendre. Si
nous allions sur les bords du Rhin ? Mais la saison y
sera passée, et quoiqu'on ne cherche pas le monde,
il est toujours triste d'aller où il va, quand il n'y est
plus. Mais l'Espagne ? Trop d'embarras nous y arrê-
teraient ; il faut y marcher comme en guerre et
s'attendre à tout, hormis au repos. Allons en Suisse ;
si tant de gens y voyagent, laissons les sots en faire
fi ; c'est là qu'éclatent dans toute leur splendeur les
trois couleurs les plus chères à Dieu : l'azur du ciel,
la verdure des plaines et la blancheur des neiges au
sommet des glaciers. — Partons, partons, disait Brigitte, envolons-nous comme deux oiseaux. Figu-
rons-nous, mon cher Octave, que c'est d'hier que
nous nous connaissons. Vous m'avez rencontrée au
bal, je vous ai plu et je vous aime ; vous me contez

qu'à quelques lieues d'ici, dans je ne sais quelle petite ville, vous avez aimé une madame Pierson ; ce qui s'est passé entre vous et elle, je ne le veux seulement pas croire. N'iriez-vous pas me faire confidence de vos amours avec une femme que vous avez quittée pour moi ? Je vous dis tout bas à mon tour qu'il n'y a pas bien longtemps encore, j'ai aimé un mauvais sujet qui m'a rendue assez malheureuse ; vous me plaignez, vous m'imposez silence, et il est convenu entre nous qu'il n'en sera jamais question.

Lorsque Brigitte parlait ainsi, ce que j'éprouvais ressemblait à de l'avarice ; je la serrais avec des bras tremblants. — Ô Dieu ! m'écriais-je, je ne sais si c'est de joie ou de crainte que je frissonne. Je vais t'emporter, mon trésor. Devant cet horizon immense, tu es à moi ! nous allons partir. Meure ma jeunesse, meurent les souvenirs, meurent les soucis et les regrets ! Ô ma bonne et brave maîtresse ! tu as fait un homme d'un enfant ! Si je te perdais maintenant, jamais je ne pourrais aimer. Peut-être, avant de te connaître, une autre femme aurait pu me guérir ; mais maintenant toi seule au monde tu peux me tuer ou me sauver ; car je porte au cœur la blessure de tout le mal que je t'ai fait. J'ai été ingrat, aveugle et cruel. Dieu soit béni ! tu m'aimes encore. Si jamais tu retournes au village où je t'ai vue sous les tilleuls, regarde cette maison déserte : il doit y avoir là un fantôme, car l'homme qui en sort avec toi n'est pas celui qui y était entré.

— Est-ce bien vrai ? disait Brigitte, et son beau front, tout radieux d'amour, se levait alors vers le ciel, est-ce bien vrai que je suis à toi ? Oui, loin de ce monde odieux qui t'avait vieilli avant l'âge, oui, enfant, vous allez aimer. Je vous aurai tel que vous êtes, et, quel que soit le coin de la terre où nous allons trouver la vie, vous m'y pourrez oublier sans remords le jour où vous n'aimerez plus. Ma mission

sera remplie, et il me restera toujours là-haut un
Dieu pour l'en remercier.

De quel poignant et affreux souvenir me rem-
plissent encore ces paroles! Enfin il était décidé que
nous irions d'abord à Genève, et que nous choisi-
rions au pied des Alpes un lieu tranquille pour le
printemps. Déjà Brigitte parlait du beau lac; déjà
j'aspirais dans mon cœur le souffle du vent qui
l'agite, et la vivace odeur de la verte vallée; déjà Lau-
sanne, Vevey, l'Oberland, et, par-delà les sommets
du mont Rose, la plaine immense de la Lombardie;
déjà l'oubli, le repos, la fuite, tous les esprits des
solitudes heureuses nous conviaient et nous invi-
taient; déjà, quand le soir, les mains jointes, nous
nous regardions l'un l'autre en silence, nous sentions s'élever en nous ce sentiment plein d'une grandeur étrange qui s'empare du cœur à la veille des
longs voyages, vertige secret et inexplicable qui tient
à la fois des terreurs de l'exil et des espérances du
pèlerinage. Ô Dieu! c'est ta voix elle-même qui
appelle alors, et qui avertit l'homme qu'il va venir à
toi. N'y a-t-il pas dans la pensée humaine des ailes
qui frémissent et des cordes sonores qui se tendent?
Que vous dirai-je? n'y a-t-il pas un monde dans ces
seuls mots : Tout était prêt, nous allions partir?

Tout à coup Brigitte languit; elle baisse la tête,
elle garde le silence. Quand je lui demande si elle
souffre, elle me dit que non d'une voix éteinte;
quand je lui parle du jour de départ, elle se lève,
froide et résignée, et continue ses préparatifs;
quand je lui jure qu'elle va être heureuse et que je
veux lui consacrer ma vie, elle s'enferme pour pleure;
quand je l'embrasse, elle devient pâle et détourne les
yeux en me tendant les lèvres; quand je lui dis que
rien n'est encore fait, qu'elle peut renoncer à nos
projets, elle fronce les sourcils d'un air dur et
farouche; quand je la supplie de m'ouvrir son cœur,

quand je lui répète que, dussé-je en mourir, je sacri-
fierai mon bonheur s'il doit jamais lui coûter un
regret, elle se jette à mon cou, puis s'arrête, et me
repousse comme involontairement. Enfin j'entre un
jour dans sa chambre, tenant à la main un billet où
nos places sont marquées pour la voiture de Besan-
çon. Je m'approche d'elle, je le pose sur ses genoux ;
elle étend les bras, pousse un cri, et tombe sans
connaissance à mes pieds.

CHAPITRE II

Tous mes efforts pour deviner la cause d'un changement aussi inattendu étaient restés sans résultat comme les questions que j'avais pu faire. Brigitte était malade et gardait opiniâtrement le silence. Après une journée entière passée, tantôt à la supplier de s'expliquer, tantôt à m'épuiser en conjectures, j'étais sortis sans savoir où j'allais. En passant près de l'Opéra, un commissionnaire m'offrit un billet et machinalement j'y entrai, comme c'était mon habitude.

Je ne pouvais faire attention à ce qui se passait ni sur le théâtre ni dans la salle; j'étais navré d'une telle douleur et en même temps si stupéfait, que je ne vivais, pour ainsi dire, qu'en moi, et que les objets extérieurs ne semblaient plus frapper mes sens. Toutes mes forces concentrées se portaient sur une pensée, et plus je la remuais dans ma tête, moins j'y pouvais voir nettement. Quel obstacle affreux, survenu tout à coup, renversait ainsi, à la veille du départ, tant de projets et d'espérances? S'il s'agissait d'un événement ordinaire ou même d'un malheur véritable, comme d'un accident de fortune ou de la perte de quelque ami, pourquoi ce silence obstiné? Après tout ce qu'avait fait Brigitte, dans un moment où nos rêves les plus chers paraissaient près de se

réaliser, de quelle nature pouvait être un secret qui
détruisait notre bonheur et qu'elle refusait de me
confier? Quoi! c'est de moi qu'elle se cache? Que
ses chagrins, que ses affaires, la crainte même de
l'avenir, je ne sais quel motif de tristesse, d'incertitude ou de colère la retiennent ici quelque temps ou
la fassent renoncer pour toujours à ce voyage si
désiré, par quelle raison ne pas s'ouvrir à moi? Dans
l'état où se trouvait mon cœur, je ne pouvais cependant supposer qu'il y eût là rien de blâmable.
L'apparence seule d'un soupçon me révoltait et me
faisait horreur. Comment, d'autre part, croire à de
l'inconstance ou à du caprice seulement dans cette
femme telle que je la connaissais? Je me perdais
dans un abîme, et ne voyais pas même la plus faible
lueur, le moindre point qui pût me fixer.

Il y avait en face de moi, à la galerie, un jeune
homme dont les traits ne m'étaient pas inconnus.
Comme il arrive souvent quand on a l'esprit préoccupé, je le regardais sans m'en rendre compte, et
je cherchais à mettre son nom sur son visage. Tout à
coup, je le reconnus: c'était lui qui, comme je l'ai dit
plus haut, avait apporté à Brigitte des lettres de
N***. Je me levai précipitamment pour aller lui parler, sans songer à ce que je faisais. Il occupait une
place à laquelle je ne pouvais arriver sans déranger
un grand nombre de spectateurs, et je fus contraint
d'attendre l'entr'acte.

Mon premier mouvement avait été de penser que,
si quelqu'un pouvait m'éclairer sur l'unique souci
qui m'inquiétait, c'était ce jeune homme plus que
tout autre. Il avait eu avec madame Pierson plusieurs entretiens depuis quelques jours, et je me
souvins que, lorsqu'il l'avait quittée, je l'avais trou-
vée constamment triste, non seulement le premier
jour, mais toutes les fois qu'il était venu. Il l'avait
vue la veille, le matin même du jour où elle était

tombée malade. Les lettres qu'il apportait, Brigitte
ne me les avait point montrées ; il était possible qu'il
connût la véritable raison qui retardait notre départ.
Peut-être n'était-il pas entièrement dans la confidence, mais il ne pouvait manquer de m'apprendre
au moins quel était le contenu de ces lettres, et je
devais le supposer assez au fait de nos affaires pour
ne pas craindre de l'interroger. J'étais ravi de l'avoir
trouvé, et, dès que la toile fut baissée, je courus le
joindre dans le corridor. Je ne sais s'il me vit venir,
mais il s'éloigna et entra dans une loge. Je résolus
d'attendre qu'il en sortît, et demeurai un quart
d'heure à me promener, regardant toujours la porte
de la loge.

Elle s'ouvrit enfin, il sortit ; je le saluai aussitôt de
loin en m'avançant à sa rencontre. Il fit quelques pas
d'un air irrésolu ; puis, tournant tout à coup, il descendit l'escalier et disparut.

Mon intention de l'aborder avait été trop évidente
pour qu'il pût m'échapper ainsi sans un dessein for-
mel de m'éviter. Il devait connaître mon visage, et
d'ailleurs même, sans qu'il le connût, un homme qui
en voit un autre venir à lui doit au moins l'attendre.
Nous étions seuls dans le corridor quand je m'étais
avancé vers lui ; ainsi, il était hors de doute qu'il
n'avait pas voulu me parler. Je ne songeai pas à y
voir une impertinence ; un homme qui venait tous
les jours dans un appartement où je demeurais, à
qui j'avais toujours fait bon accueil quand je m'étais
rencontré avec lui, dont les manières étaient simples
et modestes, comment peser qu'il voulût m'insulter ?
il n'avait voulu que me fuir, et se dispenser d'un
entretien fâcheux. Pourquoi encore ? Ce second
mystère me troubla presque autant que le premier.
Quoi que je fisse pour écarter cette idée, la dispari-
tion de ce jeune homme se liait invinciblement dans
ma tête avec le silence obstiné de Brigitte.

L'incertitude est de tous les tourments le plus difficile à supporter, et, dans plusieurs circonstances de ma vie, je me suis exposé à de grands malheurs faute de pouvoir attendre patiemment. Lorsque je rentrai à la maison, je trouvai Brigitte lisant précisément ces fatales lettres de N***. Je lui dis qu'il m'était impossible de rester plus longtemps dans la situation d'esprit où je me trouvais, et qu'à tout prix j'en voulais sortir; que je voulais savoir, quel qu'il fût, le motif du changement subit qui s'était opéré en elle, et que, si elle refusait de répondre, je regarderais son silence comme un refus positif de partir avec moi, et même comme un ordre de m'éloigner d'elle pour toujours.

Elle me montra avec répugnance une des lettres qu'elle tenait. Ses parents lui écrivaient que son départ la déshonorait à jamais, que personne n'en ignorait la cause, et qu'ils se croyaient obligés de lui déclarer par avance quels en seraient les résultats; qu'elle vivait publiquement comme ma maîtresse, et que, bien qu'elle fût libre et veuve, elle avait encore à répondre du nom qu'elle portait; que ni eux ni aucun de ses anciens amis ne la reverraient si elle persistait; enfin, par toutes sortes de menaces et de conseils, ils l'engageaient à revenir au pays.

Le ton de cette lettre m'indigna, et je n'y vis d'abord qu'une injure. — Et ce jeune homme qui vous apporte ces remontrances, m'écriai-je, sans doute il s'est chargé de vous en faire de vive voix, et il n'y manque pas, n'est-il pas vrai?

La profonde tristesse de Brigitte me fit réfléchir et calma ma colère. — Vous ferez, me dit-elle, ce que vous voudrez, et vous achèverez de me perdre. Aussi bien mon sort est entre vos mains, et il y a longtemps que vous en êtes le maître. Tirez telle vengeance qu'il vous plaira du dernier effort que mes vieux amis font pour me rappeler à la raison, au monde, que je respectais jadis, et à l'honneur, que j'ai perdu. Je n'ai pas un mot à vous dire, et, si vous voulez même me dicter ma réponse, je la ferai telle que vous le souhaiterez.

— Je ne souhaite rien, répondis-je, que de connaître vos intentions ; c'est à moi au contraire de m'y conformer, et, je vous le jure, j'y suis prêt. Dites-moi si vous restez ou si vous partez, ou s'il faut que je parte seul.

— Pourquoi cette question ? demanda Brigitte ; vous ai-je dit que j'eusse changé d'avis ? Je souffre et ne puis partir ainsi ; mais, dès que je serai guérie ou seulement en état de me lever, nous irons à Genève, comme il est convenu.

Nous nous séparâmes sur ces mots, et la mortelle froideur dont elle les avait prononcés m'attrista plus qu'un refus ne l'aurait fait. Ce n'était pas la première fois que, par des avis de ce genre, on tentait de rompre notre liaison ; mais, jusqu'ici, quelque impression que de pareilles lettres eussent faites sur Brigitte, elle s'en était bientôt distraite. Comment croire que ce seul motif eût aujourd'hui sur elle tant de force, lorsqu'il n'avait rien pu dans des temps moins heureux ? Je cherchais si, dans ma conduite depuis que nous étions à Paris, je n'avais rien à me reprocher. — Serait-ce seulement, me disais-je, la faiblesse d'une femme qui a voulu faire un coup de tête, et qui, au moment de l'exécution, recule devant sa propre volonté ? Serait-ce ce que les libertins pourraient nommer un dernier scrupule ? Mais cette gaieté qu'il y a huit jours Brigitte montrait du matin au soir, ces projets si doux, quittés, repris sans cesse, ces promesses, ces protestations, tout cela pourtant était franc, réel, sans aucune contrainte. C'était malgré moi qu'elle voulait partir. Non, il y a là quelque mystère ; et comment le savoir, si mainte-nant, quand je la questionne, elle me paie d'une rai-

son qui ne peut être la véritable? Je ne puis lui dire
qu'elle ment ni la forcer à répondre autre chose. Elle
me dit qu'elle veut toujours partir; mais, si elle le dit
de ce ton, ne dois-je pas refuser absolument? Puis-je
accepter un sacrifice pareil, quand il s'accomplit
comme une tâche, comme une condamnation?
quand ce que je croyais m'être offert par l'amour,
j'en viens pour ainsi dire à l'exiger de la parole donnée? Ô Dieu! serait-ce donc cette pâle et languis-
sante créature que j'emporterais dans mes bras?
N'emmènerais-je si loin de la patrie, pour si longtemps, pour la vie peut-être, qu'une victime résignée? Je ferai, dit-elle, ce qui te plaira. Non certes, il
ne me plaira point de rien demander à la patience,
et, plutôt que de voir ce visage souffrant seulement
encore une semaine, si elle se tait, je partirai seul.

Insensé que j'étais, en avais-je la force? J'avais été
trop heureux depuis quinze jours pour oser vraiment regarder en arrière et, loin de me sentir ce
courage, je ne songeais qu'aux moyens d'emmener
Brigitte. Je passai la nuit sans fermer l'œil, et le lendemain, de grand matin, je résolus, à tout hasard,
d'aller chez ce jeune homme que j'avais vu à l'Opéra.
Je ne sais si c'était la colère ou la curiosité qui m'y
poussait, ni ce qu'au fond je voulais de lui; mais je
pensais que, de cette manière, il ne pourrait du
moins m'éviter, et c'était tout ce que je désirais.

Comme je ne savais pas son adresse, j'entrai chez
Brigitte pour la demander, prétextant une politesse
que je lui devais après toutes les visites qu'il nous
avait faites; car je n'avais pas dit un mot de ma rencontre au spectacle. Brigitte était au lit, et ses yeux
fatigués montraient qu'elle avait pleuré. Lorsque
j'entrai, elle me tendit la main, et me dit: — Que me
voulez-vous? Sa voix était triste, mais tendre. Nous
échangeâmes quelques paroles amicales, et je sortis
le cœur moins désolé.

Le jeune homme que j'allais voir se nommait Smith; il demeurait à peu de distance. En frappant à sa porte, je ne sais quelle inquiétude me saisit; je m'avançai lentement et comme frappé tout à coup d'une lumière inattendue. À son premier geste, mon sang se glaça. Il était couché, et, avec le même accent que tout à l'heure Brigitte, avec un visage aussi pâle et aussi défait, il me tendit la main en me voyant et me dit la même parole : Que me voulez-vous ?

Qu'on en pense ce qu'on voudra; il y a de tels hasards dans la vie que la raison de l'homme ne saurait s'expliquer. Je m'assis sans pouvoir répondre, et, comme si je me fusse éveillé d'un rêve, je me répétai à moi-même la question qu'il m'adressait. Que venais-je faire, en effet, chez lui ? Comment lui dire ce qui m'amenait ? En supposant qu'il pût m'être utile de l'interroger, comment savoir s'il voudrait parler ? Il avait apporté des lettres et connaissait ceux qui les avaient écrites; mais n'en savais-je pas aussi long que lui après ce que Brigitte venait de me montrer ? Il m'en coûtait de lui faire des questions, et je craignais qu'il ne soupçonnât ce qui se passait dans mon cœur. Les premiers mots que nous échangeâmes furent polis et insignifiants. Je le remerciai de s'être chargé des commissions de la famille de madame Pierson; je lui dis qu'en quittant la France nous le prierions à notre tour de nous rendre quelques services; après quoi, nous demeurâmes en silence, étonnés de nous trouver vis-à-vis l'un de l'autre.

Je regardais autour de moi, comme les gens embarrassés. La chambre qu'occupait ce jeune homme était au quatrième étage, [et] tout y annonçait une pauvreté honnête et laborieuse. Quelques livres, des instruments de musique, des cadres de bois blanc, des papiers en ordre sur une table cou-

verte d'un tapis, un vieux fauteuil et quelques
chaises, c'était tout; mais tout se ressentait d'un air
de propreté et de soin qui en faisait un ensemble
agréable. Quant à lui, sa physionomie ouverte et
animée prévenait d'abord en sa faveur; j'aperçus à la
cheminée le portrait d'une femme âgée; je m'en
approchai tout en rêvant, et il me dit que c'était sa
mère.

Je me souvins alors que Brigitte m'avait souvent
parlé de lui, et mille détails que j'avais oubliés me
revinrent à la mémoire. Brigitte le connaissait
depuis son enfance. Avant que je ne vinsse au pays,
elle le voyait quelquefois à N***; mais depuis mon
arrivée elle n'y était allée qu'une fois, et il n'y était
point à ce moment. Ce n'était donc pas par hasard
que j'avais appris sur son compte quelques parti-
cularités, qui cependant m'avaient frappé. Il avait
pour tout bien un modique emploi qui lui servait à
entretenir une mère et une sœur; sa conduite envers
ces deux femmes méritait les plus grands éloges. Il
se privait de tout pour elles, et, quoiqu'il possédât
comme musicien des talents précieux qui pouvaient
mener à la fortune, une probité et une réserve
extrêmes lui avaient toujours fait préférer le repos
aux chances de succès qui s'étaient présentées. En
un mot, il était de ce petit nombre d'êtres qui vivent
sans bruit et savent gré aux autres de ne pas s'apercevoir de ce qu'ils valent.

On m'avait cité de lui certains traits qui suffisent
pour peindre un homme. Il avait été très amoureux
d'une belle fille de son voisinage, et, après plus d'un
an d'assiduités [près d'elle], on consentait à la lui
donner pour femme. Elle était aussi pauvre que lui.
Le contrat allait être signé, et tout était prêt pour la
noce, lorsque sa mère lui dit : Et ta sœur, qui la
mariera? Cette seule parole lui fit comprendre que,
s'il prenait femme, il dépenserait pour son ménage

ce qu'il gagnerait de son travail, et que, par conséquent, sa sœur n'aurait point de dot. Il rompit aussitôt tout ce qui était commencé, et renonça courageusement à son mariage et à son amour; ce fut alors qu'il vint à Paris et obtint la place qu'il avait.

Je n'avais jamais entendu cette histoire, dont on parlait dans le pays, sans désirer d'en connaître le héros. Ce dévouement tranquille et obscur m'avait semblé plus admirable que toutes les gloires des champs de bataille. En voyant le portrait de sa mère, je m'en souvins aussitôt, et, reportant mes regards sur lui, je fus étonné de le trouver si jeune. Je ne pus m'empêcher de lui demander son âge; c'était le mien. Huit heures sonnèrent et il se leva.

Aux premiers pas qu'il fit, je le vis chanceler; il secoua la tête. — Qu'avez-vous? lui dis-je. Il me répondit que c'était l'heure d'aller au bureau, et qu'il ne se sentait pas la force de marcher.

— Êtes-vous malade?

— J'ai la fièvre, et je souffre cruellement.

— Vous vous portiez mieux hier soir; je vous ai vu, je pense, à l'Opéra.

— Pardonnez-moi de ne pas vous avoir reconnu. J'ai mes entrées à ce théâtre, et j'espère vous y retrouver.

Plus j'examinais ce jeune homme, cette chambre, cette maison, moins je me sentais la force d'aborder le véritable sujet de ma visite. L'idée que j'avais eue la veille, qu'il avait pu me nuire dans l'esprit de Brigitte, s'évanouissait malgré moi; je lui trouvais un air de franchise et en même temps de sévérité qui m'arrêtait et m'[en] imposait. Peu à peu mes pensées prenaient un autre cours; je le regardais attentivement, et il me sembla que, de son côté, il m'observait aussi avec curiosité.

Nous avions vingt et un ans tous deux; et quelle différence entre nous! Lui, habitué à une existence

dont le son réglé d'une horloge déterminait les mouvements ; n'ayant jamais vu de la vie que le chemin
d'une chambre isolée à un bureau enfoui dans un
ministère ; envoyant à une mère l'épargne même, ce
denier de la joie humaine, que serre avec tant d'avarice toute main qui travaille ; se plaignant d'une nuit
de souffrance parce qu'elle le privait d'un jour de
fatigue ; n'ayant qu'une pensée, qu'un bien, veiller au
bien d'un autre, et cela depuis son enfance, depuis
qu'il avait des bras ! Et moi, de ce temps précieux,
rapide, inexorable, de ce temps buveur de sueurs,
qu'en avais-je fait ? étais-je un homme ? Lequel de
nous avait vécu ?

Ce que je dis là en une page, il nous fallut un
regard pour le sentir. Nos yeux venaient de se rencontrer et ne se quittaient pas. Il me parla de mon
voyage et du pays que nous allions visiter.

— Quand partez-vous ? me demanda-t-il.

— Je ne sais ; madame Pierson est souffrante et
garde le lit depuis trois jours.

— Depuis trois jours ! répéta-t-il avec un mouvement involontaire.

— Oui ; qu'y a-t-il qui vous étonne ?

Il se leva et se jeta sur moi, les bras étendus et les
yeux fixes. Un frisson terrible le fit tressaillir.

— Souffrez-vous ? lui dis-je en lui prenant la
main. Mais, au même instant, il la porta à son
visage, et, ne pouvant étouffer ses larmes, il se
traîna lentement à son lit.

Je le regardais avec surprise ; le transport violent
de sa fièvre l'avait abattu tout à coup. J'hésitais à le
laisser en cet état, et je m'approchai de lui de nouveau. Il me repoussa avec force et comme avec une
terreur étrange. Lorsqu'il fut enfin revenu à lui :

— Excusez-moi, dit-il d'une voix faible ; je suis
hors d'état de vous recevoir. Soyez assez bon pour
me laisser ; dès que mes forces me le permettront,
j'irai vous remercier de votre visite.

CHAPITRE III

Brigitte se portait mieux. Comme elle me l'avait dit, elle avait voulu partir aussitôt guérie. Mais je m'y étais opposé, et nous devions attendre encore une quinzaine qu'elle fût en état de supporter le voyage.

Toujours triste et silencieuse, elle était pourtant bienveillante. Quoi que je fisse pour la déterminer à me parler à cœur ouvert, la lettre qu'elle m'avait montrée était, disait-elle, le seul motif de sa mélancolie, et elle me priait qu'il n'en fût plus question. Ainsi réduit moi-même à me taire comme elle, je cherchais vainement à deviner ce qui se passait dans son cœur. Le tête-à-tête nous pesait à tous deux et nous allions au spectacle tous les soirs. Là, assis l'un près de l'autre dans le fond d'une loge, nous nous serrions quelquefois la main; de temps en temps, un beau morceau de musique, un mot qui nous frappait, nous faisait échanger des regards amis; mais, pour aller comme pour revenir, nous restions muets, plongés dans nos pensées. Vingt fois par jour, je me sentais prêt à me jeter à ses pieds, et à lui demander comme une grâce de me donner le coup de la mort ou de me rendre le bonheur que j'avais entrevu; vingt fois, au moment de le faire, je voyais ses traits s'altérer; elle se levait et me quittait, ou, par une parole glacée, arrêtait mon cœur sur mes lèvres.

Smith venait presque tous les jours. Quoique sa présence dans la maison eût été la cause de tout le mal et que la visite que je lui avais faite m'eût laissé dans l'esprit de singuliers soupçons, la manière dont il parlait de notre voyage, sa bonne foi et sa simplicité me rassuraient sur lui. Je lui avais parlé des lettres qu'il avait apportées, et il m'en avait paru non pas aussi offensé, mais plus triste que moi. Il en ignorait le contenu, et l'amitié de vieille date qu'il avait pour Brigitte les lui faisait blâmer hautement. Il ne s'en serait pas chargé, disait-il, s'il avait su ce qu'elles renfermaient. Au ton réservé que madame Pierson gardait avec lui, je ne pouvais le croire dans sa confidence. Je le voyais donc avec plaisir, quoiqu'il y eût toujours entre nous une sorte de gêne et de cérémonie. Il s'était chargé d'être, après notre départ, l'intermédiaire entre Brigitte et sa famille, et d'empêcher une rupture éclatante. L'estime qu'on avait pour lui dans le pays ne devait pas être de peu d'importance dans cette négociation, et je ne pouvais m'empêcher de lui en savoir gré. C'était le plus noble caractère : quand nous étions tous trois ensemble, s'il apercevait quelque froideur ou quelque contrainte, je le voyais faire tous ses efforts pour ramener la gaieté entre nous ; s'il semblait inquiet de ce qui se passait, c'était toujours sans indiscrétion et de manière à faire comprendre qu'il eût souhaité de nous voir heureux ; s'il parlait de notre liaison, c'était pour ainsi dire avec respect, et comme un homme pour qui l'amour est un lien sacré devant Dieu ; enfin, c'était une sorte d'ami, et il m'inspirait une entière confiance.

Mais, malgré tout et en dépit de ses efforts mêmes, il était triste, et je ne pouvais vaincre d'étranges pensées qui me saisissaient. Les larmes que j'avais vu répandre à ce jeune homme, sa maladie arrivée précisément en même temps que celle de ma maîtresse, je ne sais quelle sympathie mélancolique qu'il me semblait découvrir entre eux, me troublaient et m'inquiétaient. Il n'y avait pas un mois que, sur de moindres soupçons, j'aurais eu des transports de jalousie ; mais maintenant, de quoi soupçonner Brigitte ? Quel que fût le secret qu'elle me cachait, n'allait-elle pas partir avec moi ? quand bien même il eût été possible que Smith fût dans la confidence de quelque mystère que j'ignorais, de quelle nature pouvait être ce mystère ? Que pouvait-il y avoir de blâmable dans leur tristesse et dans leur amitié ? Elle l'avait connu enfant ; elle le revoyait après de longues années, au moment de quitter la France ; elle se trouvait dans une situation malheureuse, et le hasard voulait qu'il en fût instruit, qu'il eût servi même en quelque sorte d'instrument à sa mauvaise destinée. N'était-il pas tout naturel qu'ils échangeassent quelques tristes regards, que la vue de ce jeune homme rappelât à Brigitte le passé, quelques souvenirs et quelques regrets ? Pouvait-il, à son tour, la voir partir sans crainte, sans songer malgré lui aux chances d'un long voyage, aux risques d'une vie désormais errante, presque proscrite et abandonnée ? Sans doute, cela devait être, et je sentais, quand j'y pensais, que c'était à moi à me lever, à me mettre entre eux deux, à les rassurer, à les faire croire en moi, à dire à l'une que mon bras la soutiendrait tant qu'elle voudrait s'y appuyer, à l'autre que je lui étais reconnaissant de l'affection qu'il nous témoignait et des services qu'il allait nous rendre. Je le sentais, et ne pouvais le faire. Un froid mortel me serrait le cœur, et je restais sur mon fauteuil.

Smith parti le soir, ou nous nous taisions, ou nous parlions de lui. Je ne sais quel attrait bizarre me faisait demander tous les jours à Brigitte de nouveaux détails sur son compte. Elle n'avait cependant à m'en dire que ce que j'en ai dit au lecteur ; sa vie n'avait jamais été autre chose que ce qu'elle était, pauvre, obscure et honnête. Pour la raconter tout entière, il suffisait de peu de mots; mais je me les faisais répéter sans cesse, et, sans savoir pourquoi, j'y prenais intérêt.

En y réfléchissant, il y avait au fond de mon cœur une souffrance secrète que je ne m'avouais pas. Si ce jeune homme fût arrivé au moment de notre joie, qu'il eût apporté à Brigitte une lettre insignifiante, qu'il lui eût serré la main en montant en voiture, y aurais-je fait la moindre attention? Qu'il m'eût reconnu ou non à l'Opéra, qu'il lui fût échappé devant moi des larmes dont j'ignorais la cause, que m'importait si j'étais heureux? Mais, tout en ne pouvant deviner le motif de la tristesse de Brigitte, je voyais bien que ma conduite passée, quoi qu'elle en pût dire, n'était pas maintenant étrangère à ses chagrins. Si j'avais été ce que j'aurais dû être depuis six mois que nous vivions ensemble, rien au monde, je le savais, n'aurait pu troubler notre amour. Smith n'était qu'un homme ordinaire, mais il était bon et dévoué; ses qualités simples et modestes ressemblaient à de grandes lignes pures que l'œil saisit sans peine et tout d'abord; en un quart d'heure, on le connaissait, et il inspirait la confiance, sinon l'admiration. Je ne pouvais m'empêcher de me dire que, s'il eût été l'amant de Brigitte, elle serait partie joyeuse avec lui.

C'était de ma propre volonté que j'avais retardé notre départ, et déjà je m'en repentais. Brigitte aussi, quelquefois, me pressait. — Qui nous arrête? disait-elle; me voilà guérie, tout est prêt. Qui m'arrêtait, en effet? Je ne sais.

Assis près de la cheminée, je fixais mes yeux alternativement sur Smith et sur ma maîtresse. Je les voyais tous deux pâles, sérieux, muets. J'ignorais pourquoi ils étaient ainsi, et, malgré moi, je me répétais que ce pouvait bien être pour la même cause, et qu'il n'y avait pas là deux secrets à apprendre. Mais ce n'était pas un de ces soupçons vagues et maladifs qui m'avaient tourmenté autrefois, c'était un instinct invincible, fatal. Quelle étrange chose que nous ! je me plaisais à les laisser seuls, et à les quitter au coin du feu pour aller rêver sur le quai, m'appuyer sur le parapet, et regarder l'eau comme un oisif des rues.

Lorsqu'ils parlaient de leur séjour à N***, et que Brigitte, presque enjouée, prenait un petit ton de mère, pour lui rappeler les jours passés ensemble, il me semblait que je souffrais, et cependant j'y prenais plaisir. Je leur faisais des questions ; je parlais à Smith de sa mère, de ses occupations, de ses projets. Je lui donnais occasion de se montrer dans un jour favorable, et je forçais sa modestie à nous révéler son mérite. — Vous aimez beaucoup votre sœur, n'est-il pas vrai ? lui demandais-je. Quand comptez-vous la marier ? Il nous disait alors en rougissant que le ménage coûtait beaucoup, que ce serait fait peut-être dans deux ans, peut-être plus tôt, si sa santé lui permettait quelques travaux extraordinaires qui lui valaient des gratifications ; qu'il y avait dans le pays une famille assez à l'aise dont le fils aîné était son ami ; qu'ils étaient presque d'accord ensemble, et que le bonheur pouvait venir un jour, comme le repos, sans y songer ; qu'il avait renoncé pour sa sœur à la petite part de l'héritage que le père leur avait laissé ; que la mère s'y opposait, mais qu'il tiendrait bon malgré elle ; qu'un jeune homme devait vivre des ses mains, tandis que l'existence d'une fille se décidait le jour de son contrat. Ainsi, peu à peu, il nous déroulait toute sa vie et toute son âme, et je regardais Brigitte l'écouter. Puis, quand il se levait pour se retirer, je l'accompagnais à la porte, et j'y restais pensif, immobile, jusqu'à ce que le bruit de ses pas se fût perdu dans l'escalier.

Je rentrais alors dans la chambre et je trouvais Brigitte se disposant à se déshabiller. Je contemplais avidement ce corps charmant, ces trésors de beauté, que tant de fois j'avais possédés. Je la regardais peigner ses longs cheveux, nouer son mouchoir, et se détourner lorsque sa robe glissait à terre, comme une Diane qui entre au bain. Elle se mettait au lit ; je courais au mien ; il ne pouvait me venir à l'esprit que Brigitte me trompât ni que Smith fût amoureux d'elle ; je ne pensais ni à les observer ni à les surprendre ; je ne me rendais compte de rien. Je me disais : — Elle est bien belle, et ce pauvre Smith est un honnête garçon ; ils ont tous deux un grand chagrin, et moi aussi. Cela me brisait le cœur, et en même temps me soulageait.

Nous avions trouvé, en rouvrant nos malles, qu'il y manquait encore quelques bagatelles ; Smith s'était chargé d'y pourvoir. Il avait une activité infatigable, et on l'obligeait, disait-il, quand on lui confiait le soin de quelques commissions. Comme je revenais un jour au logis, je le vis à terre, fermant un porte-manteau. Brigitte était devant un clavecin que nous avions loué à la semaine pour notre séjour à Paris. Elle jouait un de ces anciens airs où elle mettait tant d'expression et qui m'avaient été si chers. Je m'arrêtai dans l'antichambre près de la porte, qui était ouverte ; chaque note m'entrait dans l'âme ; jamais elle n'avait chanté si tristement et si saintement.

Smith l'écoutait avec délices ; il était à genoux, tenant la boucle du porte-manteau. Il la froissa, puis la laissa tomber, et regarda les hardes qu'il venait de plier lui-même et de couvrir d'un linge blanc. L'air terminé, il resta ainsi ; Brigitte, les mains sur le clavier, regardait au loin l'horizon. Je vis pour la seconde fois tomber des larmes des yeux du jeune homme ; j'étais près d'en verser moi-même, et, ne sachant ce qui se passait en moi, j'entrai et lui tendis la main.

— Étiez-vous là ? demanda Brigitte. Elle tressaillit et parut surprise.

— Oui, j'étais là, lui répondis-je. Chantez, ma chère, je vous en supplie. Que j'entende encore votre voix !

Elle recommença sans répondre; c'était aussi pour elle un souvenir. Elle voyait mon émotion, celle de Smith; sa voix s'altéra. Les derniers sons, à peine articulés, semblèrent se perdre dans les cieux; elle se leva et me donna un baiser. Smith tenait encore ma main; je le sentis me la serrer avec force et convulsivement; il était pâle comme la mort.

Un autre jour, j'avais apporté un album lithographié qui représentait plusieurs vues de Suisse. Nous le regardions tous les trois, et, de temps en temps, lorsque Brigitte trouvait un site qui lui plaisait, elle s'y arrêtait pour l'observer. Il y en eut un qui lui parut surpasser de beaucoup tous les autres : c'était un paysage du canton de Vaud, à quelque distance de la route de Brigue; une vallée verte plantée de pommiers où des bestiaux paissaient à l'ombre; dans l'éloignement, un village consistant en une douzaine de maisons de bois semées en désordre dans la prairie, et étagées sur les collines environnantes. Sur le premier plan, une jeune fille, coiffée d'un large chapeau de paille, était assise au pied d'un arbre, et un garçon de ferme, debout devant elle, semblait lui montrer, un bâton ferré à la main, la route qu'il avait parcourue; il indiquait un sentier tortueux qui se perdait dans la montagne. Au-dessus d'eux paraissaient les Alpes, et le tableau était couronné par trois sommets couverts de neige, teints des nuances du soleil couchant. Rien n'était plus simple, et en même temps rien n'était plus beau que ce paysage. La vallée ressemblait à un lac de verdure, et l'œil en suivait les contours avec la plus parfaite tranquillité.

— Irons-nous là? dis-je à Brigitte. Je pris un crayon et traçai quelques traits sur l'estampe.

— Que faites-vous? demanda-t-elle.

— Je cherche, lui dis-je, si, avec un peu d'adresse, il faudrait changer beaucoup cette figure pour qu'elle vous ressemblât. La jolie coiffure de cette jeune fille vous irait, je crois, à merveille ; et ne pourrais-je pas, si je réussissais, donner à ce brave montagnard quelque ressemblance avec moi ?

Ce caprice parut lui plaire, et, s'emparant aussitôt d'un grattoir, elle eut bientôt effacé sur la feuille le visage du garçon et celui de la fille. Me voilà faisant son portrait, et elle voulut essayer le mien. Les figures étaient très petites, en sorte que nous ne fûmes pas difficiles ; il fut convenu que les portraits étaient frappants, et il suffisait, en effet, qu'on y cherchât nos traits pour les y retrouver. Lorsque nous en eûmes ri, le livre resta ouvert, et, le domestique m'ayant appelé pour quelque affaire, je sortis quelques instants après.

Lorsque je rentrai, Smith était appuyé sur la table et regardait l'estampe avec tant d'attention qu'il ne s'aperçut pas que je fusse revenu. Il était absorbé dans une rêverie profonde ; je repris ma place auprès du feu, et ce ne fut qu'à la première parole que j'adressai à Brigitte, qu'il releva la tête. Il nous regarda tous deux un moment ; puis il prit congé de nous à la hâte, et, comme il traversait la salle à manger, je le vis se frapper le front.

Quand je surprenais ces signes de douleurs je me levais et courais m'enfermer. — Et qu'est-ce donc ? qu'est-ce donc ? répétais-je. Puis je joignais les mains pour supplier... qui ? Je l'ignore ; peut-être mon bon ange, peut-être mon mauvais destin.

CHAPITRE IV

Mon cœur me criait de partir, et cependant je tardais toujours ; une volupté secrète et amère me clouait le soir à ma place. Quand Smith devait venir, je n'avais point de repos que je n'eusse entendu le bruit de la sonnette. Comment se fait-il qu'il y ait ainsi en nous je ne sais quoi qui aime le malheur ?

Chaque jour, un mot, un éclair rapide, un regard, me faisaient frémir ; chaque jour, un autre mot, un autre regard, par une impression contraire, me rejetaient dans l'incertitude. Par quel mystère inexplicable les voyais-je si tristes tous deux ? Par quel autre mystère restais-je immobile, comme une statue, à les regarder, lorsque, dans plus d'une occasion semblable, je m'étais montré violent jusques à la fureur ? Je n'avais pas la force de bouger, moi qui m'étais senti en amour de ces jalousies presque féroces, comme on en voit en Orient. Je passais mes journées à attendre, et je n'aurais pu dire ce que j'attendais. Je m'asseyais le soir sur mon lit, et [je] me disais : Voyons, pensons à cela. Je mettais ma tête dans mes mains, puis je m'écriais : C'est impossible ! et je recommençais le jour suivant.

En présence de Smith, Brigitte me témoignait plus d'amitié que quand nous étions seuls. Il arriva un soir comme nous venions d'échanger quelques

mots assez durs; quand elle entendit sa voix dans
l'antichambre, elle vint s'asseoir sur mes genoux.
Pour lui, toujours tranquille et triste, il semblait
qu'il fît sur lui-même un effort continuel. Ses
moindres gestes étaient mesurés; il parlait peu et
lentement; mais les mouvements brusques qui lui
échappaient n'en étaient que plus frappants pas leur
contraste avec sa contenance habituelle.

Dans la circonstance où je me trouvais, puis-je
appeler curiosité l'impatience qui me dévorait?
Qu'aurais-je répondu si quelqu'un fût venu me dire :
— Que vous importe? vous êtes bien curieux. Peut-
être, cependant, n'était-ce pas autre chose.

Je me souviens qu'un jour, au Pont-Royal, je vis
un homme se noyer. Je faisais avec des amis ce
qu'on appelle une pleine eau, à l'école de natation, et
nous étions suivis par un bateau où se tenaient deux
maîtres nageurs. C'était au plus fort de l'été; notre
bateau en avait rencontré un autre, en sorte que
nous trouvions plus de trente sous la grande arche
du pont. Tout à coup, au milieu de nous, un jeune
homme est pris d'un coup de sang. J'entends un cri
et je me retourne. Je vis deux mains qui s'agitaient à
la surface de l'eau, puis tout disparut. Nous plon-
geâmes aussitôt; ce fut en vain, et, une heure après
seulement, on parvint à retirer le cadavre engagé
sous un train de bois.

L'impression que j'éprouvai tandis que je plon-
geais dans la rivière ne sortira jamais de ma
mémoire. Je regardais de tous côtés, dans les
couches d'eau obscures et profondes qui m'envelop-
paient avec un sourd murmure. Tant que je pouvais
retenir mon haleine, je m'enfonçais toujours plus
avant; puis je revenais à la surface, j'échangeais une
question avec quelque autre nageur aussi inquiet
que moi; puis je retournais à cette pêche humaine.
J'étais plein d'horreur et d'espérance; l'idée que

j'allais peut-être me sentir saisi par deux bras convulsifs me causait une joie et une terreur indicibles, et ce ne fut qu'exténué de fatigue que je remontai dans le bateau.

Quand la débauche n'abrutit pas l'homme, une de ses suites nécessaires est une étrange curiosité. J'ai dit plus haut celle que j'avais ressentie à ma première visite à Desgenais. Je m'expliquerai davantage.

La vérité, squelette des apparences, veut que tout homme, quel qu'il soit, vienne à son jour et à son heure toucher ses ossements éternels au fond de quelque plaie passagère. Cela s'appelle connaître le monde, et l'expérience est à ce prix.

Or, il arrive que, devant cette épreuve, les uns reculent épouvantés ; les autres, faibles et effrayés, en restent vacillants comme des ombres. Quelques créatures, les meilleures peut-être, en meurent aussitôt. Le plus grand nombre oublie, et ainsi tout flotte à la mort.

Mais certains hommes, à coup sûr malheureux, ne reculent ni ne chancellent, ne meurent ni n'oublient ; quand leur tour vient de toucher au malheur, autrement dit à la vérité, ils s'en approchent d'un pas ferme, étendent la main, et, chose horrible ! se prennent d'amour pour le noyé livide qu'ils ont senti au fond des eaux. Ils le saisissent, le palpent, l'étreignent ; les voilà ivres du désir de connaître ; ils ne regardent plus les choses que pour voir à travers ; ils ne font plus que douter et tenter ; ils fouillent le monde comme des espions de Dieu ; leurs pensées s'aiguisent en flèches, et il leur naît un lynx dans les entrailles.

Les débauchés, plus que tous les autres, sont exposés à cette fureur, et la raison en est toute simple. En comparant la vie ordinaire à une surface plane et transparente, les débauchés, dans les courants rapides, à tout moment touchent le fond. Au sortir d'un bal, par exemple, ils s'en vont dans un mauvais lieu. Après avoir serré dans la valse la main pudique d'une vierge, et peut-être l'avoir fait trembler, ils partent, ils courent, jettent leur manteau, et s'attablent en se frottant les mains. La dernière phrase qu'ils viennent d'adresser à une belle et honnête femme est encore sur leurs lèvres; ils la répètent en éclatant de rire. Que dis-je? ne soulèvent-ils pas pour quelques pièces d'argent ce vêtement qui fait la chasteté, la robe, ce voile plein de mystère, qui semble respecter lui-même l'être qu'il embellit, et l'entoure sans le toucher? Quelle idée doivent-ils donc se faire du monde? ils s'y trouvent à chaque instant comme des comédiens dans une coulisse. Qui plus qu'eux est habitué à cette recherche du fond des choses, et, si l'on peut ainsi parler, à ces tâtements profonds et impies? Voyez comme ils parlent de tout. Toujours les termes les plus crus, les plus grossiers, les plus abjects; ceux-là seulement leur paraissent vrais, tout le reste n'est que parade, convention et préjugés. Qu'ils racontent une anecdote, qu'ils rendent compte de ce qu'ils ont éprouvé, toujours le mot sale et physique, toujours la lettre, toujours la mort. Ils ne disent pas : Cette femme m'a aimé; ils disent : J'ai eu cette femme, ils ne disent pas : J'aime; ils disent : J'ai envie; ils ne disent jamais : Dieu le veuille! ils disent partout : Si je voulais! Je ne sais ce qu'ils pensent d'eux-mêmes, et quels monologues ils font.

De là, inévitablement, ou la paresse ou la curiosité; car, pendant qu'ils s'exercent ainsi à voir en tout ce qu'il y a de pire, ils n'en entendent pas moins les autres continuer de croire au bien. Il faut donc qu'ils soient nonchalants jusqu'à se boucher les oreilles, ou que ce bruit du reste du monde les vienne éveiller en sursaut. Le père laisse aller son

fils où vont tant d'autres, où allait Caton lui-même;
il dit que jeunesse se passe. Mais, en rentrant, le fils
regarde sa sœur; et voyez ce qu'a produit en lui une
heure passée en tête à tête avec la brute réalité! il
faut qu'il se dise : Ma sœur n'a rien de semblable à la
créature que je quitte. Et de ce jour le voilà inquiet.

La curiosité du mal est une maladie infâme qui
naît de tout contact impur. C'est l'instant rôdeur des
fantômes qui lève la pierre des tombeaux; c'est une
torture inexplicable dont Dieu punit ceux qui ont
failli; ils voudraient croire que tout peut faillir, et ils
en seraient peut-être désolés. Mais ils s'enquêtent,
ils cherchent, disputent; ils penchent la tête de côté
comme un architecte qui ajuste une équerre, et tra-
vaillent ainsi à voir ce qu'ils désirent. Du mal
prouvé, ils en sourient; du mal douteux, ils en jure-
raient; le bien, ils veulent voir derrière. — Qui sait?
voilà la grande formule, le premier mot que Satan a
dit, quand il a vu le ciel se fermer. Hélas! combien
de malheureux a faits cette seule parole! combien
de désastres et de morts! combien de coups de faux
terribles dans des moissons prêtes à pousser!
combien de cœurs, combien de familles où il n'y a
plus que des ruines depuis que ce mot s'y est fait
entendre! Qui sait? qui sait? parole infâme! Plutôt
que de la prononcer, on devrait faire comme les
moutons qui ne savent où est l'abattoir et qui y vont
en broutant de l'herbe. Cela vaut mieux que d'être
un esprit fort et de lire La Rochefoucauld.

Quel meilleur exemple en puis-je donner que ce
que je raconte en ce moment? Ma maîtresse voulait
partir et je n'avais qu'à dire un mot. Je la voyais
triste, et pourquoi restais-je? qu'en serait-il arrivé si
j'étais parti? Ce n'eût été qu'un moment de crainte;
nous n'aurions pas voyagé trois jours que tout se
serait oublié. Seul auprès d'elle, elle n'eût pensé qu'à
moi; que m'importait d'apprendre un mystère qui

n'attaquait pas mon bonheur? Elle consentait, tout finissait là. Il ne fallait qu'un baiser sur les lèvres; au lieu de cela, voyez ce que je fais.

Un soir que Smith avait dîné avec nous, je m'étais retiré de bonne heure et les avais laissés ensemble. Comme je fermais ma porte, j'entendis Brigitte demander du thé. Le lendemain, en entrant dans sa chambre, je m'approchai par hasard de la table, et à côté de la théière je ne vis qu'une seule tasse. Personne n'était entré avant moi, et par conséquent le domestique n'avait rien emporté de ce dont on s'était servi la veille. Je cherchai autour de moi sur les meubles si je voyais une seconde tasse, et m'assurai qu'il n'y en avait point.

— Est-ce que Smith est resté tard? demandai-je à Brigitte.

— Il est resté jusqu'à minuit.

— Vous êtes-vous couchée seule, ou avez-vous appelé quelqu'un pour vous mettre au lit?

— Je me suis couchée seule; tout le monde dormait dans la maison.

Je cherchais toujours, et les mains me tremblaient. Dans quelle comédie burlesque y a-t-il un jaloux assez sot pour aller s'enquérir de ce qu'une tasse est devenue? À propos de quoi Smith et madame Pierson auraient-ils bu dans la même tasse? la noble pensée qui me venait là!

Je tenais cependant la tasse, et j'allais et venais par la chambre. Je ne pus m'empêcher d'éclater de rire, et je la lançai sur le carreau. Elle s'y brisa en mille pièces, que j'écrasai à coups de talon.

Brigitte me vit faire sans me dire un seul mot. Pendant les deux jours suivants, elle me traita avec une froideur qui avait l'air de tenir du mépris, et je la vis affecter avec Smith un ton plus libre et plus bienveillant qu'à l'ordinaire. Elle l'appelait Henri, de son nom de baptême, et lui souriait familièrement.

— J'ai envie de prendre l'air, dit-elle après dîner ; venez-vous à l'Opéra, Octave ? je suis d'humeur à y aller à pied.

— Non, je reste ; allez-y sans moi.

Elle prit le bras de Smith et sortit. Je restai seul toute la soirée ; j'avais du papier devant moi et je voulais écrire pour fixer mes pensées, mais je ne pus en venir à bout.

Comme un amant, dès qu'il se voit seul, tire de son sein une lettre de sa maîtresse et s'ensevelit dans un rêve chéri, ainsi je m'enfonçais à plaisir dans le sentiment d'une profonde solitude, et je m'enfermais pour douter. J'avais devant moi les deux sièges vides que Smith et Brigitte venaient d'occuper ; je les regardais d'un œil avide, comme s'ils eussent pu m'apprendre quelque chose. Je repassais mille fois dans ma tête ce que j'avais vu et entendu ; de temps en temps, j'allais à la porte, et je jetais les yeux sur nos malles, qui étaient rangées contre le mur et qui attendaient depuis un mois ; je les entrouvris doucement, j'examinais les hardes, les livres, rangés en ordre par ces petites mains soigneuses et délicates ; j'écoutais passer les voitures ; leur bruit me faisait palpiter le cœur. J'étalais sur la table notre carte d'Europe, témoin naguère de si doux projets ; et là, en présence même de toutes mes espérances, dans cette chambre où je les avais conçues et vues si près de se réaliser, je me livrais à cœur ouvert aux plus affreux pressentiments.

Comment cela était-il possible ? je ne sentais ni colère ni jalousie, et cependant une douleur sans bornes. Je ne soupçonnais pas, et pourtant je doutais. L'esprit de l'homme est si bizarre qu'il sait se forger, avec ce qu'il voit et malgré ce qu'il voit, cent sujets de souffrance. En vérité, sa cervelle ressemble à ces cachots de l'Inquisition où les murailles sont couvertes de tant d'instruments de supplice qu'on n'en comprend ni le but ni la forme, et qu'on se demande, en les voyant, si ce sont des tenailles ou des jouets. Dites-moi, je vous le demande, quelle différence il y a de dire à sa maîtresse : Toutes les femmes trompent, ou de lui dire : Vous me trompez ?

Ce qui se passait dans ma tête était pourtant peut-être aussi subtil, aussi ténu que le plus fin sophisme ; c'était une sorte de dialogue entre l'esprit et la conscience. — Si je perdais Brigitte ? disait l'esprit. — Elle part avec toi, disait la conscience. — Si elle me trompait ? — Comment te tromperait-elle, elle qui avait fait son testament, où elle disait de prier pour toi ! — Si Smith l'aimait ? — Fou, que t'importe, puisque tu sais que c'est toi qu'elle aime ? — Si elle m'aime, pourquoi est-elle triste ? — C'est son secret, respecte-le. — Si je l'emmène, sera-t-elle heureuse ? — Aime-la, elle le sera. — Pourquoi, quand cet homme la regarde, semble-t-elle craindre de rencontrer ses yeux ? — Parce qu'elle est femme, et qu'il est jeune. — Pourquoi, quand elle le regarde, cet homme pâlit-il tout à coup ? — Parce qu'il est homme, et qu'elle est belle. — Pourquoi, quand je l'ai été voir, s'est-il jeté en pleurant dans mes bras ? Pourquoi un jour s'est-il frappé le front ? — Ne demande pas ce qu'il faut que tu ignores. — Pourquoi faut-il que j'ignore ces choses ? — Parce que tu es misérable et fragile, et que tout mystère est à Dieu. — Mais pourquoi est-ce que je souffre ? pourquoi ne puis-je songer à cela sans que mon âme ne s'épouvante ? — Songe à ton père, et à faire le bien. — Mais pourquoi ne le puis-je pas ? pourquoi le mal m'attire-t-il à lui ? — Mets-toi à genoux, confesse-toi ; si tu crois au mal, tu l'as fait. — Si je l'ai fait, était-ce ma faute ? pourquoi le bien m'a-t-il trahi ? — De ce que tu es dans les ténèbres, est-ce une raison pour nier la lumière ? s'il y a des traîtres, pourquoi

es-tu l'un d'eux? — Parce que j'ai peur d'être dupe.
— Pourquoi passes-tu tes nuits à veiller? Les nou-
veau-nés dorment à cette heure. Pourquoi es-tu seul
maintenant? — Parce que je pense, je doute et je
crains. — Quand donc feras-tu ta prière? — Quand
je croirai. Pourquoi m'a-t-on menti? — Pourquoi
mens-tu, lâche, à ce moment même? Que ne
meurs-tu, si tu ne peux souffrir?

Ainsi parlaient et gémissaient en moi deux voix
terribles et contraires, et une troisième criait
encore :

— Hélas! hélas! mon innocence! hélas! hélas! les
jours d'autrefois!

CHAPITRE V

Effroyable levier que la pensée humaine! c'est notre défense et notre sauvegarde, le plus beau présent que Dieu nous ai fait. Elle est à nous et nous obéit; nous la pouvons lancer dans l'espace, et une fois hors de ce faible crâne, c'en est fait, nous n'en répondons plus.

Tandis que, du jour au lendemain, je remettais sans cesse ce départ, je perdais la force et le sommeil, et peu à peu, sans que je m'en aperçusse, toute la vie m'abandonnait. Lorsque je m'asseyais à table, je me sentais un mortel dégoût; la nuit, ces deux pâles visages, celui de Smith et de ma maîtresse, que j'observais tant que durait le jour, me poursuivaient dans des rêves affreux. Lorsqu'ils allaient le soir au spectacle, je refusais d'y aller avec eux; puis je m'y rendais de mon côté, je me cachais dans le parterre, et, de là, je les regardais. Je feignais d'avoir affaire dans la chambre voisine, et j'y restais une heure à les écouter. Tantôt l'idée de chercher querelle à Smith et de le forcer à se battre avec moi me saisissait avec violence; je lui tournais le dos pendant qu'il me parlait, puis je le voyais, d'un air de surprise, venir à moi en me tendant la main; tantôt, quand j'étais seul la nuit et que tout dormait dans la maison, je me sentais la tentation d'aller au secré-

taire de Brigitte et de lui enlever ses papiers. Je fus
obligé une fois de sortir pour y résister. Que puis-je
dire ? je voulais un jour les menacer, un couteau à la
main, de les tuer s'ils ne me disaient par quelle raison ils étaient si tristes ; un autre jour, c'était contre
moi que je voulais tourner ma fureur. Avec quelle
honte je l'écris ! Et qui m'aurait demandé au fond ce
qui me faisait agir ainsi, je n'aurais su lui répondre.

Voir, savoir, douter, fureter, m'inquiéter et me
rendre misérable, passer les jours l'oreille au guet et
la nuit me noyer de larmes, me répéter que j'en
mourrais de douleur et croire que j'en avais sujet,
sentir l'isolement et la faiblesse déraciner l'espoir
dans mon cœur, m'imaginer que j'épiais, tandis que
je n'écoutais dans l'ombre que le battement de mon
pouls fiévreux ; rebattre sans fin ces phrases plates
qui courent partout : « La vie est un songe. » « Il n'y
a rien de stable ici-bas » ; maudire, enfin blasphémer
Dieu en moi, par ma misère et mon caprice : voilà
quelle était ma jouissance, la chère occupation pour
laquelle je renonçais à l'amour, à l'air du ciel, à la
liberté !

Éternel Dieu, la liberté ! oui, il y avait de certains
moments où, malgré tout, j'y pensais encore. Au
milieu de tant de démence, de bizarrerie et de stupi-
dité, il y avait en moi des bondissements qui m'enle-
vaient tout à coup à moi-même. C'était une bouffée
d'air qui me frappait le visage quand je sortais de
mon cachot ; c'était une page d'un livre que je lisais,
quand toutefois il m'arrivait d'en prendre d'autres
que ceux de ces sycophantes modernes qu'on
appelle des pamphlétaires, et à qui on devrait
défendre, par simple mesure de salubrité publique,
de dépecer et de philosophailler. Puisque je parle de
ces bons moments, ils furent si rares que j'en veux
citer un. Je lisais un soir les Mémoires de Constant ;
j'y trouve les dix lignes suivantes :

« Salsdorf, chirurgien saxon attaché au prince Christian, eut à la bataille de Wagram la jambe cassée par un obus. Il était couché sur la poussière, presque sans vie. À quinze pas de lui, Amédée de Kerbourg, aide de camp (j'ai oublié de qui), froissé à la poitrine par un boulet, tombe et vomit le sang. Salsdorf voit que, si ce jeune homme n'est secouru, il va mourir d'une apoplexie ; il recueille ses forces, se traîne en rampant jusqu'à lui, le saigne, et lui sauve la vie. Au sortir de là, Salsdorf mourut à Vienne, quatre jours après l'amputation. »

Quand je lus ces mots, je jetai le livre et je fondis en larmes. Je ne regrette pas celles-là, elles me valurent une bonne journée car je ne fis que parler de Salsdorf, et ne me souciai de quoi que ce soit. Je ne pensai pas, à coup sûr, à soupçonner personne ce jour-là. Pauvre rêveur ! devais-je alors me souvenir que j'avais été bon ? À quoi cela me servait-il ? À tendre au ciel des bras désolés, à me demander pourquoi j'étais au monde, et à chercher autour de moi s'il ne tomberait pas aussi quelque obus qui me délivrât pour l'éternité. Hélas ! ce n'en était que l'éclair qui traversait un instant ma nuit.

Comme ces derviches insensés qui trouvent l'extase dans le vertige, quand la pensée, tournant sur elle-même, s'est épuisée à se creuser, lasse d'un travail inutile, elle s'arrête épouvantée. Il semble que l'homme soit vide, et qu'à force de descendre en lui, il arrive à la dernière marche d'une spirale. Là, comme au sommet des montagnes, comme au fond des mines, l'air manque et Dieu défend d'aller plus loin. Alors, frappé d'un froid mortel, le cœur, comme altéré d'oubli, voudrait s'élancer au-dehors pour renaître ; il redemande la vie à ce qui l'environne, il aspire l'air ardemment, mais il ne trouve autour de lui que ses propres chimères, qu'il vient d'animer de la force qui lui manque, et qui, créées par lui, l'entourent comme des spectres sans pitié.

Il n'était pas possible que les choses continuassent longtemps ainsi. Fatigué de l'incertitude, je résolus de tenter une épreuve pour découvrir la vérité.

J'allai à la rue Jean-Jacques Rousseau et demandai des chevaux de poste pour dix heures du soir. Nous avions loué une calèche, et j'ordonnai que tout fût prêt pour l'heure indiquée. Je défendis en même temps qu'on en dît rien à madame Pierson. Smith vint dîner; en me mettant à table, j'affectai plus de gaieté qu'à l'ordinaire, et, sans les avertir de mon dessein, je mis l'entretien sur notre voyage. J'y renoncerais, dis-je à Brigitte, si je pensais qu'elle l'eût moins à cœur; je me trouvais si bien à Paris que je ne demandais pas mieux que d'y rester tant qu'elle le trouverait agréable. Je fis l'éloge de tous les plaisirs qu'on ne peut trouver que dans cette ville; je parlai des bals, des théâtres, de tant d'occasions de se distraire qui s'y rencontrent à chaque pas. Bref, puisque nous étions heureux, je ne voyais pas pourquoi nous changions de place, et je ne songeais pas à partir de sitôt.

Je m'attendais qu'elle allait insister pour notre projet d'aller à Genève, et, en effet, elle n'y manqua pas. Ce ne fut pourtant qu'assez faiblement; mais, dès qu'elle en eut dit les premiers mots, je feignis de me rendre à ses instances; puis, détournant la conversation, je parlai de choses indifférentes, comme si tout eût été convenu.

— Et pourquoi, ajoutai-je, Smith ne viendrait-il pas avec nous? Il est bien vrai qu'il a ici des occupations qui le retiennent, mais ne peut-il obtenir un congé? D'ailleurs, les talents qu'il possède, et dont il ne veut pas profiter, ne doivent-ils pas lui assurer partout une existence libre et honorable? Qu'il vienne sans façon; la voiture est grande, et nous lui offrons une place : il faut qu'un jeune homme voie le monde, et il n'y a rien de si triste à son âge que de

s'enfermer dans un cercle restreint. N'est-il pas vrai ?
demandai-je à Brigitte. Allons, ma chère, que votre
crédit obtienne de lui ce qu'il me refuserait peut-
être. Décidez-le à nous sacrifier six semaines de son
temps. Nous voyagerons de compagnie, et un tour
en Suisse avec nous lui fera retrouver avec plus de
plaisir son cabinet et ses travaux.

Brigitte se joignit à moi, quoiqu'elle sût bien que
cette invitation n'était qu'une plaisanterie. Smith ne
pouvait s'absenter de Paris sans danger de perdre sa
place, et il nous répondit, non sans regret, que cette
raison l'empêchait d'accepter. Cependant, j'avais fait
monter une bouteille de bon vin, et, tout en conti-
nuant de le presser, moitié en riant, moitié sérieusement, nous nous étions animés tous trois. Après
dîner, je sortis un quart d'heure pour m'assurer que
mes ordres étaient suivis ; puis, je rentrai d'un air
joyeux, et, m'asseyant au piano, je proposai de faire
de la musique. — Passons ici notre soirée, leur dis-
je ; si vous m'en croyez, n'allons pas au spectacle ; je
ne suis pas capable de vous aider, mais je le suis de
vous entendre. Nous ferons jouer Smith, s'il
s'ennuie, et le temps passera plus vite qu'ailleurs.

Brigitte ne se fit pas prier, elle chanta de bonne
grâce ; Smith l'accompagnait sur son violoncelle. On
avait apporté de quoi faire du punch, et bientôt la
flamme du rhum brûlant nous égaya de sa clarté. Le
piano fut quitté pour la table ; on y revint ; nous
prîmes des cartes ; tout se passa comme je voulais, et
il ne fut question que de se divertir.

J'avais les yeux fixés sur la pendule, et j'attendais
impatiemment que l'aiguille marquât dix heures.
L'inquiétude me dévorait, mais j'eus la force de n'en
rien laisser voir. Enfin arriva le moment fixé ;
j'entendis le fouet du postillon et les chevaux entrer
dans la cour. Brigitte était assise près de moi ; je lui
pris la main et lui demandai si elle était prête à par-

tir. Elle me regarda avec surprise, croyant sans doute que je voulais rire. Je lui dis qu'à dîner elle m'avait paru si bien décidée que je n'avais pas hésité à faire venir des chevaux, et que c'était pour en demander que j'étais sorti. Au même instant entra le garçon de l'hôtel, qui venait annoncer que les paquets étaient sur la voiture et qu'on n'attendait plus que nous.

— Est-ce sérieux? demanda Brigitte; vous voulez partir cette nuit?

— Pourquoi pas, répondis-je, puisque nous sommes d'accord ensemble que nous devons quitter Paris?

— Quoi! maintenant? à l'instant même?

— Sans doute; n'y a-t-il pas un mois que tout est prêt? Vous voyez qu'on n'a eu que la peine de lier nos malles sur la calèche; du moment qu'il est décidé que nous ne restons pas ici, le plus tôt fait n'est-il pas le meilleur? Je suis d'avis qu'il faut tout faire ainsi et ne rien remettre au lendemain. Vous êtes ce soir d'humeur voyageuse, et je me hâte d'en profiter. Pourquoi attendre et différer sans cesse? Je ne saurais supporter cette vie. Vous voulez partir, n'est-il pas vrai? Eh bien! partons, il ne tient plus qu'à vous.

Il y eut un moment de profond silence. Brigitte alla à la fenêtre et vit qu'en effet on avait attelé. D'ailleurs, au ton dont je parlais, il ne pouvait lui rester aucun doute, et quelque prompte que dût lui paraître cette résolution, c'était d'elle qu'elle venait. Elle ne pouvait se dédire de ses propres paroles ni prétexter de motif de retard. Sa détermination fut prise aussitôt; elle fit d'abord quelques questions, comme pour s'assurer que tout fût en ordre; voyant qu'on n'avait rien omis, elle chercha de côté et d'autre. Elle prit son châle et son chapeau, puis les posa, puis chercha encore. — Je suis prête, dit-elle,

me voilà ; nous partons donc ? nous allons partir ?
Elle prit une lumière, visita ma chambre, la sienne,
ouvrit les coffres et les armoires. Elle demandait la
clef de son secrétaire, qu'elle avait perdue, disait-
elle. Où pouvait être cette clef ? elle l'avait tenue, il y
avait une heure. — Allons ! allons ! je suis prête,
répétait-elle avec une agitation extrême, partons,
Octave, descendons. En disant cela, elle cherchait
toujours, et vint enfin se rasseoir près de nous.

J'étais resté sur le canapé et regardais Smith
debout devant moi. Il n'avait pas changé de contenance et ne semblait ni troublé ni surpris ; mais
deux gouttes de sueur lui coulaient sur les tempes,
et j'entendis craquer dans ses doigts un jeton
d'ivoire qu'il tenait, et dont les morceaux tombèrent
à terre. Il nous tendit ses deux mains à la fois. — Un
bon voyage, mes amis, dit-il.

Nouveau silence ; je l'observais toujours et j'attendais qu'il ajoutât un mot. — S'il y a ici un secret,
pensai-je, quand le saurai-je si ce n'est en ce
moment ? ils doivent l'avoir tous deux sur les lèvres.
Qu'il en sorte l'ombre, et je la saisirai.

— Mon cher Octave, dit Brigitte, où comptez-
vous que nous nous arrêterons ? Vous nous écrirez,
n'est-ce pas, Henri ? vous n'oublierez pas ma famille,
et ce que vous pourrez pour moi, vous le ferez ?

Il répondit d'une voix émue, mais avec un calme
apparent, qu'il s'engageait de tout son cœur à la servir, et qu'il y ferait ses efforts. — Je ne puis, dit-il,
répondre de rien, et, sur les lettres que vous avez
reçues, il y a bien peu d'espérance. Mais ce ne sera
pas de ma faute si, malgré tout, je ne puis bientôt
vous envoyer quelque heureuse nouvelle. Comptez
sur moi, je vous suis dévoué.

Après nous avoir adressé encore quelques paroles
obligeantes, il se disposait à sortir. Je me levai et le
devançai ; je voulus une dernière fois les laisser

encore un moment ensemble, et, aussitôt que j'eus
fermé la porte derrière moi, dans toute la rage de la
jalousie déçue, je collai mon front sur la serrure.

— Quand vous reverrai-je? demanda-t-il.

— Jamais, répondit Brigitte; adieu, Henri. Elle
lui tendit la main. Il s'inclina, la porta à ses lèvres, et
je n'eus que le temps de me jeter en arrière dans
l'obscurité. Il passa sans me voir et sortit.

Demeuré seul avec Brigitte, je me sentis le cœur
désolé. Elle m'attendait, son manteau sous le bras,
et l'émotion qu'elle éprouvait était trop claire pour
s'y méprendre. Elle avait trouvé la clef qu'elle cherchait, et son secrétaire était ouvert. Je retournai
m'asseoir près de la cheminée.

— Écoutez, lui dis-je sans oser la regarder; j'ai été
si coupable envers vous que je dois attendre et souffrir sans avoir le droit de me plaindre. Le changement qui s'est fait en vous m'a jeté dans un tel désespoir que je n'ai pu m'empêcher de vous en
demander la raison; mais aujourd'hui je ne vous la
demande plus. Vous en coûte-t-il de partir? dites-le-
moi; je me résignerai.

— Partons, partons! répondit-elle.

— Comme vous voudrez; mais soyez franche.
Quel que soit le coup que je reçoive, je ne dois pas
même demander d'où il vient; je m'y soumettrai
sans murmure. Mais si je dois vous perdre jamais,
ne me rendez pas l'espérance, car, Dieu le sait! je n'y
survivrais pas.

Elle se retourna précipitamment. — Parlez-moi,
dit-elle, de votre amour, ne me parlez pas de votre
douleur.

— Eh bien! je t'aime plus que ma vie. Auprès de
mon amour, ma douleur n'est qu'un rêve. Viens avec
moi au bout du monde : ou je mourrai, ou je vivrai
par toi.

En prononçant ces mots, je fis un pas vers elle, et

je la vis pâlir et reculer. Elle faisait un vain effort
pour forcer à sourire ses lèvres contractées, et, se
baissant sur le secrétaire : — Un instant, dit-elle, un
instant encore; j'ai quelques papiers à brûler. Elle
me montra les lettres de N***, les déchira et les jeta
au feu; elle en prit d'autres, qu'elle relut et qu'elle
étala sur la table. C'étaient des mémoires de ses
marchands, et il y en avait dans le nombre qui
n'étaient pas encore payés. Tout en les examinant,
elle commença à parler avec volubilité, les joues
ardentes comme dans la fièvre. Elle me demandait
pardon de son silence obstiné et de sa conduite
depuis notre arrivée. Elle me témoignait plus de tendresse, plus de confiance que jamais. Elle frappait
des mains en riant et se promettait le plus charmant
voyage; enfin elle était tout amour, ou du moins
tout semblant d'amour. Je ne puis dire combien je
souffrais de cette joie factice; il y avait, dans cette
douleur qui se démentait ainsi elle-même, une tristesse plus affreuse que les larmes et plus amère que
les reproches. Je l'eusse mieux aimée froide et indifférente que s'excitant ainsi pour se vaincre; il me
semblait voir une parodie de nos moments les plus
heureux. C'étaient les mêmes paroles, la même
femme, les mêmes caresses, et ce qui, quinze jours
auparavant, m'enivrait d'amour et de bonheur,
répété ainsi, me faisait horreur.

— Brigitte, lui dis-je tout à coup, quel mystère me
cachez-vous donc? Si vous m'aimez, quelle comédie
horrible jouez-vous donc ainsi devant moi?

— Moi! dit-elle presque offensée. Qui vous fait
croire que je la joue?

— Qui me le fait croire? Dites-moi, ma chère, que
vous avez la mort dans l'âme et que vous souffrez le
martyre. Voilà mes bras prêts à vous recevoir;
appuyez-y la tête et pleurez. Alors je vous emmène-
rai peut-être; mais, en vérité, pas ainsi.

— Partons! partons! répéta-t-elle encore.

— Non, sur mon âme! non, pas à présent; non, tant qu'il y a entre nous un mensonge ou un masque. J'aime mieux le malheur que cette gaieté-là. Elle resta muette, consternée de voir que je ne me trompais pas à ses paroles, et que je la devinais malgré ses efforts.

— Pourquoi nous abuser? continuai-je, suis-je donc si bas dans votre estime que vous puissiez feindre devant moi? Ce malheureux et triste voyage, vous y croyez-vous donc condamnée? suis-je un tyran, un maître absolu? suis-je un bourreau qui vous traîne au supplice? Que craignez-vous donc de ma colère pour en venir à de pareils détours? quelle terreur vous fait mentir ainsi?

— Vous avez tort, répondit-elle; je vous en prie, pas un mot de plus.

— Pourquoi donc si peu de sincérité? Si je ne suis pas votre confident, ne puis-je du moins être traité en ami? si je ne puis savoir d'où viennent vos larmes, ne puis-je du moins les voir couler? N'avez-vous pas même cette confiance de croire que je respecte vos chagrins? Qu'ai-je fait pour les ignorer? ne saurait-on y trouver de remède?

— Non, disait-elle, vous avez tort; vous ferez votre malheur et le mien si vous me pressez davantage. N'est-ce pas assez que nous partions?

— Et comment voulez-vous que je parte, lorsqu'il suffit de vous regarder pour voir que ce voyage vous répugne, que vous venez à contrecœur, que vous vous en repentez déjà? Qu'est-ce donc, grand Dieu! et que me cachez-vous? à quoi bon jouer avec les paroles quand la pensée est aussi claire que cette glace que voilà? Ne serais-je pas le dernier des hommes d'accepter ainsi sans murmure ce que vous me donnez avec tant de regret? Comment cependant le refuserais-je? que puis-je faire, si vous ne parlez pas?

— Non, je ne vous suis pas à contrecœur; vous vous trompez; je vous aime, Octave; cessez de me tourmenter ainsi.

Elle mit tant de douceur dans ces paroles que je me jetai à ses genoux. Qui eût résisté à son regard et au son divin de sa voix? — Mon Dieu! m'écriai-je, vous m'aimez, Brigitte? ma chère maîtresse, vous m'aimez?

— Oui, je vous aime, oui, je vous appartiens; faites de moi ce que vous voudrez. Je vous suivrai; partons ensemble; venez, Octave, on nous attend.

Elle serrait ma main dans les siennes et me donna un baiser sur le front. — Oui, il le faut, murmura-t-elle; oui, je le veux, jusqu'au dernier soupir.

— *Il le faut?* me dis-je à moi-même. Je me levai. Il ne restait plus sur la table qu'une seule feuille de papier que Brigitte parcourait des yeux. Elle la prit, la retourna, puis la laissa tomber à terre. — Est-ce tout? demandai-je.

— Oui, c'est tout.

Lorsque j'avais fait venir les chevaux, ce n'avait pas été avec la pensée que nous partirions en effet. Je ne voulais que faire une tentative; mais, par la force même des choses, elle était devenue véritable. — J'ouvris la porte. — Il le faut! me disais-je; il le faut! répétai-je tout haut. Que veut dire ce mot, Brigitte? qu'y a-t-il donc que j'ignore ici? Expliquez-vous, sinon je reste. Pourquoi faut-il que vous m'aimiez?

Elle tomba sur le canapé et se tordit les mains de douleur. — Ah! malheureux! malheureux! dit-elle, tu ne sauras jamais aimer!

— Eh bien! peut-être, oui, je le crois; mais, devant Dieu! je sais souffrir. Il faut que vous m'aimiez, n'est-ce pas? eh bien! il faut aussi me répondre. Quand je devrais vous perdre à jamais, que ces murs devraient crouler sur ma tête, je ne

sortirai pas d'ici que je ne sache quel est ce mystère
qui me torture depuis un mois. Vous parlerez, ou je
vous quitte. Que je sois un fou, un furieux, que je
gâte à plaisir ma vie, que je vous demande ce que
peut-être je devrais feindre de vouloir ignorer,
qu'une explication entre nous doive détruire notre
bonheur et élever désormais devant moi une barrière insurmontable, que, par là, je rende impossible
ce départ même que j'ai tant souhaité ; quoi qu'il
puisse nous en coûter à vous et à moi, vous parlerez,
ou je renonce à tout.

— Non ! non ! je ne parlerai pas.

— Vous parlerez. Croyez-vous par hasard que je
sois dupe de vos mensonges ? Quand je vous vois, du
soir au lendemain, plus différente de vous-même
que le jour ne l'est de la nuit, croyez-vous donc que
je m'y trompe ? Quand vous me donnez pour raison
je ne sais quelles lettres qui ne valent seulement pas
la peine qu'on les lise, vous imaginez-vous que je me
contente du premier prétexte venu, parce qu'il vous
plaît de n'en pas chercher d'autre ? Votre visage
est-il de plâtre, pour qu'il soit si difficile d'y voir ce
qui se passe dans votre cœur ? Quelle opinion avez-
vous donc de moi ? Je ne m'abuse pas autant qu'on
le pense, et prenez garde qu'à défaut de paroles,
votre silence ne m'apprenne ce que vous cachez si
obstinément.

— Que voulez-vous que je vous cache ?

— Ce que je veux ? vous me le demandez ? Est-ce
pour me braver en face que vous me faites cette
question ? est-ce pour me pousser à bout et vous
débarrasser de moi ? Oui, à coup sûr, l'orgueil
offensé est là, qui attend que j'éclate. Si je m'expli-
quais franchement, vous auriez à votre service toute
l'hypocrisie féminine ; vous attendez que je vous
accuse, afin de me répondre qu'une femme comme
vous ne descend pas à se justifier. Dans quels

regards de fierté dédaigneuse ne savent pas s'enve-
lopper les plus coupables et les plus perfides ! Votre
grande arme est le silence, ce n'est pas d'hier que je
le sais. Vous ne voulez qu'être insultées, vous vous
taisez jusqu'à ce qu'on y vienne ; allez ! allez ! luttez
avec mon cœur : là où bat le vôtre, vous le trouverez ; mais ne luttez pas avec ma tête : elle est plus
dure que le fer, et elle en sait aussi long que vous.

— Pauvre garçon, murmura Brigitte, vous ne
voulez donc pas partir ?

— Non ! je ne pars qu'avec ma maîtresse, et vous
ne l'êtes pas maintenant. J'ai assez lutté, j'ai assez
souffert, je me suis assez dévoré le cœur. Il est
temps que le jour se lève ; j'ai assez vécu dans la nuit.
Oui ou non, voulez-vous répondre ?

— Non.

— Comme il vous plaira ; j'attendrai.

J'allai m'asseoir à l'autre bout de la chambre,
déterminé à ne pas me lever que je n'eusse appris ce
que je voulais savoir. Elle paraissait réfléchir et marchait lentement devant moi.

Je la suivais d'un œil avide, et le silence qu'elle
gardait augmentait par degrés ma colère. Je ne voulais pas qu'elle s'en aperçût, et ne savais quel parti
prendre. J'ouvris la fenêtre. — Qu'on dételle les chevaux, criai-je, et qu'on les paie. Je ne partirai pas ce
soir.

— Pauvre malheureux ! dit Brigitte. Je refermai
tranquillement la fenêtre et me rassis sans avoir l'air
d'entendre ; mais je me sentais une telle rage que je
n'y pouvais résister. Ce froid silence, cette force
négative m'exaspéraient au dernier point. J'aurais
été réellement trompé, et sûr de la trahison d'une
femme aimée, que je n'aurais rien éprouvé de pire.
Dès que je me fus condamné moi-même à rester
encore à Paris, je me dis qu'à tout prix il fallait que
Brigitte parlât ; je cherchais en vain dans ma tête un

moyen de l'y obliger, mais, pour le trouver à l'instant même, j'aurais donné tout ce que je possédais. Que faire ? que dire ? elle était là, tranquille, me regardant avec tristesse. J'entendis dételer les chevaux ; ils s'en allèrent au petit trot, et le bruit de leurs grelots se perdit bientôt dans les rues. Je n'avais qu'à me retourner pour qu'ils revinssent, et il me semblait cependant que leur départ était irrévocable. Je poussai le verrou de la porte ; je ne sais quoi me disait à l'oreille : Te voilà seul, face à face avec l'être qui doit te donner la vie ou la mort.

Tandis que, perdu dans mes pensées, je m'efforçais d'inventer un biais qui pût me mener à la vérité, je me souvins d'un roman de Diderot, où une femme, jalouse de son amant, s'avise, pour éclaircir ses doutes, d'un moyen assez singulier. Elle lui dit qu'elle ne l'aime plus, et lui annonce qu'elle va le quitter. Le marquis des Arcis (c'était le nom de l'amant) donne dans le piège et avoue que lui-même il est lassé de son amour. Cette scène bizarre que j'avais lue trop jeune m'avait frappé comme un tour d'adresse, et le souvenir que j'en avais gardé me fit sourire en ce moment. — Qui sait ? me dis-je ; si j'en faisais autant, Brigitte s'y tromperait peut-être, et m'apprendrait quel est son secret.

D'une colère furieuse, je passai tout à coup à des idées de ruse et de rouerie. Était-il donc si difficile de faire parler une femme malgré elle ? cette femme était ma maîtresse ; j'étais bien faible si je n'y parvenais. Je me renversai sur le sofa d'un air libre et indifférent. — Eh bien ! ma chère, dis-je gaiement, nous ne sommes donc pas au jour des confidences ?

Elle me regarda d'un air étonné.

— Eh, mon Dieu ! oui, continuai-je, il faut pourtant qu'un jour ou l'autre nous en venions à nos vérités. Tenez, pour vous donner l'exemple, j'ai quelque envie de commencer : cela vous rendra confiante, et il n'y a rien de tel que de s'entendre entre amis.

Sans doute qu'en parlant ainsi, mon visage me trahissait; Brigitte ne semblait pas m'entendre et continuait de se promener.

— Savez-vous bien, lui dis-je, qu'après tout voilà six mois que nous sommes ensemble? Le genre de vie que nous menons n'a rien qui ressemble à ce dont on peut rire. Vous êtes jeune, je le suis aussi; s'il arrivait que le tête-à-tête cessât d'être de votre goût, seriez-vous femme à me le dire? En vérité, si cela était, je vous l'avouerais franchement. Et pourquoi pas? est-ce un crime d'aimer? ce ne peut donc pas être un crime de moins aimer, ou de n'aimer plus. Qu'y aurait-il d'étonnant qu'à notre âge on eût besoin de changement?

Elle s'arrêta. — À notre âge! dit-elle. Est-ce que c'est à moi que vous vous adressez? Quelle comédie jouez-vous aussi?

Le sang me monta au visage. Je lui saisis la main.

— Assieds-toi là, lui dis-je, et écoute-moi.

— À quoi bon? ce n'est pas vous qui parlez.

J'étais honteux de ma propre feinte, et j'y renonçai.

— Écoutez-moi, répétai-je avec force, et venez, je vous en supplie, vous asseoir ici près de moi. Si vous voulez garder le silence, faites-moi du moins la grâce de m'entendre.

— J'écoute; qu'avez-vous à me dire?

— Si on me disait aujourd'hui : Vous êtes un lâche; j'ai vingt-deux ans et je me suis déjà battu; ma vie entière, mon cœur se révolteraient. N'aurais-je pas en moi la conscience de ce que je suis? il faudrait pourtant aller sur le pré, il faudrait que je me misse vis-à-vis du premier venu, il faudrait jouer ma vie contre la sienne. Pourquoi? Pour prouver que je ne suis pas un lâche; sans quoi, le monde le croirait. Cette seule parole demande cette réponse, toutes les fois qu'on l'a prononcée, et n'importe qui.

— C'est vrai ; où voulez-vous en venir ?

— Les femmes ne se battent pas ; mais, telle que la société est faite, il n'y a pourtant aucun être, de tel sexe qu'il soit, qui ne doive, à certains moments de sa vie, fût-elle réglée comme une horloge, solide comme le fer, voir tout mis en question. Réfléchissez ; qui voyez-vous échapper à cette loi ? quelques personnes peut-être ; mais voyez ce qui en arrive : si c'est un homme, le déshonneur ; si c'est une femme, quoi ? l'oubli. Tout être qui vit de la vie véritable doit, par cela même, faire preuve qu'il vit. Il y a donc pour une femme comme pour un homme telle occasion où elle est attaquée. Si elle est brave, elle se lève, fait acte de présence, et se rassoit. Un coup d'épée ne prouve rien pour elle. Non seulement il faut qu'elle se défende, mais qu'elle forge elle-même ses armes. On la soupçonne ; qui ? un indifférent ? Elle peut et doit le mépriser. Est-ce son amant ? l'aime-t-elle, cet amant ? Si elle l'aime, c'est là sa vie ; elle ne peut pas le mépriser.

— Sa seule réponse est le silence.

— Vous vous trompez : l'amant qui la soupçonne offense par là sa vie entière, je le sais ; ce qui répond pour elle, n'est-ce pas ? ce sont ses larmes, sa conduite passée, son dévouement et sa patience. Qu'arrivera-t-il si elle se tait ? Que son amant la perdra par sa faute, et que le temps la justifiera. N'est-ce pas là votre pensée ?

— Peut-être ; le silence avant tout.

— Peut-être, dites-vous ? assurément je vous perdrai si vous ne me répondez pas ; mon parti est pris, je pars seul.

— Eh bien ! Octave...

— Eh bien ! m'écriai-je ; le temps donc vous justifiera ? Achevez ; à cela du moins dites oui ou non.

— Oui, je l'espère.

— Vous l'espérez ! voilà ce que je vous prie de

vous demander sincèrement. C'est la dernière fois sans doute que vous en aurez l'occasion devant moi. Vous me dites que vous m'aimez, et je le crois. Je vous soupçonne; votre intention est-elle que je parte et que le temps vous justifie?

— Et de quoi me soupçonnez-vous?

— Je ne voulais pas vous le dire, car je vois que c'est inutile. Mais après tout, misère pour misère, à votre loisir; j'aime autant celle-là. Vous me trompez; vous en aimez un autre, voilà votre secret et le mien.

— Qui donc? [qui donc?] demanda-t-elle.

— Smith.

Elle me posa sa main sur les lèvres et se détourna. Je n'en pus dire davantage; nous restâmes tous deux pensifs, les yeux fixés à terre.

— Écoutez-moi, dit-elle avec effort. J'ai beaucoup souffert, et je prends le ciel à témoin que je donnerais ma vie pour vous. Tant qu'il me restera au monde la plus faible lueur d'espérance, je serai prête à souffrir encore; mais quand je devrais exciter de nouveau votre colère en vous disant que je suis femme, je le suis pourtant, mon ami. Il ne faut pas aller trop avant, ni plus loin que la force humaine. Je ne répondrai jamais là-dessus. Tout ce que je puis en cet instant, c'est de me mettre une dernière fois à genoux et de vous supplier encore de partir.

Elle s'inclina en disant ces mots. Je me levai.

— Bien insensé, dis-je avec amertume, bien insensé qui, une fois dans sa vie, veut obtenir la vérité d'une femme! il n'obtiendra que le mépris, et il le mérite, en effet. La vérité! celui-là la sait qui corrompt des femmes de chambre et qui se glisse à leur chevet à l'heure où elles parlent en rêve. Celui-là la sait qui se fait femme lui-même, et que sa bassesse initie à tout ce qui s'agite dans l'ombre! Mais l'homme qui la demande franchement, celui qui

ouvre une main loyale pour obtenir cette affreuse
aumône, ce n'est pas lui qui l'aura jamais. On se
tient en garde avec lui; pour toute réponse, on
hausse les épaules; et si la patience lui échappe, on
se lève dans sa vertu comme une vestale outragée, et
on laisse tomber de ses lèvres le grand oracle féminin, que le soupçon détruit l'amour, et qu'on ne saurait pardonner ce à quoi l'on ne peut répondre. Ah!
juste Dieu, quelle fatigue! quand donc finira tout
cela?

— Quand vous voudrez, dit-elle d'un ton glacé;
j'en suis aussi lasse que vous.

— À l'instant même; je vous quitte pour jamais, et
que le temps vous justifie donc. Le temps! le temps!
ô froide amante! souvenez-vous de cet adieu. Le
temps! et ta beauté, et ton amour, et le bonheur, où
seront-ils allés? Est-ce donc sans regret que tu me
perds ainsi? Ah! sans doute, le jour où l'amant
jaloux saura qu'il a été injuste, le jour où il verra les
preuves, il comprendra quel cœur il a blessé, n'est-il
pas vrai? il pleurera sa honte; il n'aura plus ni joie
ni sommeil, il ne vivra que pour se souvenir qu'il eût
pu vivre autrefois heureux. Mais, ce jour-là, sa maîtresse orgueilleuse pâlira peut-être de se voir ven-
gée; elle se dira : Si je l'avais fait plus tôt! Et, croyez-
moi, si elle a aimé, l'orgueil ne la consolera pas.

J'avais voulu parler avec calme, mais je n'étais
plus maître de moi; à mon tour, je marchais avec
agitation. Il y a de certains regards qui sont de vrais
coups d'épée; ils se croisent comme le fer : c'étaient
de ceux-là que Brigitte et moi nous échangions en ce
moment. Je la regardais comme un prisonnier
regarde la porte d'un cachot. Pour briser le sceau
qu'elle avait sur les lèvres et pour la forcer à parler,
j'aurais exposé ma vie et la sienne.

— Où allez-vous? demanda-t-elle, que voulez-
vous que je vous dise?

— Ce que vous avez dans le cœur. N'êtes-vous pas assez cruelle de me le faire répéter ainsi ?

— Et vous, et vous, s'écria-t-elle, n'êtes-vous pas plus cruel cent fois ? — Ah! bien insensé, dites-vous, qui veut savoir la vérité ! — Folle, puis-je dire à mon tour, qui peut espérer qu'on la croie ! Vous voulez savoir mon secret, et mon secret, c'est que je vous aime. Folle que je suis ! vous en cherchez un autre. Cette pâleur qui me vient de vous, vous l'accusez, vous l'interrogez. Folle! j'ai voulu souffrir en silence, vous consacrer ma résignation ; j'ai voulu vous cacher mes larmes ; vous les épiez comme des témoins d'un crime ; folle ! j'ai voulu traverser les mers, m'exiler de France avec vous, aller mourir, loin de tout ce qui m'a aimée, sur ce cœur qui doute de moi ; folle ! j'ai cru que la vérité avait un regard, un accent, qu'on la devinait, qu'on la respectait ! Ah! quand j'y pense, les larmes me suffoquent. Pourquoi, s'il en devait être ainsi, m'avoir entraînée à une démarche qui troublera à jamais mon repos ? Ma tête se perd ; je ne sais pas où j'en suis.

Elle se pencha en pleurant sur moi. — Folle, folle! répétait-elle avec une voix déchirante.

Et qu'est-ce donc ? continua-t-elle, jusques à quand persévérerez-vous ? que puis-je faire à ces soupçons sans cesse renaissants, sans cesse altérés ? Il faut, dites-vous, que je me justifie ! De quoi ? de partir, d'aimer, de mourir, de désespérer ? et si j'affecte une gaieté forcée, cette gaieté même vous offense. Je vous sacrifie tout pour partir, et vous n'aurez pas fait une lieue que vous regarderez en arrière. Partout, toujours, quoi que je fasse, l'injure, la colère. Ah! cher enfant, si vous saviez quel froid mortel, quelle souffrance de voir ainsi la plus simple parole du cœur accueillie par le doute et le sarcasme ! Vous vous priverez par là du seul bonheur qu'il y ait au monde : aimer avec abandon. Vous tue-

rez dans le cœur de ceux qui vous aiment tout sentiment délicat et élevé; vous en viendrez à ne plus
croire qu'à ce qu'il y a de plus grossier; il ne vous
restera de l'amour que ce qui est visible et se touche
du doigt. Vous êtes jeune, Octave, et vous avez
encore une longue vie à parcourir; vous aurez
d'autres maîtresses. Oui, comme vous dites, l'orgueil
est peu de chose, et ce n'est pas lui qui me consolera; mais Dieu veuille qu'une larme de vous me
paie un jour de celles que vous me faites répandre
en ce moment!

Elle se leva. — Faut-il donc le dire? faut-il donc
que vous le sachiez, que depuis six mois je ne me
suis pas couchée un soir sans me répéter que tout
était inutile et que vous ne guéririez jamais; que je
ne me suis pas levée un matin sans me dire qu'il fallait essayer encore; que vous n'avez pas dit une
parole que je ne sentisse que je devais vous quitter,
et que vous ne m'avez pas fait une caresse que je ne
sentisse que j'aimais mieux mourir; que jour par
jour, minute par minute, toujours entre la crainte et
l'espoir, j'ai mille fois tenté de vaincre ou mon
amour ou ma douleur; que, dès que j'ouvrais mon
cœur près de vous, vous jetiez un coup d'œil
moqueur jusques au fond de mes entrailles, et que,
dès que je le fermais, il me semblait y sentir un trésor que vous seul pouviez dépenser? Vous raconte-
rai-je ces faiblesses, et tous ces mystères qui
semblent puérils à ceux qui ne les respectent pas?
que, lorsque vous me quittiez avec colère, je
m'enfermais pour relire vos premières lettres; qu'il y
a une valse chérie que je n'ai jamais jouée en vain
lorsque j'éprouvais trop vivement l'impatience de
vous voir venir? Ah! malheureuse, que toutes ces
larmes ignorées, que toutes ces folies si douces aux
faibles te coûtent cher! Pleure, maintenant; ce supplice même, cette douleur n'a servi de rien.

Je voulus l'interrompre. — Laissez-moi, laissez-moi, dit-elle; il faut qu'un jour je vous parle aussi. Voyons; pourquoi doutez-vous de moi? Depuis six mois, de pensée, de corps et d'âme, je n'ai appartenu qu'à vous. De quoi osez-vous me soupçonner? Voulez-vous partir pour la Suisse? Je suis prête, vous le voyez. Est-ce un rival que vous croyez avoir? Envoyez-lui une lettre que je signerai et que vous mettrez à la poste. Que faisons-nous? où allons-nous? prenons un parti. Ne sommes-nous pas toujours ensemble? Eh bien! pourquoi me quittes-tu? je ne peux pas être à la fois près et loin de toi. Il faudrait, dis-tu, pouvoir se fier à sa maîtresse; c'est vrai. Ou l'amour est un bien, ou c'est un mal; si c'est un bien, il faut croire en lui; si c'est un mal, il faut s'en guérir. Tout cela, vois-tu, c'est un jeu que nous jouons; mais notre cœur et notre vie servent d'enjeu, et c'est horrible. Veux-tu mourir? Ce sera plus tôt fait. Qui suis-je donc pour qu'on doute de moi?

Elle s'arrêta devant la glace. — Qui suis-je donc? répétait-elle, qui suis-je donc? Y pensez-vous? regardez donc ce visage que j'ai.

Douter de toi? s'écria-t-elle en s'adressant à sa propre image; pauvre tête pâle, on te soupçonne! pauvres joues maigres, pauvres yeux fatigués, on doute de vous et de vos larmes! Eh bien! achevez de souffrir; que ces baisers qui vous ont desséchés vous ferment les paupières. Descends dans cette terre humide, pauvre corps vacillant qui ne te soutiens plus. Quand tu y seras, on le croira peut-être, si le doute croit à la mort. Ô triste spectre! sur quelle rive veux-tu donc errer et gémir? quel est ce feu qui te dévore? Tu fais des projets de voyage, toi qui as un pied dans le tombeau! Meurs! Dieu t'en est témoin, tu as voulu aimer! Ah! quelles richesses, quelles puissances d'amour on a éveillées dans ton cœur! Ah! quel rêve on t'a laissé faire, et de quels poisons

on t'a tuée ! Quel mal avais-tu fait pour que l'on mît
en toi cette fièvre ardente qui te brûle ? quelle fureur
l'anime donc, cette créature insensée, qui te pousse
du pied dans le cercueil, tandis que ses lèvres te
parlent d'amour ? Que deviendras-tu donc, si tu vis
encore ? N'est-il pas temps ? n'en est-ce pas assez ?
Quelle preuve de ta douleur donneras-tu pour qu'on
y croie, quand toi, toi-même, pauvre preuve vivante,
pauvre témoin, on ne te croit pas ? À quelle torture
veux-tu te soumettre que tu n'aies pas déjà usée ?
par quels tourments, quels sacrifices apaiseras-tu
l'avide, l'insatiable amour ? Tu ne seras qu'un objet
de risée ; tu chercheras en vain [sur la terre] une rue
déserte où ceux qui passent ne te montrent pas au
doigt. Tu perdras toute honte, et jusqu'à l'apparence
de cette vertu fragile qui t'a été si chère ; et l'homme
pour qui tu t'aviliras sera le premier à t'en punir. Il
te reprochera de vivre pour lui seul, de braver le
monde pour lui, et, tandis que tes propres amis
murmureront autour de toi, il cherchera dans leurs
regards s'il n'aperçoit pas trop de pitié ; il t'accusera
de le tromper si une main serre encore la tienne, et
si, dans le désert de ta vie, tu trouves par hasard
quelqu'un qui puisse te plaindre en passant. Ô Dieu !
te souvient-il d'un jour d'été où l'on a posé sur ta tête
une couronne de roses blanches ? Était-ce ce front
qui la portait ? Ah ! cette main qui l'a suspendue aux
murailles de l'oratoire, elle n'est pas tombée en
poussière comme elle ! Ô ma vallée ! ô ma vieille
tante, qui dormez maintenant en paix ! ô mes tilleuls, ma petite chèvre blanche, mes braves fermiers
qui m'aimiez tant ! vous souvient-il de m'avoir vue
heureuse, fière, tranquille et respectée ? Qui donc a
jeté sur ma route cet étranger qui veut m'en arracher ? qui donc lui a donné le droit de passer dans le
sentier de mon village ? Ah ! malheureuse, pourquoi
t'es-tu retournée le premier jour qu'il t'y a suivie ?

pourquoi l'as-tu accueilli comme un frère ? pourquoi as-tu ouvert ta porte et lui as-tu tendu la main ? Octave, Octave, pourquoi m'as-tu aimée, si tout devait finir ainsi ?

Elle était près de défaillir, et je la soutins jusqu'à un fauteuil, où elle tomba la tête sur mon épaule. L'effort terrible qu'elle venait de faire en me parlant si amèrement l'avait brisée. Au lieu d'une maîtresse outragée, je ne trouvai plus tout à coup en elle qu'un enfant plaintif et souffrant. Ses yeux se fermèrent ; je l'entourai de mes bras, et elle resta sans mouvement.

Lorsqu'elle reprit connaissance, elle se plaignit d'une extrême langueur et me pria d'une voix tendre de la laisser pour qu'elle se mît au lit. Elle pouvait à peine marcher ; je la portai jusqu'à l'alcôve et la posai doucement sur son lit. Il n'y avait en elle aucune marque de souffrance ; elle se reposait de sa douleur comme d'une fatigue, et ne semblait pas s'en souvenir. Sa nature faible et délicate cédait sans lutter, et, comme elle l'avait dit elle-même, j'avais été plus loin que sa force. Elle tenait ma main dans la sienne ; je l'embrassai ; nos lèvres encore amantes s'unirent comme à notre insu, et, au sortir d'une scène si cruelle, elle s'endormit sur mon cœur en souriant comme au premier jour.

CHAPITRE VI

Brigitte dormait. Muet, immobile, j'étais assis à son chevet. Comme un laboureur, après un orage, compte les épis d'un champ dévasté, ainsi je commençai à descendre en moi-même et à sonder le mal que j'avais fait.

Je n'y eus pas plus tôt pensé que je le jugeai irréparable. Certaines souffrances, par leur excès même, nous avertissent de leur terme, et plus j'éprouvais de honte et de remords, plus je sentis qu'après une telle scène il ne restait qu'à nous dire adieu. Quelque courage que pût avoir Brigitte, elle avait bu jusqu'à la lie la coupe amère de son triste amour; si je ne voulais la voir mourir, il fallait qu'elle s'en reposât. Il était arrivé souvent qu'elle m'eût fait de cruels reproches, et elle y avait peut-être mis jusqu'alors plus de colère que cette fois; mais, cette fois, ce qu'elle m'avait dit, ce n'étaient plus de vaines paroles dictées par l'orgueil offensé, c'était la vérité qui, refoulée au fond du cœur, l'avait brisé pour en sortir. La circonstance où nous nous trouvions et mon refus de partir avec elle rendaient d'ailleurs tout espoir impossible; elle aurait voulu pardonner qu'elle n'en eût pas eu la force. Ce sommeil même, cette mort passagère d'un être qui ne pouvait plus souffrir, témoignait assez là-dessus; ce silence venu tout à coup, cette douceur qu'elle avait montrée en revenant si tristement à la vie, ce pâle visage, et jusqu'à ce baiser, tout me disait que c'en était fait, et, quelque lien qui pût nous unir, que je l'avais rompu pour toujours. De même qu'elle dormait maintenant, il était clair qu'à la première souffrance qui lui viendrait de moi elle s'endormirait du sommeil éternel. L'horloge sonna, et je sentis que l'heure écoulée emportait ma vie avec elle.

Ne voulant appeler personne, j'avais allumé la lampe de Brigitte ; je regardais cette faible lueur, et mes pensées semblaient flotter dans l'ombre comme ses rayons incertains.

Quoi que j'eusse pu dire ou faire, jamais l'idée de perdre Brigitte ne s'était encore présentée à moi. J'avais cent fois voulu la quitter ; mais qui a aimé en ce monde et ne sait ce qui en est ? Ce n'était que du désespoir ou des mouvements de colère. Tant que je me savais aimé d'elle, j'étais bien sûr de l'aimer aussi ; l'invincible nécessité venait, pour la première fois, de se lever entre nous deux. J'en ressentais comme une langueur sourde, où je ne distinguais rien clairement. J'étais courbé près de l'alcôve, et quoique j'eusse vu dès le premier instant toute l'étendue de mon malheur, je n'en sentais pas la souffrance. Ce que mon esprit comprenait, mon âme, faible et épouvantée, semblait reculer pour n'en rien voir. — Allons, me disais-je, cela est certain ; je l'ai voulu, et je l'ai fait ; il n'y a pas le moindre doute que nous ne pouvons plus vivre ensemble ; je ne veux pas tuer cette femme, ainsi, je n'ai plus qu'à la quitter. Voilà qui est fait ; je m'en irai demain. Et, tout en me parlant ainsi, je ne pensais ni à mes torts, ni au passé, ni à l'avenir ; je ne me souvenais ni de Smith ni de quoi que ce soit en ce moment ; je n'aurais pu dire qui m'avait amené là, ni ce que j'avais fait depuis une heure. Je regardais les murs de la chambre, et je crois que tout ce qui m'occupait était de chercher pour le lendemain par quelle voiture je m'en irais.

Je demeurai assez longtemps dans cet état de calme étrange. Comme un homme frappé d'un coup de poignard ne sent d'abord que le froid du fer; il fait encore quelques pas sur sa route, et, stupéfait, les yeux égarés, il se demande ce qui lui arrive. Mais peu à peu le sang vient goutte à goutte, la plaie s'entr'ouvre et le laisse couler; la terre se teint d'une pourpre noire, la mort arrive; l'homme, à son approche, frissonne d'horreur et tombe foudroyé. Ainsi, tranquille en apparence, j'écoutais venir le malheur; je me répétais à voix basse ce que Brigitte m'avait dit, et je disposais autour d'elle tout ce que je savais d'habitude qu'on lui préparait pour la nuit; puis je la regardais, puis j'allais à la fenêtre et j'y restais le front collé aux vitres, devant un grand ciel sombre et lourd; puis je revenais près du lit. Partir demain, c'était ma seule pensée, et peu à peu ce mot de *partir* me devenait intelligible. — Ah Dieu! m'écriai-je tout à coup, ma pauvre maîtresse, je vous perds, et je n'ai pas su vous aimer!

Je tressaillis à ces paroles, comme si c'eût été un autre que moi qui les eût prononcées; elles retentirent dans tout mon être, comme dans une harpe tendue un coup de vent qui va la briser. En un instant, deux ans de souffrances ne traversèrent le cœur, et, après elles, comme leur conséquence et leur dernière expression, le présent me saisit. Comment rendrai-je une pareille douleur? Par un seul mot peut-être, pour ceux qui ont aimé. J'avais pris la main de Brigitte, et, rêvant sans doute dans son sommeil, elle avait prononcé mon nom.

Je me levai et marchai dans la chambre; un torrent de larmes coulait de mes yeux. J'étendais les bras comme pour ressaisir tout ce passé qui m'échappait. « Est-ce possible? répétais-je; quoi! je vous perds? je ne puis aimer que vous. Quoi! vous partez? c'en est fait pour toujours? Quoi! vous, ma vie, mon adorée

maîtresse, vous me fuyez, je ne vous verrai plus ?
Jamais, jamais ! disais-je tout haut ; et, m'adressant à
Brigitte endormie, comme si elle eût pu m'entendre :
Jamais, jamais, n'y comptez pas ; jamais je n'y consen-
tirai. Et qu'est-ce donc ? pourquoi tant d'orgueil ? N'y
a-t-il plus aucun moyen de réparer l'offense que je
vous ai faite ? Je vous en prie, cherchons ensemble.
Ne m'avez-vous pas pardonné mille fois ? Mais vous
m'aimez, vous ne pourrez partir, et le courage vous
manquera. Que voulez-vous que nous fassions
ensuite ?

Une démence horrible, effrayante, s'empara de moi
subitement ; j'allais et venais, parlant au hasard, cherchant sur les meubles quelque instrument de mort. Je
tombai enfin à genoux et je me frappai la tête sur le
lit. Brigitte fit un mouvement, et je m'arrêtai aussitôt.

— Si je l'éveillais ! me dis-je en frissonnant. Que
fais-tu donc, pauvre insensé ? Laisse-la dormir
jusqu'au jour ; tu as encore une nuit à la voir.

Je repris ma place ; j'avais une telle frayeur que Brigitte [ne] fût éveillée, que j'osais à peine respirer. Mon
cœur semblait s'être arrêté en même temps que mes
larmes. Je demeurai glacé d'un froid qui me faisait
trembler, et comme pour me forcer au silence :
Regarde-la, me disais-je, regarde-la, cela t'est permis.

Je parvins enfin à me calmer, et je sentis des larmes
plus douces couler lentement sur mes joues. À la
fureur que j'avais ressentie succédait l'attendrissement. Il me sembla qu'un cri plaintif déchirait les
airs ; je me penchai sur le chevet, et je me mis à regarder Brigitte, comme si, pour la dernière fois, mon bon
ange m'eût dit de graver dans mon âme l'empreinte
de ses traits chéris.

Qu'elle était pâle ! Ses longues paupières, entourées
d'un cercle bleuâtre, brillaient encore, humide de
larmes ; sa taille, autrefois si légère, était courbée
comme sous un fardeau ; sa joue, amaigrie et plom-

bée, reposait dans sa main fluette, sur son bras faible
et chancelant; son front semblait porter l'empreinte
de ce diadème d'épines sanglantes dont se couronne
la résignation. Je me souvins de la chaumière. Qu'elle
était jeune, il y avait six mois! qu'elle était gaie, libre,
insouciante! Qu'avais-je fait de tout cela? Il me semblait qu'une voix inconnue me répétait une vieille
romance que depuis longtemps j'avais oubliée :

> *Altra volta gieri biele,*
> *Blanch'e rossa com' un fiore;*
> *Ma ora, no. Non son più biele,*
> *Consumatis dal'amore.*

C'était l'ancienne romance de ma première maîtresse, et ce patois mélancolique me semblait clair
pour la première fois. Je le répétais comme si je
n'eusse fait jusque-là que le conserver dans ma
mémoire sans le comprendre. Pourquoi l'avais-je
appris, et pourquoi m'en souvenais-je? Elle était là,
ma fleur fanée, prête à mourir, consumée par
l'amour.

— Regarde-la, me dis-je en sanglotant : regarde-
la! Pense à ceux qui se plaignent que leurs maîtresses ne les aiment pas; la tienne t'aime, elle t'a
appartenu; et tu la perds, et n'as pas su l'aimer.

Mais la douleur était trop forte; je me levai et
marchai de nouveau. — Oui, continuai-je, regarde-
la; pense à ceux que l'ennui dévore, et qui s'en vont
traîner au loin une douleur qui n'est point partagée.
Les maux que tu souffres, on en a souffert, et rien en
toi n'est resté solitaire. Pense à ceux qui vivent sans
mère, sans parents, sans chien, sans ami; à ceux qui
cherchent et ne trouvent pas, à ceux qui pleurent et
qu'on en raille, à ceux qui aiment et qu'on méprise,
à ceux qui meurent et sont oubliés. Devant toi, là,
dans cette alcôve, repose un être que la nature avait

peut-être formé pour toi. Depuis les sphères les plus
élevées de l'intelligence jusqu'aux mystères les plus
impénétrables de la matière et de la forme, cette
âme et ce corps sont tes frères ; depuis six mois, ta
bouche n'a pas parlé, ton cœur n'a pas battu une
fois, qu'un mot, un battement de cœur ne t'ait
répondu ; et cette femme que Dieu t'envoyait comme
il envoie la rosée à l'herbe, elle n'aura fait que glisser
sur ton cœur. Cette créature qui, à la face du ciel,
était venue les bras ouverts pour te donner sa vie et
son âme, elle se sera évanouie comme une ombre, et
il n'en restera pas seulement le vestige d'une apparence. Pendant que tes lèvres touchaient les siennes,
pendant que tes bras entouraient son cou, pendant
que les anges de l'éternel amour vous enlaçaient
comme un seul être des liens de sang de la volupté,
vous étiez plus loin l'un de l'autre que deux exilés
aux deux bouts de la terre, séparés par le monde
entier. Regarde-la, et surtout fais silence. Tu as
encore une nuit à la voir, si tes sanglots ne l'éveillent
pas.

Peu à peu, ma tête s'exaltait, et des idées de plus
en plus sombres me remuaient et m'épouvantaient ;
une puissance irrésistible m'entraînait à descendre
en moi.

Faire le mal ! tel était donc le rôle que la Providence m'avait imposé ! Moi, faire le mal ! moi à qui
ma conscience, au milieu de mes fureurs mêmes,
disait pourtant que j'étais bon ! moi qu'une destinée
impitoyable entraînait sans cesse plus avant dans un
abîme, et à qui en même temps une horreur secrète
montrait sans cesse la profondeur de cet abîme où je
tombais ! moi qui partout, malgré tout, eussé-je
commis un crime et versé le sang de ces mains que
voilà, me serais encore répété que mon cœur n'était
pas coupable, que je me trompais, que ce n'était pas
moi qui agissais ainsi, mais mon destin, mon mau-

vais génie, je ne sais quel être qui habitait le mien,
mais n'y était pas né! moi! faire le mal! Depuis six
mois, j'avais accompli cette tâche; pas une journée
ne s'était passée que je n'eusse travaillé à cette
œuvre impie, et j'en avais en ce moment même la
preuve devant les yeux. L'homme qui avait aimé Brigitte, qui l'avait offensée, puis insultée, puis délaissée, quittée pour la reprendre, remplie de craintes,
assiégée de soupçons, jetée enfin sur ce lit de douleur où je la voyais étendue, c'était moi! Je me frappais le cœur, et en la voyant, je n'y pouvais croire. Je
contemplais Brigitte; je la touchais comme pour
m'assurer que je n'étais pas trompé par un songe.
Mon propre visage, que j'apercevais dans la glace,
me regardait avec étonnement. Qu'était-ce donc que
cette créature qui m'apparaissait sous mes traits?
qu'était-ce donc que cet homme sans pitié qui blas-
phémait avec ma bouche et torturait avec mes
mains? Était-ce lui que ma mère appelait Octave?
était-ce lui qu'autrefois, à quinze ans, parmi les bois
et les prairies, j'avais vu dans les claires fontaines où
je me penchais avec un cœur pur comme le cristal
de leurs eaux?

Je fermais les yeux, et je pensais aux jours de mon
enfance. Comme un rayon de soleil qui traverse un
nuage, mille souvenirs me traversaient le cœur. —
Non, me disais-je, je n'ai pas fait cela. Tout ce qui
m'entoure dans cette chambre n'est qu'un rêve
impossible. Je me rappelais le temps où j'ignorais,
où je sentais mon cœur s'ouvrir à mes premiers pas
dans la vie. Je me souvenais d'un vieux mendiant
qui s'asseyait sur un banc de pierre devant la porte
d'une ferme, et à qui on m'envoyait quelquefois porter, le matin, après déjeuner, les restes de notre
repas. Je le voyais, tendant ses mains ridées, faible,
courbé, me bénir en souriant. Je sentais le vent du
matin glisser sur mes tempes, je ne sais quoi de frais

comme la rosée qui tombait du ciel dans mon âme.
Puis, tout à coup, je rouvrais les yeux, et je retrouvais, à la lueur de la lampe, la réalité devant moi.

— Et tu ne te crois pas coupable? me demandai-je avec horreur. Ô apprenti corrompu d'hier!
parce que tu pleures, tu te crois innocent? Ce que tu
prends pour le témoignage de ta conscience, ce n'est
peut-être que du remords? et quel meurtrier n'en
éprouve pas? Si ta vertu te crie qu'elle souffre, qui te
dit que ce n'est pas parce qu'elle se sent mourir? Ô
misérable! ces voix lointaines que tu entends gémir
dans ton cœur, tu crois que ce sont des sanglots; ce
n'est peut-être que le cri de la mouette, l'oiseau
funèbre des tempêtes, que le naufrage appelle à lui.
Qui t'a jamais raconté l'enfance de ceux qui meurent
couverts de sang? Ils ont aussi été bons à leurs
jours; ils posent aussi leurs mains sur leur visage
pour s'en souvenir quelquefois. Tu fais le mal et tu
te repens? Néron aussi, quand il tua sa mère. Qui
donc t'a dit que les pleurs nous lavaient?

Et quand bien même il en serait ainsi, quand il
serait vrai qu'une part de ton âme n'appartiendra
jamais au mal, que feras-tu de l'autre qui lui appartiendra? Tu palperas de ta main gauche les plaies
qu'ouvrira ta main droite; tu feras un suaire de ta
vertu pour y ensevelir tes crimes; tu frapperas, et,
comme Brutus, tu graveras sur ton épée les bavar-
dages de Platon! À l'être qui t'ouvrira ses bras, tu
plongeras au fond du cœur cette arme ampoulée et
déjà repentante; tu conduiras au cimetière les restes
de tes passions, et tu effeuilleras sur leurs tombes la
fleur stérile de ta pitié; tu diras à ceux qui te verront: — Que voulez-vous! on m'a appris à tuer, et
remarquez que j'en pleure encore, et que Dieu
m'avait fait meilleur. Tu parleras de ta jeunesse, tu
te persuaderas toi-même que le ciel doit te pardonner, que tes malheurs sont involontaires, et tu

harangueras tes nuits d'insomnie pour qu'elles te laissent un peu de repos.

Mais, qui sait? tu es jeune encore. Plus tu te fieras à ton cœur, plus ton orgueil doit t'égarer. Te voilà aujourd'hui devant la première ruine que tu vas laisser sur ta route. Que Brigitte meure demain, tu pleureras sur son cercueil; où iras-tu en la quittant? Tu partiras pour trois mois peut-être, et tu feras un voyage en Italie; tu t'envelopperas dans ton manteau comme un Anglais travaillé du spleen, et tu te diras quelque beau matin, au fond d'une auberge, après boire, que tes remords sont apaisés et qu'il est temps d'oublier pour revivre. Toi qui commences à pleurer trop tard, prends garde de ne plus pleurer un jour. Qui sait? qu'on vienne à te railler sur ces douleurs que tu crois senties; qu'un jour, au bal, une belle femme sourie de pitié quand on lui contera que tu te souviens d'une maîtresse morte; n'en pourrais-tu pas tirer quelque gloire, et t'enorguellir tout à coup de ce qui te navre aujourd'hui? Quand le présent, qui te fait frissonner, et que tu n'oses regarder en face, sera devenu le passé, une vieille histoire, un souvenir confus, ne pourrais-tu par hasard te renverser quelque soir sur ta chaise, dans un souper de débauchés, et raconter, le sourire sur les lèvres, ce que tu as vu les larmes aux yeux? C'est ainsi qu'on boit toute honte, c'est ainsi qu'on marche ici-bas. Tu as commencé par être bon; tu deviens faible, et tu seras méchant.

Mon pauvre ami, me dis-je du fond du cœur, j'ai un conseil à te donner: c'est que je crois qu'il te faut mourir. Pendant que tu es bon à cette heure, profites-en pour n'être plus méchant; pendant qu'une femme que tu aimes est là, mourante, sur ce lit, et que tu sens l'horreur de toi-même, étends la main sur sa poitrine: elle vit encore, c'est assez; ferme les yeux et ne les rouvre plus; n'assiste pas à ses funérailles, de peur que demain tu n'en sois consolé; donne-toi un coup de poignard pendant que le cœur que tu portes aime encore le Dieu qui l'a fait. Est-ce ta jeunesse qui t'arrête? et ce que tu veux épargner, est-ce la couleur de tes cheveux? Ne les laisse jamais blanchir, s'ils ne sont pas blancs cette nuit.

Et aussi bien, que veux-tu faire au monde? Si tu sors, où vas-tu? Qu'espères-tu si tu restes? Ah! n'est-ce pas qu'en regardant cette femme, il te semble avoir dans le cœur tout un trésor encore enfoui? N'est-ce pas ce que tu perds, c'est moins ce qui a été que ce qui aurait pu être, et que le pire des adieux est de sentir qu'on n'a pas tout dit? Que ne parlais-tu il y a une heure? Quand cette aiguille était à cette place, tu pouvais encore être heureux. Si tu souffrais, que n'ouvrais-tu ton âme? si tu aimais, que ne le disais-tu? Te voilà comme l'enfouisseur mourant de faim sur son trésor; tu as fermé ta porte, avare; tu te débats derrière tes verrous. Secoue-les donc, ils sont solides; c'est ta main qui les a forgés. Ô insensé qui as désiré et qui as possédé ton désir, tu n'avais pas pensé à Dieu! Tu jouais avec le bonheur comme un enfant avec un hochet, et tu ne réfléchissais pas combien c'était rare et fragile ce que tu tenais dans tes mains; tu le dédaignais; tu en souriais et tu remettais d'en jouir, et tu ne comprenais pas les prières que ton bon ange faisait pendant ce temps-là pour te conserver cette ombre d'un jour. Ah! s'il en est un dans les cieux qui ait jamais veillé sur toi, que devient-il en ce moment? Il est assis devant un orgue; ses ailes sont à demi ouvertes, ses mains étendues sur le clavier d'ivoire; il commence un hymne éternel, l'hymne d'amour et d'immortel oubli. Mais ses genoux chancellent, ses ailes tombent, sa tête s'incline comme un roseau brisé; l'ange de la mort lui a touché l'épaule, il disparaît dans l'immensité!

Et toi, c'est à vingt-deux ans que tu restes seul sur
la terre! quand un amour noble et élevé, quand la
force de la jeunesse allaient peut-être faire de toi
quelque chose! Lorsque, après de si longs ennuis,
des chagrins si cuisants, tant d'irrésolutions, une
jeunesse si dissipée, tu pouvais voir se lever sur toi
un jour tranquille et pur! lorsque ta vie, consacrée à
un être adoré, pouvait se remplir d'une sève nouvelle, c'est en ce moment que tout s'abîme et s'évanouit devant toi! Te voilà, non plus avec des désirs
vagues, mais avec des regrets réels; non plus le cœur
vide, mais dépeuplé. Et tu hésites! Qu'attends-tu?
Puisqu'elle ne veut plus de ta vie, que ta vie ne
compte plus pour rien; puisqu'elle te quitte, quitte-
toi aussi. Que ceux qui ont aimé ta jeunesse pleurent
sur toi; ils ne sont pas nombreux. Qui a été muet
près de Brigitte doit rester muet pour toujours! Que
celui qui a passé sur son cœur en garde du moins la
trace intacte! Ah Dieu! si tu veux vivre encore, ne
faudrait-il pas l'effacer? Quel autre parti te reste-
rait-il, pour conserver ton souffle misérable, que
d'achever de le corrompre? Oui, maintenant ta vie
est à ce prix. Il te faudrait, pour la supporter, non
seulement oublier l'amour, mais désapprendre qu'il
existe; non seulement renier ce qui a été bon en toi,
mais tuer ce qui peut l'être encore; car que ferais-tu
si tu t'en souvenais? Tu ne ferais pas un pas sur
terre, tu ne rirais pas, tu ne pleurerais pas, tu ne
donnerais pas l'aumône à un pauvre, tu ne pourrais
pas être bon un quart d'heure, sans que tout ton
sang, reflué au cœur, te crie que Dieu t'avait fait bon
pour que Brigitte fût heureuse. Tes moindres
actions retentiraient en toi, et, comme des échos
sonores, y feraient gémir tes malheurs; tout ce qui
remuerait ton âme y éveillerait un regret, et l'espérance, ce messager céleste, ce saint ami qui nous
invite à vivre, se changerait lui-même pour toi en un

fantôme inexorable, et deviendrait frère jumeau du
passé; tous ces essais de saisir quelque chose ne
seraient qu'un long repentir. Quand l'homicide
marche dans l'ombre, il tient ses mains serrées sur
sa poitrine, de peur de rien toucher et que les murs
ne l'accusent. C'est ainsi qu'il te faudrait faire; choi-
sis de ton âme ou de ton corps : il te faut tuer l'un
des deux. Le souvenir du bien t'envoie au mal; fais
de toi un cadavre, si tu ne veux être ton propre
spectre. Ô enfant, enfant! meurs honnête! qu'on
puisse pleurer sur ton tombeau!

À cette vue, tous mes sens s'émurent. Était-ce de
douleur ou de désir? je n'en sais rien. Une pensée

Je me jetai sur le pied du lit, plein d'un si affreux
désespoir que ma raison m'abandonnait, et que je ne
savais plus où j'étais ni ce que je faisais. Brigitte
poussa un soupir, et, écartant le drap qui la couvrait, comme oppressée d'un poids importun,
découvrit son sein blanc et nu.

À cette vue, tous mes sens s'émurent. Était-ce de
douleur ou de désir? je n'en sais rien. Une pensée
horrible m'avait fait frémir tout à coup. — Eh quoi!
me dis-je, laisser cela à un autre! mourir, descendre
dans la terre, tandis que cette blanche poitrine respirera l'air du firmament! Dieu juste! une autre
main que la mienne sur cette peau fine et transparente! une autre bouche sur ces lèvres et un autre
amour dans ce cœur! un autre homme ici, à ce chevet! Brigitte heureuse, vivante, adorée, et moi dans
le coin d'un cimetière, tombant en poussière au fond
d'une fosse! Combien de temps pour qu'elle
m'oublie, si je n'existe plus demain? combien de
larmes? Aucune, peut-être! Pas un ami, personne
qui l'approche, qui ne lui dise que ma mort est un
bien, qui ne s'empresse de l'en consoler, qui ne la
conjure de n'y plus songer! Si elle pleure, on voudra
la distraire; si un souvenir la frappe, on l'écartera; si
son amour me survit en elle, on l'en guérira comme
d'un empoisonnement; et elle-même, qui, le premier

jour, dira peut-être qu'elle veut me suivre, se détour-
nera dans un mois, pour ne pas voir de loin le saule
pleureur qu'on aura planté sur ma tombe! Comment en serait-il autrement? Qui regrette-t-on
quand on est si belle? Elle voudrait mourir de chagrin que ce beau sein lui dirait qu'il veut vivre, et
qu'un miroir le lui persuaderait; et le jour où les
larmes taries feront place au premier sourire, qui ne
la félicitera pas, convalescente de sa douleur?
Lorsque, après huit jours de silence, elle commencera à souffrir qu'on prononce mon nom devant elle,
puis qu'elle en parlera elle-même, en regardant lan-
guissamment, comme pour dire : Consolez-moi;
puis peu à peu qu'elle en sera venue, non plus à éviter mon souvenir, mais à n'en plus parler, et qu'elle
ouvrira ses fenêtres, par les beaux matins de printemps, quand les oiseaux chantent dans la rosée;
quand elle deviendra rêveuse et qu'elle dira : J'ai
aimé,... qui sera là, à côté d'elle? qui osera lui
répondre qu'il faut aimer encore? Ah! alors je n'y
serai plus! Tu l'écouteras, infidèle; tu te pencheras
en rougissant, comme une rose qui va s'épanouir, et
ta beauté et ta jeunesse te monteront au front. Tout
en disant que ton cœur est fermé, tu en laisseras sortir cette fraîche auréole dont chaque rayon appelle
un baiser. Qu'elles veulent bien qu'on les aime,
celles qui disent qu'elles n'aiment plus! Et quoi
d'étonnant? Tu es femme; ce corps, cette gorge
d'albâtre, tu sais ce qu'ils valent, on te l'a dit; quand
tu les caches sous ta robe, tu ne crois pas, comme
les vierges, que tout le monde te ressemble, et tu sais
le prix de ta pudeur. Comment la femme qui a été
vantée peut-elle se résoudre à ne l'être plus? se croit-
elle vivante si elle reste à l'ombre, et s'il y a silence
autour de sa beauté? Sa beauté même, c'est l'éloge
et le regard de son amant. Non, non, il n'en faut pas
douter; qui a aimé ne vit plus sans amour; qui

apprend une mort se rattache à la vie. Brigitte
m'aime et en mourrait peut-être ; je me tuerai, et un
autre l'aura.

Un autre ! un autre ! répétai-je en m'inclinant,
appuyé sur le lit, et mon front effleurait son épaule.
N'est-elle pas veuve ? pensai-je ; n'a-t-elle pas déjà vu
la mort ? ces petites mains délicates n'ont-elles pas
soigné et enseveli ? Ses larmes savent combien elles
durent, et les secondes durent moins. Ah ! Dieu me
préserve ! pendant qu'elle dort, à quoi tient-il que je
ne la tue ? Si je l'éveillais maintenant, et si je lui
disais que son heure est venue et que nous allons
mourir dans un dernier baiser, elle accepterait. Que
m'importe ? Est-il donc sûr que tout ne finisse pas
là ?

J'avais trouvé un couteau sur la table, et je le
tenais dans ma main.

Peur, lâcheté, superstition ! qu'en savent-ils, ceux
qui le disent ? C'est pour le peuple et les ignorants
qu'on nous parle d'une autre vie ; mais qui y croit au
fond du cœur ? Quel gardien de nos cimetières a vu
un mort quitter son tombeau et aller frapper chez le
prêtre ? C'est autrefois qu'on voyait des fantômes ; la
police les interdit à nos villes civilisées, et il n'y crie
plus du sein de la terre que des vivants enterrés à la
hâte. Qui eût rendu la mort muette, si elle avait
jamais parlé ? Est-ce parce que les processions n'ont
plus le droit d'encombrer nos rues, que l'esprit
céleste se laisse oublier ? Mourir, voilà la fin, le but.
Dieu l'a posé, les hommes le discutent ; mais chacun
porte écrit au front : « Fais ce que tu veux, tu mour-
ras. » Qu'en dirait-on, si je tuais Brigitte ? ni elle ni
moi n'en entendrions rien. Il y aurait demain dans
un journal qu'Octave de T*** a tué sa maîtresse, et
après-demain on n'en parlerait plus. Qui nous sui-
vrait au dernier cortège ? Personne qui, en rentrant
chez soi, ne déjeunât tranquillement ; et nous, éten-

dus côte à côte dans les entrailles de cette fange d'un jour, le monde pourrait marcher sur nous sans que le bruit des pas nous éveille. N'est-il pas vrai, ma bien-aimée, n'est-il pas vrai que nous y serions bien ? C'est un lit moelleux que la terre ; aucune souffrance ne nous y atteindrait ; on ne jaserait pas dans les tombes voisines de notre union devant Dieu ; nos ossements s'embrasseraient en paix et sans orgueil ; la mort est conciliatrice, et ce qu'elle noue ne se délie pas. Pourquoi le néant t'effraierait-il, pauvre corps qui lui es promis ? Chaque heure qui sonne t'y entraîne, chaque pas que tu fais brise l'échelon où tu viens de t'appuyer ; tu ne te nourris que de morts ; l'air du ciel te pèse et t'écrase, la terre que tu foules te tire à elle par la plante des pieds. Descends, descends ! pourquoi tant d'épouvante ? est-ce un mot qui te fait horreur ? Dis seulement : Nous ne vivrons plus. N'est-ce pas là une grande fatigue dont il est doux de se reposer ? Comment se fait-il qu'on hésite, s'il n'y a que la différence d'un peu plus tôt à un peu plus tard ? La matière est impérissable, et les physiciens, nous dit-on, tourmentent à l'infini le plus petit grain de poussière sans pouvoir jamais l'anéantir. Si la matière est la propriété du hasard, quel mal fait-elle en changeant de torture, puisqu'elle ne peut changer de maître ? Qu'importe à Dieu la forme que j'ai reçue et quelle livrée porte ma douleur ? La souffrance vit dans mon crâne ; elle m'appartient, je la tue ; mais l'ossement ne m'appartient pas, et je le rends à qui me l'a prêté ; qu'un poète en fasse une coupe où il boira son vin nouveau ! Quel reproche puis-je encourir ? et ce reproche, qui me le ferait ? quel ordonnateur inflexible viendra me dire que j'ai mésusé ? Qu'en sait-il ? était-il en moi ? Si chaque créature a sa tâche à remplir, et si c'est un crime de la secouer, quels grands coupables sont donc les

enfants qui meurent sur le sein de la nourrice?
pourquoi ceux-là sont-ils épargnés? De comptes
rendus après la mort, à qui servirait la leçon? Il faudrait bien que le ciel fût désert pour que l'homme
fût puni d'avoir vécu, car c'est assez qu'il ait à vivre
et je ne sais qui l'a demandé, sinon Voltaire au lit de
mort; digne et dernier cri d'impuissance d'un vieil
athée désespéré. À quoi bon? pourquoi tant de
luttes? qui dons est là-haut qui regarde, et qui se
plaît à tant d'agonies? qui donc s'égaie et se
désœuvre à ce spectacle d'une création toujours
naissante et toujours moribonde? à voir bâtir, et
l'herbe pousse; à voir planter, et la foudre tombe; à
voir marcher, et la mort crie « holà »; à voir pleurer,
et les larmes sèchent; à voir aimer, et le visage se
ride; à voir prier, se prosterner, supplier et tendre
les bras, et les moissons n'en ont pas un brin de fro-
ment de plus! Qui est-ce donc qui a tant fait, pour le
plaisir de savoir tout seul que ce qu'il a fait, ce n'est
rien? La terre se meurt; Herschell dit que c'est de
froid; qui donc tient dans sa main cette goutte de
vapeurs condensées, et la regarde s'y dessécher,
comme un pêcheur un peu d'eau de mer, pour en
avoir un grain de sel? Cette grande loi d'attraction
qui suspend le monde à sa place, l'use et le ronge
dans un désir sans fin; chaque planète charrie ses
misères en gémissant sur son essieu; elles
s'appellent d'un bout du ciel à l'autre, et, inquiètes
du repos, cherchent qui s'arrêtera la première. Dieu
les retient; elles accomplissent assidûment et éternellement leur labeur vide et inutile; elles tournent,
elles souffrent, elles brûlent, elles s'éteignent et
s'allument, elles descendent et remontent, elles se
suivent et s'évitent, elles s'enlacent comme des
anneaux; elles portent à leur surface des milliers
d'êtres renouvelés sans cesse; ces êtres s'agitent, se
croisent aussi, se serrent une heure les uns contre

les autres, puis tombent, et d'autres se lèvent ; là où
la vie manque, elle accourt ; là où l'air sent le vide, il
se précipite ; pas un désordre, tout est réglé, marqué,
écrit en lignes d'or et en paraboles de feu ; tout
marche au son de la musique céleste sur des sentiers
impitoyables, et pour toujours ; et tout cela n'est
rien ! Et nous, pauvres rêves sans nom, pâles et dou-
loureuses apparences, imperceptibles éphémères,
nous qu'on anime d'un souffle d'une seconde pour
que la mort puisse exister, nous nous épuisons de
fatigue pour nous prouver que nous jouons un rôle
et que je ne sais quoi s'aperçoit de nous. Nous hési-
tons à nous tirer sur la poitrine un petit instrument
de fer, et à nous faire sauter la tête avec un hausse-
ment d'épaules ; il semble que, si nous nous tuons, le
chaos va se rétablir ; nous avons écrit et rédigé les
lois divines et humaines, et nous avons peur de nos
catéchismes ; nous souffrons trente ans sans murmurer, et nous croyons que nous luttons ; enfin la
souffrance est la plus forte, nous envoyons une pin-
cée de poudre dans le sanctuaire de l'intelligence, et
il pousse une fleur sur notre tombeau.

Comme j'achevais ces paroles, j'avais approché le
couteau que je tenais de la poitrine de Brigitte. Je
n'étais plus maître de moi, et je ne sais, dans mon
délire, ce qui en serait arrivé ; je rejetai le drap pour
découvrir le cœur, et j'aperçus entre les deux seins
blancs un petit crucifix d'ébène.

Je reculai, frappé de crainte ; ma main s'ouvrit, et
l'arme tomba. C'était la tante de Brigitte qui lui
avait, au lit de mort, donné ce petit crucifix. Je ne
me souvenais pourtant pas de le lui avoir jamais vu ;
sans doute, au moment de partir, elle l'avait suspendu à son cou, comme une relique préservatrice
des dangers du voyage. Je joignis les mains tout à
coup et me sentis fléchir vers la terre. — Seigneur
mon Dieu ! dis-je en tremblant, Seigneur mon Dieu,
vous étiez là !

Que ceux qui ne croient pas au Christ lisent cette page; je n'y croyais pas non plus. Ni au collège, ni enfant, ni homme, je n'avais hanté les églises; ma religion, si j'en avais une, n'avait ni rite ni symbole, et je ne croyais qu'à un Dieu sans forme, sans culte et sans révélation. Empoisonné, dès l'adolescence, de tous les écrits du dernier siècle, j'y avais sucé de bonne heure le lait stérile de l'impiété. L'orgueil humain, ce dieu de l'égoïste, fermait ma bouche à la prière, tandis que mon âme effrayée se réfugiait dans l'espoir du néant. J'étais comme ivre et insensé quand je vis le Christ sur le sein de Brigitte; mais bien que n'y croyant pas moi-même, je reculai, sachant qu'elle y croyait. Ce ne fut pas une terreur vaine qui, en ce moment, m'arrêta la main. Qui me voyait? j'étais seul, la nuit. S'agissait-il des préjugés du monde? qui m'empêchait d'écarter de mes yeux ce petit morceau de bois noir? Je pouvais le jeter dans les cendres, et ce fut mon arme que j'y jetai. Ah! que je le sentis jusqu'à l'âme, et que je le sens maintenant encore! quels misérables sont les hommes qui ont jamais fait une raillerie de ce qui peut sauver un être! Qu'importe le nom, la forme, la croyance? tout ce qui est bon n'est-il pas sacré? comment ose-t-on toucher à Dieu?

Comme, à un regard du soleil, la neige descend des montagnes, et, du glacier qui menaçait le ciel, fait un ruisseau dans la vallée, ainsi descendait dans mon cœur une source qui s'épanchait. Le repentir est un pur encens; il s'exhalait de toute ma souffrance. Quoique j'eusse presque commis un crime, dès que ma main fut désarmée, je sentis mon cœur innocent. Un seul instant m'avait rendu le calme, la force et la raison; je m'avançai de nouveau vers l'alcôve; je m'inclinai sur mon idole et je baisai son crucifix.

— Dors en paix, lui dis-je, Dieu veille sur toi! Pendant qu'un rêve te faisait sourire, tu viens d'échapper au plus grand danger que tu aies couru de ta vie. Mais la main qui t'a menacée ne fera de mal à personne ; j'en jure par ton Christ lui-même, je ne tuerai ni toi ni moi. Je suis un fou, un insensé, un enfant qui s'est cru un homme. Dieu soit loué ! tu es jeune et vivante, et tu es belle, et tu m'oublieras. Tu guériras du mal que je t'ai fait, si tu ne peux le pardonner. Dors en paix jusqu'au jour, Brigitte, et décide alors de notre destin ; quel que soit l'arrêt que tu prononces, je m'y soumettrai sans murmure. Et toi, Jésus, qui l'as sauvée, pardonne-moi, ne le lui dis pas. Je suis né dans un siècle impie, et j'ai beaucoup à expier. Pauvre fils de Dieu qu'on oublie, on ne m'a pas appris à t'aimer. Je ne t'ai jamais cherché dans les temples ; mais, grâce au ciel, là où je te trouve, je n'ai pas encore appris à ne pas trembler. Une fois avant de mourir, je t'aurai du moins baisé de mes lèvres sur un cœur qui est plein de toi. Protège-la tant qu'il respirera ; restes-y, sainte sauvegarde ; souviens-toi qu'un infortuné n'a pas osé mourir de sa douleur en te voyant cloué sur ta croix ; impie, tu l'as sauvé du mal ; s'il avait cru, tu l'aurais consolé. Pardonne à ceux qui l'ont fait incrédule, puisque tu l'as fait repentant ; pardonne à tous ceux qui blasphèment ! ils ne t'ont jamais vu, sans doute, lorsqu'ils étaient au désespoir. Les joies humaines sont railleuses, elles dédaignent sans pitié ; ô Christ ! les heureux de ce monde pensent n'avoir jamais besoin de toi ; pardonne : quand leur orgueil t'outrage, leurs larmes les baptisent tôt ou tard ; plains-les de se croire à l'abri des tempêtes, et d'avoir besoin, pour venir à toi, des leçons sévères du malheur. Notre sagesse et notre scepticisme sont dans nos mains de grands hochets d'enfants ; pardonne-nous de rêver que nous sommes impies, toi qui souriais au Golgotha. De toutes nos misères d'une heure, la pire est, pour nos vanités, qu'elles essaient de t'oublier. Mais, tu le vois, ce ne sont que des ombres, qu'un regard de toi fait tomber. Toi-même, n'as-tu pas été homme ? C'est la douleur qui t'a fait Dieu ; c'est un instrument de supplice qui t'a servi à monter au ciel, et qui t'a porté les bras ouverts au sein de ton père glorieux ; et nous, c'est aussi la douleur qui nous conduit à toi comme elle t'a amené à ton père ; nous ne venons que couronnés d'épines nous incliner devant ton image ; nous ne touchons à tes pieds sanglants qu'avec des mains ensanglantées, et tu as souffert le martyre pour être aimé des malheureux.

Les premiers rayons de l'aurore commençaient à paraître ; tout s'éveillait peu à peu, et l'air s'emplissait de bruits lointains et confus. Faible et épuisé de fatigue, j'allais quitter Brigitte pour prendre un peu de repos. Comme je sortais, une robe jetée sur un fauteuil glissa à terre près de moi, et il en tomba un papier plié. Je le ramassai : c'était une lettre, et je reconnus la main de Brigitte. L'enveloppe n'était pas cachetée ; je l'ouvris et lus ce qui suit :

« 25 décembre 18...

« Lorsque vous recevrez cette lettre, je serai loin de vous, et peut-être ne la recevrez-vous jamais. Ma destinée est liée à celle d'un homme à qui j'ai tout sacrifié ; vivre sans moi lui est impossible, et je vais essayer de mourir pour lui. Je vous aime. Adieu, plaignez-nous. »

Je retournai le papier après l'avoir lu, et je vis sur l'adresse : « À M. Henri Smith, à N***, poste restante. »

CHAPITRE VII

Le lendemain, à midi, par un beau soleil de décembre, un jeune homme et une femme qui se donnaient le bras traversèrent le jardin du Palais-Royal. Ils entrèrent chez un orfèvre, où ils choisirent deux bagues pareilles, et, les échangeant avec un sourire, en mirent chacun une à leur doigt. Après une courte promenade, ils allèrent déjeuner aux *Frères-Provençaux*, dans une de ces petites chambres élevées d'où l'on découvre, dans tout son ensemble, l'un des plus beaux lieux qui soient au monde. Là, enfermés en tête à tête, quand le garçon se fut retiré, ils s'accoudèrent à la fenêtre et se serrèrent doucement la main. Le jeune homme était en habit de voyage ; à voir la joie qui paraissait sur son visage, on l'aurait pris pour un nouveau marié montrant pour la première fois à sa jeune femme la vie et les plaisirs de Paris. Sa gaieté était douce et calme, comme l'est toujours celle du bonheur. Qui eût eu de l'expérience y eût reconnu l'enfant qui devient homme, et dont le regard plus confiant commence à raffermir le cœur. De temps en temps, il contemplait le ciel, puis revenait à son amie, et des larmes brillaient dans ses yeux ; mais il les laissait couler sur ses joues et souriait sans les essuyer. La femme était pâle et pensive ; elle ne regardait que son ami. Il y

avait dans ses traits comme une souffrance profonde qui, sans faire d'efforts pour se cacher, n'osait
cependant résister à la gaieté qu'elle voyait. Quand
son compagnon souriait, elle souriait aussi, mais
non pas toute seule ; quand il parlait, elle lui répondait, et elle mangeait ce qu'il lui servait ; mais il y
avait en elle un silence qui ne semblait vivre que par
instants. À sa langueur et à sa nonchalance, on distinguait clairement cette mollesse de l'âme, ce sommeil du plus faible entre deux êtres qui s'aiment et
dont l'un n'existe que dans l'autre et ne s'anime que
par écho. Le jeune homme ne s'y trompait pas et en
semblait fier et reconnaissant ; mais on voyait, à sa
fierté même, que son bonheur lui était nouveau.
Lorsque la femme s'attristait tout à coup et baissait
les yeux vers la terre, il s'efforçait de prendre, pour
la rassurer, un air ouvert et résolu ; mais il n'y pouvait pas toujours réussir et se troublait lui-même
quelquefois. Ce mélange de force et de faiblesse, de
joie et de chagrin, de trouble et de sérénité, eût été
impossible à comprendre pour un spectateur indifférent ; on eût pu les croire tour à tour les deux êtres
les plus heureux de la terre et les plus malheureux ;
mais, en ignorant leur secret, on eût senti qu'ils
souffraient ensemble, et, quelle que fût leur peine
mystérieuse, on voyait qu'ils avaient posé sur leurs
chagrins un sceau plus puissant que l'amour lui-
même, l'amitié. Tandis qu'ils se serraient la main,
leurs regards restaient chastes ; quoiqu'ils fussent
seuls, ils parlaient à voix basse. Comme accablés par
leurs pensées, ils posèrent leurs fronts l'un contre
l'autre, et leurs lèvres ne se touchèrent pas. Ils se
regardaient d'un air tendre et solennel, comme les
faibles qui veulent être bons. Lorsque l'horloge
sonna une heure, la femme poussa un profond soupir, et se détournant à demi :

— Octave, dit-elle, si vous vous trompiez !

— Non, mon amie, répondit le jeune homme, soyez-en sûre, je ne me trompe pas. Il vous faudra souffrir beaucoup, longtemps peut-être, et à moi toujours; mais nous en guérirons tous deux, vous avec le temps, et moi avec Dieu.

— Octave, Octave, répéta la femme, êtes-vous sûr de ne pas vous tromper?

— Je ne crois pas, ma chère Brigitte, que nous puissions nous oublier; mais je crois que, dans ce moment, nous ne pouvons nous pardonner encore, et c'est ce qu'il faut cependant à tout prix, même en ne nous revoyant jamais.

— Pourquoi ne nous reverrions-nous pas? Pourquoi un jour?... Vous êtes si jeune!

[Et] elle ajouta avec un sourire : — À votre premier amour, nous nous reverrons sans danger.

— Non, mon amie; car, sachez-le bien, je ne vous reverrai jamais sans amour. Puisse celui à qui je vous laisse, à qui je vous donne, être digne de vous! Smith est brave, bon et honnête; mais, quelque amour que vous ayez pour lui, vous voyez bien que vous m'aimez encore; car, si je voulais rester ou vous emmener, vous y consentiriez.

— C'est vrai, répondit la femme.

— Vrai? vrai? répéta le jeune homme en la regardant de toute son âme; vrai? Si je voulais, vous viendriez avec moi? Puis il continua doucement : C'est pour cette raison qu'il ne faut jamais nous revoir. Il y a de certains amours dans la vie qui bouleversent la tête, les sens, l'esprit et le cœur; il y en a parmi tous un seul qui ne trouble pas, qui pénètre, et celui-là ne meurt qu'avec l'être dans lequel il a pris racine.

— Mais vous m'écrirez cependant?

— Oui, d'abord, pendant quelque temps, car ce que j'ai à souffrir est si rude, que l'absence de toute forme habituelle et aimée me tuerait maintenant.

C'est peu à peu et avec mesure que, n'étant pas
connu de vous, je me suis approché, non sans
crainte, que je suis devenu plus familier, qu'enfin...
Ne parlons pas du passé. C'est peu à peu que mes
lettres seront plus rares, jusqu'au jour où elles cesse-
ront. Je redescendrai ainsi la colline que j'ai gravie
depuis un an. Il y aura là une grande tristesse et
peut-être aussi quelque charme. Lorsqu'on s'arrête,
au cimetière, devant une tombe fraîche et ver-
doyante, où sont gravés deux noms chéris, on
éprouve une douleur pleine de mystère qui fait couler des larmes sans amertume; c'est ainsi que je
veux quelquefois me souvenir d'avoir été vivant.

La femme, à ces dernières paroles, se jeta sur un
fauteuil et sanglota. Le jeune homme fondait en
larmes; mais il resta immobile et comme ne voulant
pas lui-même s'apercevoir de sa douleur. Lorsque
les larmes eurent cessé, il s'approcha de son amie,
lui prit la main et la baisa.

— Croyez-moi, dit-il; être aimé de vous, quel que
soit le nom que porte la place qu'on occupe dans
votre cœur, cela donne de la force et du courage.
N'en doutez jamais, ma Brigitte, nul ne vous
comprendra mieux que moi; un autre vous aimera
plus dignement, nul ne vous aimera plus profondément. Un autre ménagera en vous des qualités que
j'offense; il vous entourera de son amour; vous
aurez un meilleur amant, vous n'aurez pas un meilleur frère. Donnez-moi la main et laissez rire le
monde d'un mot sublime qu'il ne comprend pas :
« Restons amis, et adieu pour jamais. » Quand nous
nous sommes serrés pour la première fois dans les
bras l'un de l'autre, il y avait déjà longtemps que
quelque chose de nous savait que nous allions nous
unir. Que cette part de nous-mêmes, qui s'est
embrassée devant Dieu, ne sache pas que nous nous
quittons sur terre; qu'une misérable querelle d'une
heure ne délie pas notre éternel baiser!

Il tenait la main de la femme ; elle se leva, baignée
encore de larmes, et, s'avançant devant la glace avec
un sourire étrange, elle tira ses ciseaux et coupa sur
sa tête une longue tresse de cheveux ; puis elle se
regarda un instant, ainsi défigurée et privée d'une
partie de sa plus belle parure, et la donna à son
amant.

L'horloge sonna de nouveau, il fut temps de descendre ; quand ils repassèrent sous les galeries, ils
paraissaient aussi joyeux que lorsqu'ils y étaient
arrivés.

— Voilà un beau soleil, dit le jeune homme.

— Et une belle journée, dit Brigitte, et que rien
n'effacera là.

Elle frappa sur son cœur avec force ; ils pressèrent
le pas et disparurent dans la foule. Une heure après,
une chaise de poste passa sur une petite colline, derrière la barrière de Fontainebleau. Le jeune homme
y était seul ; il regarda une dernière fois sa ville
natale dans l'éloignement, et remercia Dieu d'avoir
permis que, de trois êtres qui avaient souffert par sa
faute, il ne restât qu'un malheureux.

TABLE

Préface   7

LA CONFESSION
D'UN ENFANT DU SIÈCLE

PREMIÈRE PARTIE

Chapitre Premier   13
Chapitre II   15
Chapitre III   35
Chapitre IV   47
Chapitre V   53
Chapitre VI   65
Chapitre VII   71
Chapitre VIII   75
Chapitre IX   81
Chapitre X   87

DEUXIÈME PARTIE

Chapitre Premier   95
Chapitre II   105
Chapitre III   111
Chapitre IV   119
Chapitre V   139

TROISIÈME PARTIE

Chapitre Premier   147
Chapitre II   149
Chapitre III   155
Chapitre IV   161
Chapitre V   165
Chapitre VI   171
Chapitre VII   177
Chapitre VIII   181
Chapitre IX   187
Chapitre X   197
Chapitre XI   201

QUATRIÈME PARTIE

Chapitre Premier   205
Chapitre II   223
Chapitre III   233
Chapitre IV   241
Chapitre V   249
Chapitre VI   251

CINQUIÈME PARTIE

Chapitre Premier   263
Chapitre II   271
Chapitre III   281
Chapitre IV   289
Chapitre V   299
Chapitre VI   323
Chapitre VII   343

DISTRIBUTION

ALLEMAGNE
SWAN BUCH-VERTRIEB GMBH
Goldscheuerstrasse 16
D-77694 Kehl/Rhein

BELGIQUE
UITGEVERIJ EN BOEKHANDEL
VAN GENNEP BV
Spuistraat 283
1012 VR Amsterdam
Pays-Bas

CANADA
EDILIVRE INC.
DIFFUSION SOUSSAN
5518 Ferrier
Mont-Royal, QC H4P 1M2

ESPAGNE
PROLIBRO, S.A.
CL Sierra de Gata, 7
Pol. Ind. San Fernando II
San Fernando de Henares

RIBERA LIBRERIA
Dr Areilza 19
48011 Bilbao

ÉTATS-UNIS
POWELL'S BOOKSTORE
1501 East 57th Street
Chicago, Illinois 60637

TEXAS BOOKMAN
8650 Denton Drive
75235 Dallas, Texas

FRANCE
BOOKKING INTERNATIONAL
60 rue Saint-André-des-Arts
75006 Paris

GRANDE-BRETAGNE
SANDPIPER BOOKS LTD
22 a Langroyd Road
London SW17 7PL

ITALIE
MAGIS BOOKS s.r.l.
Vicolo Trivelli 6
42100 Reggio Emilia

LIBAN
SORED
BP 166210
Rue Mar Maroun
Beyrouth

MAROC
LIBRAIRIE DES ÉCOLES
12 av. Hassan II
Casablanca

PORTUGAL
CENTRALIVROS
Av. Cintura do Porto de Lisboa
Urbanizacao da Matinha A-2C
1900 Lisboa

PAYS-BAS
UITGEVERIJ EN BOEKHANDEL
VAN GENNEP BV
Spuistraat 283
1012 VR Amsterdam

SUÈDE
LONGUS BOOK IMPORTS
Box 30161
S - 10425 Stockholm

SUISSE
LIVRART S.A.
Z.I. 3 Corminboeuf
Case Postale 182
1709 Fribourg

TAIWAN
POINT FRANCE LIVRE
Diffusion de l'édition française
Han Yang Bd 7 F
374 Pa Teh Rd.
Section 2 - Taipei

IMPRIMÉ EN FRANCE PAR BRODARD ET TAUPIN
Usine de La Flèche (Sarthe), le 06-02-1995
B/129-94 – Dépôt légal, février 1995